DICTIONNAIRE

D'ADMINISTRATION ECCLÉSIASTIQUE

A L'USAGE

DES DEUX ÉGLISES PROTESTANTES DE FRANCE

SUIVI

DU TEXTE DES LOIS ET RÈGLEMENTS LES PLUS IMPORTANTS QUI LES RÉGISSENT
ET D'UN APERÇU DE LA CONSTITUTION
DES MÊMES ÉGLISES DANS LES PRINCIPAUX ÉTATS DE L'EUROPE

PAR

ERNEST LEHR

DOCTEUR EN DROIT, MEMBRE DU CONSISTOIRE SUPÉRIEUR ET ANCIEN SECRÉTAIRE GÉNÉRAL
DU DIRECTOIRE DE L'ÉGLISE DE LA CONFESSION D'AUGSBOURG EN FRANCE

PARIS
Vᵉ BERGER-LEVRAULT ET FILS, LIBRAIRES-ÉDITEURS
RUE DES BEAUX-ARTS, 5
MÊME MAISON A STRASBOURG
1869

DICTIONNAIRE

D'ADMINISTRATION ECCLÉSIASTIQUE

A L'USAGE

DES DEUX ÉGLISES PROTESTANTES DE FRANCE

STRASBOURG, IMPRIMERIE DE VEUVE BERGER-LEVRAULT.

DICTIONNAIRE

D'ADMINISTRATION ECCLÉSIASTIQUE

A L'USAGE

DES DEUX ÉGLISES PROTESTANTES DE FRANCE

SUIVI

DU TEXTE DES LOIS ET RÈGLEMENTS LES PLUS IMPORTANTS QUI LES RÉGISSENT
ET D'UN APERÇU DE LA CONSTITUTION
DES MÊMES ÉGLISES DANS LES PRINCIPAUX ÉTATS DE L'EUROPE

PAR

ERNEST LEHR

DOCTEUR EN DROIT, MEMBRE DU CONSISTOIRE SUPÉRIEUR ET ANCIEN SECRÉTAIRE GÉNÉRAL
DU DIRECTOIRE DE L'ÉGLISE DE LA CONFESSION D'AUGSBOURG EN FRANCE

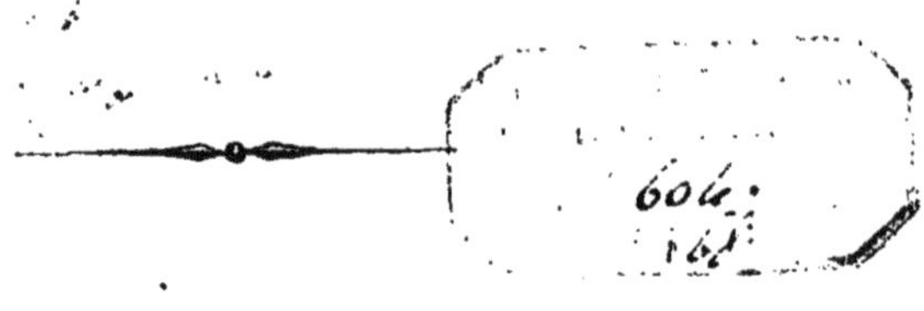

PARIS
Ve BERGER-LEVRAULT ET FILS, LIBRAIRES-ÉDITEURS
RUE DES BEAUX-ARTS, 5
MÊME MAISON A STRASBOURG
1869

AVANT-PROPOS

Le manuel que je présente aux pasteurs et aux anciens des deux Églises protestantes reconnues en France est le résumé de dix années de travaux et d'études. Il expose, aussi complétement et aussi exactement qu'il m'a été possible de le faire, la législation et la jurisprudence, le droit positif et l'interprétation qu'en donnent ses organes officiels dans les deux Églises. Je ne me suis permis que rarement des excursions dans le domaine de la théorie, qui a ses maîtres; je n'aurais pu m'y aventurer sans me faire taxer de présomption, sans dépasser les bornes toutes naturelles de cet écrit élémentaire, et surtout sans m'écarter du but spécial que je m'étais proposé: rappeler les lois, les règlements et les usages administratifs de nos églises à ceux qui tiennent du Chef de l'État ou du suffrage de leurs coreligionnaires, l'honorable mission de les appliquer pour le plus grand bien des paroisses. Peut-être m'accusera-t-on d'être entré parfois dans des explications un peu minutieuses, mais l'expérience démontre promptement quelle influence le respect scrupuleux des formes et de la procédure a sur la solution des affaires, et j'ai cru rendre service à ceux de mes lecteurs que leurs études n'ont pas familiarisés avec les règles du droit et de l'administration, en donnant sur ces règles des détails que les autres pourront assurément trouver surabondants.

Je ne me dissimule pas tout ce que mon travail présente encore, malgré mes efforts, de lacunes et d'imperfections. Je me tiendrais pour suffisamment récompensé, si, tel qu'il est, il évitait des pertes de temps, des embarras ou des tâtonnements aux hommes si dévoués, et en même temps si chargés d'occupations, à qui incombe l'administration des églises. Au surplus, si ce manuel rend quelques services, une bonne part du mérite en revient à mes savants devanciers, MM. Vuillefroy, Debray, Buob, Maurice Block, de Prat, etc., dont les ouvrages, bien que conçus en général sur un plan et en vue de besoins différents, m'ont servi à bien des égards de guides et de modèles. Qu'il me soit permis aussi d'exprimer ici toute ma reconnaissance aux fonctionnaires et aux dignitaires, professeurs et pasteurs, qui, sans m'autoriser à les nommer, ont bien voulu mettre à ma disposition les fruits de leur longue pratique des affaires : c'est à cette bienveillante collaboration que je dois d'avoir pu, sans trop d'audace, étendre mon travail aux deux Églises, au lieu de le borner à celle dont les rouages me sont le plus familiers.

Strasbourg, octobre 1868.

PRINCIPALES ABRÉVIATIONS.

Arr. = Arrêté.
Arr. Consist. sup. = Arrêté du Consistoire supérieur.
Arr. consul. = Arrêté consulaire.
Arr. dir. = Arrêté directorial.
Arr. min. = Arrêté ministériel.
Arr. min. Cultes = Arrêté du Ministre des cultes.
Arr. min. Int. = Arrêté du Ministre de l'intérieur.
Arr. min. Fin. = Arrêté du Ministre des finances.
Arr. org. = Arrêté organique.
Bull. = Bulletin des lois.
C. F. *ou* For. = Code forestier.
C. Nap. = Code Napoléon.
C. I. cr. = Code d'instruction criminelle.
C. P. = Code pénal.
Cass. = Arrêt de la Cour de cassation du.....
Cass. rej. = Arrêt de la chambre des requêtes de la Cour de cassation. (Les arrêts des cours impériales sont désignés par le nom de la ville où siége la cour, suivi de la date.)
D. = Décret organique du 26 mars 1852 portant réorganisation des églises protestantes.
D. *et la date.* = Décret impérial du.....
Décis. dir. *ou* min. = Décision directoriale *ou* ministérielle.
G. = Articles organiques du 18 germinal an X, sur les cultes protestants
G. C. *ou* L. org. cath. = Loi organique du 18 germinal an X, sur le culte catholique.
Ord. *ou* Ord. roy. = Ordonnance royale.
R. = Recueil officiel des actes du Consistoire supérieur et du Directoire.
Règl. = Règlement.

Les chiffres arabes qui suivent la date d'une loi, d'un décret, d'un arrêté, etc., se rapportent aux *articles* de cet acte; par exemple, D., 11, signifie: Décret organique du 26 mars 1852, article 11.

DICTIONNAIRE
D'ADMINISTRATION ECCLÉSIASTIQUE

A L'USAGE

DES DEUX ÉGLISES PROTESTANTES DE FRANCE.

INTRODUCTION.

NOTIONS GÉNÉRALES SUR L'ORGANISATION
DES DEUX ÉGLISES PROTESTANTES DE FRANCE.

CHAPITRE PREMIER.

COUP D'ŒIL D'ENSEMBLE.

Les deux Églises protestantes de France, l'Église réformée et l'Église de la Confession d'Augsbourg, ont été organisées par la loi du 18 germinal an X et par le décret-loi du 26 mars 1852, qui leur ont donné une constitution aussi similaire que le comportaient des traditions historiques fort vivaces encore et très-divergentes.

Les deux Églises sont divisées en paroisses à la tête desquelles se trouve un *conseil presbytéral* élu par le suffrage universel. Au-dessus des conseils presbytéraux d'une circonscription déterminée siége un *consistoire* composé en partie de membres des conseils presbytéraux de la région, en partie de représentants directement élus par les électeurs paroissiaux. En principe, cinq consistoires forment le ressort d'un *synode provincial* ou d'une *inspection*; mais, en fait, l'institution des synodes est jusqu'à présent restée à l'état de lettre morte dans l'Église réformée; et, dans l'Église de la Confession d'Augsbourg, les inspections se composent tantôt de plus, tantôt de moins de cinq consistoires, et les assemblées d'inspection, avantageusement remplacées, au point de vue de leurs attributions législatives ou réglementaires, par le Consistoire supérieur de cette Église, ne se tiennent plus que pour l'élection périodique de leurs députés laïques à ce corps suprême et celle des inspecteurs laïques.

Ici s'arrête, à ne considérer que la législation positive, l'analogie entre la constitution des deux Églises. L'Église réformée n'a pas obtenu jusqu'à présent le couronnement naturel de sa hiérarchie, le *Synode général;* le *Conseil central*, que le décret de 1852 a placé à sa tête, n'est guère qu'une commission consultative, dont le cercle d'attributions et l'influence dans les affaires sont bien plus restreints que ne le seraient, d'après les traditions de l'Église, ceux d'un synode général.

Au contraire, l'Église de la Confession d'Augsbourg, qui n'a ses conseils presbytéraux et ses consistoires, dans le sens actuel de ces mots, que par l'effet d'un heureux emprunt à l'organisation séculaire de l'Église-sœur, a eu le privilége de conserver les autorités centrales qui lui étaient propres, de telle sorte que l'édifice est complet. Elle a à sa tête un pouvoir législatif et un pouvoir administratif supérieurs : l'un, le *Consistoire supérieur*, qui émane directement, pour les deux tiers, des corps ecclésiastiques inférieurs et se réunit de droit au moins une fois par an; l'autre, le *Directoire*, corps permanent, qui a dans ses attributions ou sous son contrôle l'ensemble de l'administration des paroisses luthériennes de France et que des *inspecteurs ecclésiastiques*, préposés à chacune des inspections, tiennent constamment en rapport avec les diverses parties de son ressort.

Nous allons successivement passer en revue la composition, le mode de nomination et les attributions des divers corps que nous venons d'énumérer. Pour tous les détails administratifs, nous renvoyons aux articles du *Dictionnaire*.

CHAPITRE II.

DES CORPS COMMUNS AUX DEUX ÉGLISES.

I. Conseils presbytéraux.

« Il y a une paroisse partout où l'État rétribue un ou plusieurs pasteurs » (D. 1). A la tête de chaque paroisse se trouve un conseil presbytéral présidé par le pasteur ou par l'un des pasteurs, et composé d'un nombre de membres laïques proportionné, dans l'Église réformée, au nombre des pasteurs; dans l'Église de la Confession d'Augsbourg, au chiffre de la population protestante (D. 1; Arr. min. Cultes, 10 sept. 1852, 1).

Ces membres laïques sont élus au scrutin de liste, pour une période de six ans, et sauf renouvellement par moitié tous les trois ans, par tous les membres de l'Église portés sur le registre paroissial. (V. au *Dictionnaire* le mot ÉLECTIONS, nos 2 à 20.)

Les membres sortants des conseils presbytéraux et des consistoires sont indéfiniment rééligibles (même Arr., 9, 20, 21). Si, dans l'intervalle des élections triennales, une ou plusieurs places d'anciens deviennent vacantes au conseil presbytéral, le consistoire décide s'il y a lieu de faire procéder à une élection partielle. Dans l'Église de la Confession d'Augsbourg, c'est le Directoire qui décide sur l'avis du consistoire. L'élection ne peut être ajournée, si le conseil presbytéral a perdu le tiers de ses membres (même Arr., 22).

Le conseil presbytéral administre la paroisse sous le contrôle du consistoire (D. 2). Il y maintient l'ordre et la discipline, nomme les employés subalternes des églises, veille à l'entretien des édifices religieux, à leur conservation et à celle des biens curiaux, délibère sur l'acceptation des dons et legs faits à l'église ou aux églises de la paroisse, administre les aumônes, quêtes, biens et revenus des mêmes églises, dresse les budgets, vérifie et arrête les comptes, prend l'initiative de toutes les demandes dont l'intérêt de la paroisse exige que l'autorité supérieure civile ou ecclésiastique soit saisie; enfin, mais dans l'Église réformée seulement, présente des candidats aux places de pasteurs vacantes dans le ressort de la paroisse, nomme les pasteurs auxiliaires et agrée les suffragants proposés par les pasteurs (Arr. min. Cultes, 10 nov. 1852, 1-3; 20 mai 1853, 1).

Aucun acte d'administration du conseil presbytéral n'est valable qu'après examen et visa du consistoire, qui, dans l'Église de la Confession d'Augsbourg, en propose, en outre, au Directoire, l'approbation ou le rejet (Arr. 10 nov. 1852, 4; Arr. 20 mai 1853, 2); « les conseils presbytéraux, dit expressément une circulaire ministérielle du 26 mai 1853, ne représentent les paroisses et ne sont leurs organes qu'auprès des consistoires; ils n'ont pas qualité pour correspondre directement avec l'autorité supérieure».

Les conseils presbytéraux sont présidés par le pasteur, ou, s'il y a plusieurs pasteurs, par le plus ancien dans la paroisse, ou, en cas d'empêchement ou d'absence des pasteurs, par le plus âgé des membres laïques. Ils choisissent dans leur sein un secrétaire et un trésorier; toutefois, dans l'Église de la Confession d'Augsbourg, le receveur est assez généralement pris en dehors du conseil, pour peu que la gestion soit importante, ce qui paraît plus conforme à ce principe qu'une même personne ne peut pas, à la fois, subir et exercer un contrôle sur sa propre gestion, ou, selon l'expression technique, qu'on ne peut pas être à la fois contrôleur et contrôlé (Arr. min. 10 sept. 1852, 6; 20 mai 1853, 3, 4). V. au *Dictionnaire* le mot ÉLECTIONS, nº 15.

II. Consistoires.

D'après la loi de germinal, il devait y avoir une circonscription consistoriale par 6,000 âmes de la même communion. Ce chiffre n'a jamais été observé, et aujourd'hui il est implicitement admis par l'article 2 du décret de 1852 que le Gouvernement détermine les circonscriptions selon qu'il le juge convenable et donne le titre et les pouvoirs de consistoire à des conseils presbytéraux, chefs-lieux de circonscriptions comptant souvent beaucoup moins de 6,000 âmes, tout comme il s'abstient de provoquer le dédoublement de circonscriptions dont la population est beaucoup plus forte. D'après le décret du 10 novembre 1852, sur les circonscriptions ecclésiastiques, modifié quant à l'Église réformée par un décret spécial du 7 août 1867 qui a supprimé le consistoire de Montagnac, pour en réunir les paroisses à celui de Montpellier, il existe aujourd'hui 104 consistoires réformés et 44 consistoires de la Confession d'Augsbourg.

Les consistoires se composent:

1° De tous les pasteurs de la circonscription dont la nomination a été approuvée par décret impérial;

2° De tous les membres laïques du conseil presbytéral chef-lieu;

3° De représentants laïques en nombre double de celui

des membres laïques du conseil presbytéral chef-lieu, et élus en la même forme que ceux-ci, soit par les électeurs du chef-lieu, soit de préférence par ceux des autres paroisses de la circonscription, au prorata de la population des diverses paroisses, mais autant que possible parmi des personnes résidant au chef-lieu; dans l'Église de la Confession d'Augsbourg, il est de règle que les représentants soient exclusivement élus par les paroisses autres que le chef-lieu, déjà suffisamment représenté par l'intégralité de son conseil presbytéral;

4° D'un délégué laïque de chacun des conseils presbytéraux autres que celui du chef-lieu.

Les représentants sont élus pour six ans et se renouvellent par moitié tous les trois ans. Les délégués doivent être désignés à nouveau après chaque renouvellement triennal du conseil presbytéral dont ils émanent (D. 2; Arr. min. 10 sept. 1852, 2, 3; Circ. min. Cultes, 14 sept. et 10 nov. 1852; Circ. dir. 28 sept. 1852, R. x, 17).

Après chaque reconstitution triennale, le Consistoire élit parmi les pasteurs, son *président*, et, parmi les membres laïques, son *secrétaire*. Dans l'Église de la Confession d'Augsbourg, il lui est loisible de remettre au Directoire la nomination du président. Le président du Directoire, ou un membre délégué à cet effet, et l'inspecteur ecclésiastique du ressort peuvent présider accidentellement les séances des conseils presbytéraux et des consistoires. En cas d'empêchement temporaire ou d'absence du président titulaire, la présidence appartient de plein droit au pasteur siégeant depuis le plus longtemps dans le consistoire, et à défaut de pasteurs, au plus âgé des membres laïques (Arr. min. 10 sept. 1852, 6). L'élection des présidents de consistoires est soumise à l'agrément du ministre des cultes.

En outre, chaque consistoire réformé élit parmi ses membres laïques un *trésorier*. Dans les consistoires de la Confession d'Augsbourg, au contraire, la gestion des biens administrés directement par ces corps est confiée à un *receveur consistorial* nommé, en dehors de leur sein, par le Directoire, sur leur proposition. Ce receveur est salarié et fournit un cautionnement (Arr. min. 20 mai 1853, 8; Arr. min. 10 nov. 1852, 9).

Les attributions des consistoires ont une analogie toute naturelle avec celles des conseils presbytéraux. Le consistoire veille, dans toute sa circonscription, au maintien du bon ordre et de la discipline, à la célébration régulière du culte, à la conservation et à l'entretien des biens administrés par chacun des conseils presbytéraux. Il administre directement les biens appartenant par indivis à un certain nombre ou à l'ensemble des églises de sa circonscription, et accepte les dons ou legs qui lui seraient faits avec cette affectation collective. De plus, placé dans la hiérarchie au-dessus des conseils presbytéraux, il veille à l'expédition des affaires dans les diverses paroisses de son ressort, contrôle l'administration, spécialement l'administration financière, des conseils presbytéraux, et joint son avis à toutes les délibérations que ces corps ont à soumettre à l'approbation de l'autorité supérieure. (Arr. 10 nov. 1852, ch. II; Arr. 20 mai 1853, ch. II).

Enfin, d'après la loi du 15 mars 1850, article 31, § 2, le consistoire a le droit de présenter aux places d'instituteur communal qui viennent à vaquer dans sa circonscription.

Dans l'Église réformée, le consistoire nomme les pasteurs, et propose au Gouvernement la création de places nouvelles (D. 5; Arr. 20 mai 1853, 7).

Dans l'Église de la Confession d'Augsbourg, toute délibération d'un consistoire et tout acte de son administration ne sont valables qu'autant que le Directoire les a approuvés. Les consistoires doivent correspondre avec le Directoire par l'intermédiaire des inspecteurs ecclésiastiques (Arr. 10 nov. 1852, 8, 10).

III. Synodes et inspections.

Si les synodes et les inspections occupent dans la hiérarchie des deux Églises protestantes de France une position symétrique, la manière dont on a compris, dans chacune d'elles, les articles de la loi de germinal relatifs à leur composition, et les attributions que ces deux corps exercent aujourd'hui en réalité, sont si différentes, que nous avons un instant hésité à les comprendre sous la rubrique des corps communs aux deux Églises.

L'inspection, d'après l'article XXXVII, « est composée du ministre et d'un ancien de chaque église de l'arrondissement ».

Le synode, d'après l'article XXIX de la loi de germinal, « est formé du pasteur ou d'un des pasteurs, et d'un ancien de chaque église ».

Les très-légères divergences de ces deux textes ont suffi à consacrer, en pratique, une interprétation toute différente : le synode se compose d'un seul des pasteurs et d'un seul des membres laïques de chacun des cinq consistoires formant sa circonscription légale, c'est-à-dire de dix membres en tout; l'inspection, au contraire, d'après une jurisprudence qui n'a jamais varié, comprend tous les pasteurs *titulaires* et *adjoints* (à l'exclusion des pasteurs-vicaires ou auxiliaires) des diverses églises consistoriales ou paroissiales de son ressort, et un nombre égal de membres laïques, choisis respectivement par chaque consistoire parmi ceux qui représentent ces diverses églises dans son sein, à titre soit de membres du conseil presbytéral chef-lieu, soit de représentants des églises sectionnaires, soit de délégués des conseils presbytéraux, de sorte que, suivant le nombre total des pasteurs fonctionnant dans un même ressort inspectoral, l'assemblée d'inspection compte, parfois, passé cent membres. (V. R. III, 59, 63; X, 105.) Les inspecteurs laïques de la circonscription, ses inspecteurs ecclésiastiques titulaires ou honoraires et ses députés au Consistoire supérieur y siégent de plein droit (Arr. min. 10 nov. 1852, 18; Arr. Cons. sup. 28 oct. 1863, 3).

Les synodes ont pour mission « de veiller sur tout ce qui concerne la célébration du culte, l'enseignement de la doctrine et la conduite des affaires ecclésiastiques » (G. 30; cfr. *Discipline des églises réformées*, ch. VIII). Les inspections n'ont d'autre attribution expressément prévue par la loi que la nomination de leurs deux inspecteurs laïques (G. 37, mod. D. 12) et de leurs deux députés laïques au Consistoire supérieur (G. 41, mod. D. 9). Ce n'est pas à dire qu'il leur soit interdit de s'occuper d'autres affaires; la loi, tant pour les synodes que pour les inspections, exige seulement que l'ordre du jour des sessions soit préalablement porté à la connaissance du ministre des cultes. Mais en fait, les inspections, surtout depuis la réorganisation sur une plus large base du Consistoire supérieur, n'ont plus été saisies de l'examen d'aucune question de législation ou de réglementation. Le Consistoire supérieur a tout naturellement une plus grande autorité en semblable matière qu'une simple assemblée d'inspection, et lorsqu'il est utile de prendre sur une mesure projetée l'avis des églises, il est à la fois plus simple et plus rationnel de s'adresser directement aux consistoires, dont la composition, en majorité laïque, est plus conforme aux traditions de l'Église protestante. Les inspections ne sont plus, en réalité, qu'un corps électoral qui se réunit périodiquement, tous les trois ans, pour le renouvellement du Consistoire supérieur, et extraordinairement, dans l'intervalle, si la nécessité s'en fait sentir (Arr. min. Cultes, 18 août 1859, R. XVI, 17).

Les synodes et les inspections ne peuvent s'assembler qu'avec l'autorisation du Gouvernement et en présence du préfet ou de son délégué. Nulle de leurs décisions ne peut être exécutée sans avoir été soumise à l'approbation du Gouvernement (G. 30, 31, 28 et 39). Il n'y a d'exception que pour les assemblées d'inspection chargées de procéder au renouvellement du Consistoire supérieur, lesquelles se tiennent sur la simple invitation du Directoire, et dont le Gouvernement laisse au Consistoire supérieur le soin de contrôler les opérations lors de la vérification des pouvoirs. Mais, comme pour toutes autres assemblées, le préfet ou son délégué doit être présent et nul autre objet ne peut y être débattu sans une autorisation spéciale du ministre des cultes (Décis. min. 31 août 1859).

La réunion, autorisée soit par le Gouvernement, soit par le Directoire, est convoquée et présidée par l'inspecteur ecclésiastique (G. 39; Arr. min. 10 nov. 1852, 15).

La durée du synode, et par analogie de l'assemblée d'inspection, est limitée à six jours (G. 32).

Les 104 consistoires de l'Église réformée correspondent à 21 synodes. Les 44 consistoires de l'Église de la Confession d'Augsbourg se répartissent entre 8 inspections (D. 10 nov. 1852).

CHAPITRE III.

DES CORPS SPÉCIAUX A L'ÉGLISE RÉFORMÉE.

Conseil central.

La loi du 18 germinal an X ne donnait point d'autorité centrale aux églises réformées; elle omettait de constituer, au-dessus des synodes provinciaux, le Synode général qui, d'après la *Discipline* (chap. VIII, 14; chap. IX), devait être le pouvoir régulateur suprême. Le décret de 1852 a, sinon comblé cette lacune, du moins fait un pas dans la voie d'une utile centralisation, en plaçant à la tête de l'Église un corps supérieur chargé de la représenter auprès du Gouvernement. Ce corps, auquel il donne le nom de *Conseil central*, est, quant à présent, à la nomination exclusive du Gouvernement; mais il est permis de penser que, dans l'intention même du Gouvernement, il ne doit pas en être toujours ainsi et que, selon les termes mêmes du décret (art. 6), c'est pour la première fois seulement qu'il s'est réservé une part aussi exclusive dans la composition d'une autorité ecclésiastique.

Le Conseil se compose aujourd'hui des deux plus anciens pasteurs de Paris et de douze assesseurs laïques, non compris le président et le secrétaire, qui sont également laïques.

Il a pour mission «de représenter les églises auprès du Gouvernement et du Chef de l'État» (D. 6), notamment dans les cérémonies publiques, où il prend rang immédiatement après l'archevêque de Paris et avant le Consistoire supérieur et le Directoire de l'Église de la Confession d'Augsbourg.

«Il est appelé à s'occuper des questions d'intérêt général dont il est chargé par l'administration ou par les églises, et notamment à concourir à l'exécution des mesures prescrites par le décret» portant réorganisation des églises réformées (D. 6). En d'autres termes, il est un corps consultatif, dont la première mission a été de préparer un règlement sur l'électorat et l'éligibilité en matière ecclésiastique, et de concourir à la rédaction de l'arrêté ministériel qui, sous date du 20 mai 1853, a déterminé les attributions des conseils presbytéraux et des consistoires. Mais il n'exerce encore aucune autorité, aucune juridiction propre dans l'Église; il n'intervient dans l'administration ecclésiastique que dans un seul cas spécialement déterminé: lorsqu'une chaire de la communion réformée vient à vaquer dans l'une des facultés de théologie de Strasbourg ou de Montauban, «il recueille les votes des consistoires et les transmet avec son avis au ministre» (D. 7).

Il a été souvent question de faire du Conseil central la plus haute représentation de l'Église réformée, en lui faisant tenir son mandat de l'Église elle-même; la conséquence immédiate de ce changement aurait été le développement de ses attributions. Mais il n'a pas été possible, jusqu'à présent, d'arriver à une entente sur ces points; et, quand une partie de l'Église, faute de trouver dans le Conseil central son couronnement naturel et historique, a sollicité, par voie de pétition, la création d'un Synode général, elle est venue se heurter contre le silence volontaire ou involontaire des lois de l'an X et de 1852, en même temps que contre les appréhensions provoquées dans les sphères gouvernementales par les profondes divergences d'opinion qui se sont produites au grand jour, dans les quinze dernières années, sur le terrain dogmatique.

CHAPITRE IV.

DES CORPS SPÉCIAUX A L'ÉGLISE DE LA CONFESSION D'AUGSBOURG.

«Les églises et les consistoires de la Confession d'Augsbourg sont placés sous l'autorité du *Consistoire supérieur* ou général et du *Directoire*» (D. 8). Ces deux corps avaient déjà été institués par la loi de l'an X; mais leur composition et leurs attributions ont été modifiées par le décret de 1852, et c'est dans cet acte législatif qu'il faut aujourd'hui les étudier. Nous ajouterons tout de suite que le Directoire a pour agents de son autorité, dans les diverses parties de son ressort, des *inspecteurs ecclésiasti*[illegible]*t laïques*, et que c'est sous la présente rubrique que nous aurons à préciser leurs fonctions dans notre organisme administratif.

I. Directoire et inspecteurs.

A. Le Directoire est composé de cinq membres: un président laïque, un membre laïque et un inspecteur ecclésiastique, tous trois nommés par le Gouvernement, plus deux députés laïques, choisis par le Consistoire supérieur parmi ses membres (D. 11). Il est assisté d'un secrétaire général nommé par lui, qui remplit également les fonctions de secrétaire du Consistoire supérieur et qui reçoit un traitement sur les fonds de l'État.

«Le Directoire exerce le pouvoir administratif.» Corps permanent, siégeant aussi souvent que l'exigent les besoins du service et, en général, une fois par semaine, il a à la fois un droit de contrôle sur l'ensemble de l'administration paroissiale et consistoriale, et des attributions administratives propres.

«Il nomme les pasteurs et soumet leur nomination au Gouvernement. Il nomme les suffragants ou vicaires et propose aux fonctions d'aumônier pour les établissements civils qui en sont pourvus. Il autorise ou ordonne, avec l'agrément du Gouvernement, le passage d'un pasteur d'une cure à une autre. Il exerce la haute surveillance sur l'enseignement et la discipline du Séminaire protestant et du Gymnase de Strasbourg. Il nomme les professeurs du Gymnase sous l'approbation du Gouvernement, et ceux du Séminaire sur la proposition de ce dernier corps. Il donne son avis motivé sur les candidats aux chaires de la Faculté de théologie. Il présente aux fonctions d'inspecteur ecclésiastique» (D. 11, 12). Il exerce le pouvoir disciplinaire sur le personnel ecclésiastique (Arr. min. 10 nov. 1852, chap. v). Il nomme les receveurs consistoriaux (même Arr. 9). Il accorde les autorisations de monter en chaire, de conférer ou de recevoir la consécration au saint ministère (art. 15), de faire appel au concours des caisses ecclésiastiques pour des œuvres religieuses, etc. Enfin, il pourvoit à l'exécution des décisions prises par le Consistoire supérieur. Telles sont ses principales attributions propres.

D'un autre côté, nulle délibération, nul acte d'administration d'un conseil presbytéral ou d'un consistoire ne vaut qu'après avoir été approuvé par le Directoire (même Arr., 4, 8). Le Directoire statue notamment, comme autorité supérieure, sur les procès-verbaux d'élection aux conseils presbytéraux et consistoires, sur les comptes et les budgets, sur les demandes de crédits extraordinaires, sur les baux et les placements de capitaux, sur les nominations d'employés inférieurs des églises, sur les travaux d'entretien, de réparation ou de reconstruction des immeubles appartenant aux églises, etc.

Il exerce le même contrôle sur l'administration du Séminaire protestant, dont son président est le directeur-né (Arr. consul. 30 flor. an XI, 4, 6); ainsi que sur d'autres établissements d'utilité publique, que leurs statuts y soumettent.

Enfin, il sert d'intermédiaire entre tous les corps qui lui sont hiérarchiquement subordonnés et les diverses autorités civiles : ministres, préfets, maires, etc.

B. Le Directoire a pour auxiliaires, pour représentants auprès des diverses églises de son ressort, des fonctionnaires connus sous le nom d'*inspecteurs ecclésiastiques*. Le ressort de l'administration directoriale se partage aujourd'hui en huit inspections, et il y a huit inspecteurs. Sous le régime de la loi de germinal, les inspecteurs ecclésiastiques étaient élus par les inspections. Le décret de 1852 a sagement rendu ce droit au Gouvernement sur la présentation du Directoire. Il était contraire aux principes fondamentaux de la hiérarchie et de la logique, que les inspecteurs fussent choisis par ceux qu'ils ont mission d'inspecter et tinssent leur mandat d'un autre pouvoir que de celui dont ils sont les représentants légaux auprès des églises. Aujourd'hui, lorsqu'une place vient à vaquer, le Directoire dresse une liste de trois candidats, parmi lesquels le Gouvernement nomme (D. 12; Arr. min. Cultes, 10 nov. 1852, 14).

L'inspecteur ecclésiastique « convoque et préside les assemblées d'inspection légalement autorisées. Il visite chaque paroisse de son ressort une fois au moins tous les quatre ans, assisté, s'il y a lieu, des inspecteurs laïques, ou de l'un d'eux seulement » (Arr. min. 10 nov. 1852, 15). En cas d'empêchement pour cause de maladie, il est suppléé à cet effet par un inspecteur intérimaire, nommé par le Directoire; l'intérimaire est indemnisé de ses frais de déplacement par le titulaire; il ne siége pas au Consistoire supérieur (Arr. Consist. sup. 28 oct. 1863, 1, app. Décis. min. Cultes, 19 août 1864; R. xx, 97; xxi, 19). « Sur l'autorisation du Directoire, il ordonne les candidats au ministère évangélique, installe les pasteurs et les vicaires, et consacre, soit en personne, soit par délégation, les églises nouvellement construites. Il prêche, quand il le juge convenable, dans les églises de son inspection. Il a le droit de présider accidentellement avec voix consultative les consistoires de son ressort, à l'exception de celui auquel il appartient comme simple membre. Il soumet à l'approbation du Consistoire supérieur les livres qui doivent servir à l'enseignement religieux et au culte dans le ressort de l'inspection, et veille à ce qu'il en soit fait usage à l'exclusion de tous autres non autorisés. Il donne son avis au Directoire sur l'état moral et les besoins religieux d'une paroisse qui est à pourvoir d'un pasteur (ainsi que sur les candidats inscrits [Arr. Consist. sup. 29 oct. 1862, app. Décis. min. 14 avril 1864; R. xix, 161; xxi, 19]). Il adresse au Directoire, dans le premier trimestre de chaque année et pour l'année précédente, un rapport détaillé sur les paroisses de l'inspection, sur leur état moral et religieux, sur l'action qu'y exercent les pasteurs, sur la manière dont ils remplissent leur ministère, sur le soin qu'ils donnent à l'instruction religieuse, sur l'administration des consistoires et des conseils presbytéraux, sur l'état des biens et bâtiments, etc., etc. Ce rapport général est indépendant des rapports particuliers que les circonstances peuvent rendre nécessaires dans le courant de l'année» (Arr. min. 10 nov. 1852, 15). «Les consistoires correspondent avec le Directoire par l'intermédiaire des inspecteurs ecclésiastiques» (même Arr., 10).

Lorsque l'inspecteur est obligé pendant plus de deux ans de se faire suppléer par un intérimaire, pour ses visites dans les paroisses, ou quand, par suite d'infirmités, il est devenu notoirement incapable d'assurer d'une manière complète le service de l'inspection, il lui est nommé un *adjoint*, dans les formes prescrites par l'article 14 de l'arrêté ministériel du 10 novembre 1852. L'inspecteur adjoint reçoit la moitié de l'indemnité allouée pour l'emploi ; il est membre du Consistoire supérieur, mais il n'a que voix consultative quand il siége concurremment avec l'inspecteur titulaire. Il est bien entendu que l'adjoint ne sera pas nécessairement le successeur éventuel du titulaire. Après l'âge de 70 ans, l'inspecteur ecclésiastique peut être nommé inspecteur honoraire. Il devient alors membre de droit de l'assemblée d'inspection et membre honoraire du Consistoire supérieur ; il continue à jouir des honneurs attachés à sa dignité ; dans le courant de l'année le Directoire propose son successeur au Gouvernement (Arr. susmentionné du Cons. sup. du 28 oct. 1863, 2 et 3).

C. La loi de germinal (art. 37) a donné à chaque inspecteur ecclésiastique deux *adjoints laïques*, qui sont élus par l'assemblée d'inspection, sous réserve de la confirmation du Gouvernement.

« Les inspecteurs laïques sont les auxiliaires de l'inspecteur ecclésiastique et le remplacent, en cas d'absence ou d'empêchement, pour toutes les fonctions qui ne tiennent pas du caractère ecclésiastique. Les fonctions qu'ils peuvent être appelés à partager avec les inspecteurs ecclésiastiques ont pour objet : la conduite des pasteurs, des vicaires, des aumôniers, des candidats au ministère évangélique, consacrés ou non, des étudiants en théologie; la manière dont le culte s'exerce et dont les fonctions pastorales sont remplies; l'état moral et religieux des paroisses; en général, tout ce qui touche à l'ordre, à la discipline, à l'administration de l'église, au maintien des formes du culte, à l'état des édifices et des biens confiés à l'administration et à la surveillance des conseils presbytéraux et des consistoires. Les inspecteurs laïques peuvent être directement consultés et chargés de missions par le Directoire» (Arr. min. 10 nov. 1852, 16, 17).

II. Consistoire supérieur.

Le Consistoire supérieur, qui n'est autre chose que le Consistoire général de la loi de Germinal développé quant à sa composition et quant à ses attributions, comprend aujourd'hui 27 membres : 1° deux députés laïques élus par chacune des huit inspections et pouvant être choisis en dehors de la circonscription qu'ils représentent; 2° les huit inspecteurs ecclésiastiques; 3° un professeur du Séminaire, délégué par ce corps; 4° le président du Directoire, qui est de droit président du Consistoire supérieur, et le membre laïque du Directoire nommé par le Gouvernement (D. 9). D'après un arrêté ministériel du 18 août 1859, rendu sur la demande expresse du Consistoire supérieur, tous ceux de ses membres qui y siégent par droit d'élection, c'est-à-dire les députés des inspections et le délégué du Séminaire, sont soumis à un renouvellement périodique au bout de six années d'exercice; les députés se renouvellent par moitié tous les trois ans.

Ce n'est pas ici le lieu de discuter la composition de ce corps suprême de l'Église de la Confession d'Augsbourg.

Toutefois il est permis de dire que si elle constitue un véritable progrès par rapport à la législation de l'an X, elle ne répond pas encore à toutes les conditions voulues. Ainsi, sans même examiner la question au point de vue de la prépondérance peut-être excessive de l'élément gouvernemental (10 membres sur 27) dans une assemblée représentative dont, en outre, nulle décision n'est exécutable qu'après approbation du ministre des cultes, on a souvent relevé comme une imperfection grave que l'élément ecclésiastique, le corps pastoral, y soit représenté de droit et exclusivement par les huit inspecteurs, c'est-à-dire par des fonctionnaires inamovibles, nommés, non par le corps pastoral, mais par le Gouvernement sur la présentation du Directoire et, par là même, plus subordonnés à ce dernier corps qu'il ne conviendrait pour des membres de l'assemblée à laquelle le Directoire a à rendre compte de son administration.

Quelques personnes, frappées de ces inconvénients, ont proposé d'y remédier en revenant, pour le mode de nomination des inspecteurs, aux prescriptions de la loi de l'an X, c'est-à-dire à l'élection par les assemblées d'inspection. Nous avons déjà dit, plus haut, pourquoi nous ne saurions partager cet avis. Mais autant nous croyons logique que les inspecteurs, agents et représentants de l'autorité centrale dans les diverses parties de son ressort, soient choisis exclusivement par elle, autant nous regarderions comme un perfectionnement de notre organisation ecclésiastique, que les membres ecclésiastiques du corps représentatif suprême de notre Église fussent périodiquement élus par les assemblées d'inspection, comme le sont les députés laïques. On a même parfois été plus loin et demandé une séparation absolue entre les fonctions de membre du Directoire et celles de membre du Consistoire supérieur, attendu que nul ne doit être à la fois juge et partie. Ce sont des questions graves et complexes que nous ne saurions traiter, dans ce simple manuel, sous leurs différentes faces et avec toutes leurs conséquences; nous devons nous borner à les indiquer, laissant au temps le soin d'en amener, ou du moins d'en faciliter, s'il y a lieu, la solution pratique.

« Le Consistoire supérieur est convoqué par le Gouvernement, soit sur la demande du Directoire, soit d'office. Il se réunit au moins une fois par an. A l'ouverture de la session, le Directoire présente le rapport de sa gestion. Le Consistoire supérieur veille au maintien de la Constitution et de la discipline de l'Église. Il fait ou approuve les règlements concernant le régime intérieur, et juge en dernier ressort les difficultés auxquelles leur application peut donner lieu. Il approuve les livres et formulaires liturgiques qui doivent servir au culte ou à l'enseignement religieux. Il a le droit de surveillance et d'investigation sur les comptes des administrations consistoriales » (D. 10).

APPENDICE.

ORGANISATION DE L'ÉGLISE PROTESTANTE EN ALGÉRIE.

L'Église protestante a été organisée, pour l'Algérie, par deux décrets impériaux du 14 septembre 1859 et du 12 janvier 1867. Les deux communions y ont, chacune, des paroisses spéciales, mais les conseils presbytéraux et les consistoires sont mixtes et sont préposés à la fois aux intérêts des deux Églises.

Voici les articles des deux décrets qui forment aujourd'hui, par leur combinaison, le code de cette Église, unie au point de vue administratif, sinon au point de vue doctrinal.

1. (D. 1859, 1, mod. D. 1867, 6.) Les églises protestantes en Algérie sont administrées par des conseils presbytéraux, sous l'autorité supérieure de trois consistoires provinciaux.

2. (D. 1859, 2.) «Il y a une paroisse partout où l'État rétribue un ou plusieurs pasteurs. Lorsque l'État rétribue deux pasteurs dans une paroisse composée en nombre notable de membres de l'Église réformée et de membres de l'Église de la Confession d'Augsbourg, il y a un pasteur pour chacune des deux communions.»

3. (D. 1859, 3.) «Les protestants habitant les localités où le Gouvernement n'a pas encore institué de pasteurs,

sont rattachés administrativement à la paroisse la plus voisine. »

4. (D. 1859, 4.) Chaque paroisse a un conseil presbytéral, composé de quatre membres laïques au moins, de huit au plus, choisis en nombre égal, autant que possible, parmi les membres de l'Église réformée et ceux de l'Église de la Confession d'Augsbourg.

5. (D. 1867, 1.) Les conseils presbytéraux « sont élus par les protestants âgés de 25 ans, établis en Algérie depuis deux ans ou appelés à y résider pour un service public ».

6. (D. 1867, 2.) « Pour être inscrit au registre électoral il faut contribuer aux charges de la paroisse et établir par les certificats d'usage qu'on a été admis depuis deux ans au moins dans une église du culte protestant. » Cette dernière disposition ne fait qu'appliquer à l'Algérie la règle adoptée en France pour les deux Églises protestantes, d'après l'avis du Conseil central et du Directoire. Quant à la manière dont le concours aux charges paroissiales pourra être convenablement constaté, c'est aux conseils presbytéraux qu'il appartient de la déterminer avec l'approbation du consistoire (Circ. min. Cultes, 25 janv. 1867).

7. (D. 1867, 3.) « Le registre paroissial est tenu en double sous le contrôle du conseil presbytéral et du consistoire ; les inscriptions sont reçues sur un exemplaire déposé chez le président du conseil presbytéral ; l'autre exemplaire reste aux archives du conseil. »

8. (D. 1867, 4.) « Le registre paroissial est révisé tous les ans. La liste des inscriptions nouvelles et des radiations, arrêtée annuellement par le conseil presbytéral, est affichée dans le temple dix jours au moins avant l'ouverture des opérations électorales. Pendant ce délai, les réclamations concernant les inscriptions ou les radiations peuvent être adressées au conseil presbytéral. »

9. (D. 1867, 5.) « Nulle réclamation pour cause d'inscription ou de radiation n'est prise en considération, si elle n'est formulée par écrit et signée du réclamant. En cas d'indignité notoire ou d'incapacité résultant de condamnations judiciaires, la radiation est prononcée sans discussion et à l'unanimité des voix. »

10. (D. 1859, 7.) « Le conseil presbytéral est présidé par le pasteur ou le plus ancien des pasteurs. Dans les paroisses où il y a des pasteurs des deux communions, la présidence est exercée alternativement, et d'année en année, par le pasteur ou le plus ancien des pasteurs de chaque communion. »

11. (D. 1859, 8.) « Les conseils presbytéraux se réunissent sur la convocation du président, une fois au moins tous les trois mois, en séance ordinaire. Ils sont convoqués extraordinairement pour les besoins du service, et sur la demande motivée de deux membres. »

12. (D. 1859, 9.) « Le conseil presbytéral maintient l'ordre et la discipline dans la paroisse. Il veille à l'entretien du temple, du presbytère et des écoles. Il administre les biens de l'église et surveille l'exécution des fondations pieuses et des legs. Il nomme les employés de l'église. Il recueille les aumônes et en règle les emplois. Il accepte, sous l'approbation de l'autorité supérieure, les dons et legs faits à son église. »

13. (D. 1859, 10.) « Le conseil presbytéral soumet au consistoire les actes d'administration et les demandes qui, par leur nature, exigent l'approbation ou la décision de l'autorité supérieure. Sont également soumises au consistoire toutes difficultés entre les pasteurs et les conseils presbytéraux. »

14. (D. 1867, 6.) Chacun des trois consistoires de l'Algérie est « composé des pasteurs de la province et de repré-

sentants laïques choisis parmi les électeurs du ressort consistorial, âgés de 30 ans. Chaque conseil presbytéral nomme à cet effet des représentants en nombre double de ses pasteurs et pris par moitié dans les deux cultes ».

15. (D. 1867, 7.) « Les membres laïques des consistoires et des conseils presbytéraux sont renouvelés tous les trois ans par moitié. Les membres sortants sont rééligibles. Lorsque dans l'intervalle une vacance vient à se produire, le consistoire décide s'il y a lieu de procéder à une élection partielle. L'élection ne peut être différée si le conseil presbytéral ou le consistoire a perdu le tiers de ses membres. »

16. (D. 1867, 8.) « Le consistoire est présidé alternativement par un des pasteurs du chef-lieu, élu, d'année en année, parmi les pasteurs des deux communions. Le secrétaire est élu parmi les membres laïques qui appartiennent à une autre communion que le président. Des exceptions à ces dispositions peuvent être accordées par le ministre des cultes sur la demande expresse du consistoire. »

17. (D. 1867, 9.) « Le consistoire soumet à l'approbation du ministre des cultes les procès-verbaux des élections, en y joignant son avis sur la validité des opérations. »

18. (D. 1859, 17, mod. D. 1867, 10.) Les consistoires veillent, dans leurs circonscriptions respectives, à la célébration régulière du culte, au maintien de la liturgie et de la discipline, à l'expédition des affaires dans les diverses paroisses, ainsi qu'à l'observation des dispositions de la loi sur la composition des conseils presbytéraux. Ils surveillent l'administration des biens des paroisses; administrent les biens consistoriaux et les établissements de bienfaisance protestants situés dans leur ressort; acceptent, sous l'approbation de l'autorité supérieure, les dons et legs faits au consistoire, ou indivisément aux églises de son ressort;

arrêtent les budgets, vérifient et approuvent les comptes des conseils presbytéraux.

19. (D. 1859, 18, mod. D. 1867, 10.) Les pasteurs du culte réformé sont nommés, sous l'approbation du Gouvernement, par le consistoire dans la circonscription duquel se trouve la paroisse à pourvoir. Les pasteurs de la Confession d'Augsbourg sont nommés par le Directoire de cette Église, mais la nomination n'est soumise au Gouvernement qu'après que le consistoire algérien compétent a été entendu par le ministre.

20. (D. 1859, 19, mod. D. 1867, 10, 12.) Les consistoires provinciaux statuent sur la suspension des pasteurs, sauf l'approbation du ministre des cultes. Ils statuent également sur la destitution des pasteurs, sauf l'approbation du Gouvernement. Toutefois, lorsqu'il s'agit d'un pasteur de la Confession d'Augsbourg, la destitution prononcée par le consistoire n'est soumise à l'Empereur qu'après que le Directoire a été entendu par le ministre.

21. (D. 1859, 20.) «Le consistoire règle les tournées des pasteurs, et il détermine les indemnités et gratifications auxquelles ces pasteurs peuvent avoir droit.»

22. (D. 1859, 22.) Les articles organiques de la loi du 18 germinal an X et les autres lois et règlements, concernant les cultes, exécutoires en Algérie, sont applicables aux églises de la colonie dans tout ce qui n'est pas contraire aux dispositions que nous venons de reproduire. Il est entendu, notamment, que «les pasteurs nommés par le Directoire conservent avec cette autorité des relations nécessaires qui, d'ailleurs, ne sauraient diminuer à leur égard l'autorité de leurs conseils presbytéraux et de leurs consistoires respectifs» (Circ. min. 25 janv. 1867).

DICTIONNAIRE

D'ADMINISTRATION ECCLÉSIASTIQUE

A

Absence temporaire des pasteurs. — V. *Congés.*

Académie protestante. — V. *Séminaire.*

Acceptation de dons et legs, acquisition ou échange d'immeubles. 1. Les établissements ecclésiastiques, publics ou d'utilité publique (V. *ce mot*) ne peuvent augmenter ni modifier leur avoir d'aucune façon, sans une autorisation préalable du Gouvernement. Il résulte de ce principe, déjà ancien dans le droit public français et maintes fois confirmé depuis soixante ans, qu'ils ont besoin de cette autorisation pour pouvoir accepter des dons ou des legs, acquérir ou échanger des immeubles, acheter ou vendre des rentes sur l'État (C. Nap. 910, L. 2 janv. 1817, Ord. 2 avril 1817, L. 24 mai 1825, Ord. 14 janv. 1831). Nous nous occuperons ici des deux premiers de ces trois points, renvoyant pour le troisième au mot *Placement de capitaux.*

§ 1. *Acceptation de dons et legs.*

2. Le Code Napoléon porte, d'une manière générale, que «les *dispositions entre-vifs* ou par testament au profit

d'établissements d'utilité publique n'auront leur effet qu'autant qu'elles seront autorisées par un décret impérial» (910). On s'est demandé si ces mots comprennent également les *dons manuels*. Il a été jugé qu'ils ne sont pas soumis à une autorisation préalable, et sont parfaits par le seul fait de la remise de l'objet entre les mains des administrateurs de l'établissement donataire (Cour de Bourges, 29 nov. 1831; Cass. Rej., 26 nov. 1833), surtout lorsqu'ils ont une valeur modique, eu égard à la fortune du donateur (Paris, 12 janv. 1835). Toutefois, d'autres cours ont jugé, et nous partageons cette opinion, qu'une autorisation est indispensable, même pour l'acceptation de dons manuels, lorsqu'ils sont accompagnés de conditions onéreuses. En d'autres termes, sont dispensés d'autorisation, à notre avis, les aumônes plus ou moins généreuses et le produit des collectes, c'est-à-dire les dons, généralement anonymes, destinés non à être capitalisés, mais à pourvoir soit aux dépenses ordinaires de l'année, soit à une dépense spéciale à faire une fois pour toutes. Si, au contraire, le don constitue une véritable fondation à laquelle doit rester attaché le nom du fondateur et qui a pour but de pourvoir à perpétuité à une dépense périodique et déterminée, fondation de lits gratuits dans une maison de santé, fondation d'une bourse dans un établissement d'instruction, donation pour habiller chaque année un certain nombre de catéchumènes pauvres, etc., l'acceptation doit en être autorisée par le Gouvernement; le vœu exprès de la loi étant que l'avoir d'un établissement ecclésiastique ne puisse s'accroître sans l'aveu du Gouvernement, il ne saurait être permis d'éluder ce vœu en donnant à la libéralité une autre forme, moins solennelle, que celle de la donation entre-vifs.

3. L'autorisation est donnée par le préfet pour les dons

ou legs, soit mobiliers, soit immobiliers, faits aux *fabriques* (ou caisses d'aumônes), lorsqu'ils n'excèdent pas la valeur de 1,000 fr., ne donnent lieu à aucune réclamation et ne sont grevés d'autres charges que l'acquit de fondations pieuses ou de dispositions au profit des communes, des hospices, des pauvres ou des bureaux de bienfaisance. Dans les autres cas, c'est l'Empereur qui statue, le Conseil d'État entendu et sur l'avis préalable du préfet et de l'autorité ecclésiastique supérieure; il en est de même pour les libéralités en argent de plus de 300 fr. ou celles en immeubles, au profit d'établissements ecclésiastiques d'*utilité publique* (V. *Établissements*) [Ord. 1817, 1; Ord. 1831, 6; D. 15 févr. et Circ. min. Cultes, 10 avril 1862].

4. Cette autorisation n'enlève pas aux tiers la faculté d'attaquer par les voies ordinaires la libéralité sur laquelle elle a porté (Ord. 1817, 7), et ils n'ont pas à se pourvoir au contentieux contre l'autorisation elle-même (C. d'Ét. 29 juin 1816; Colmar, 31 juill. 1823; C. d'Ét. 1er déc. 1852).

5. Les pièces à produire pour obtenir l'autorisation sont: 1° l'acte de donation, ou le testament, ou tout au moins un extrait notarié de ces actes; 2° un certificat de vie pour les donations, l'acte de décès pour les legs; 3° un acte indiquant la valeur des objets donnés ou légués, quand il ne s'agit pas d'une somme d'argent; 4° une délibération (V. *ce mot*), régulière en la forme, du corps ou du conseil d'administration de l'établissement légataire ou donataire, portant acceptation provisoire de la libéralité; 5° un état de la situation financière (V. *ce mot*) de l'établissement intéressé; 6° pour les legs seulement, un acte, de préférence notarié, constatant le consentement des héritiers ou successeurs universels à la délivrance du legs, ou, au cas contraire, leur mémoire avec indication du nombre des réclamants et des droits de chacun d'eux sur l'hoirie, ou, à défaut d'héri-

tiers connus, acte des affiches du testament au chef-lieu de la mairie du domicile du testateur (Circ. min. 29 janv. 1831), et de l'insertion d'un extrait du testament dans le journal judiciaire de l'arrondissement ou du département.

§ 2. *Acquisition ou échange d'immeubles.*

6. Les pièces à produire sont : 1° le procès-verbal (sur papier timbré) d'une estimation des immeubles à acquérir ou à échanger, faite contradictoirement par deux experts, nommés, l'un, par le corps ou l'établissement ecclésiastique intéressé, l'autre, par le vendeur ou l'échangiste ; 2° un plan figuré et détaillé des biens ; 3° un acte sous seing privé, mais légalisé et transcrit sur papier timbré, constatant les offres ou le consentement du vendeur ou de l'échangiste ; 4° une délibération motivée portant acceptation desdites offres ; 5° un état de la situation financière (V. *ce mot*) de la caisse qui doit bailler les fonds, constatant que le prix d'achat ou la soulte est disponible.

7. Il est d'usage que les corps ecclésiastiques ne consentent à un échange d'immeubles, dont l'instruction est toujours longue et minutieuse, qu'autant qu'il présente en faveur de l'établissement intéressé une mieux-value du double ou des convenances équivalentes, et que l'échangiste a justifié que les immeubles qu'il offre lui appartiennent et sont libres d'hypothèques.

§ 3. *Instruction commune aux legs, donations, acquisitions et échanges.*

8. Le dossier, formé par les soins du corps ecclésiastique intéressé, est par lui transmis aux autorités ecclésiastiques dont il relève, par celles-ci au préfet, et par le préfet au

ministre des cultes (Circ. min. 18 sept. 1823). Ces autorités et le préfet y joignent leur avis. Dans le cas où la commune civile a également un avis à émettre, c'est-à-dire, toutes les fois que l'affaire intéresse une caisse à l'insuffisance des revenus de laquelle la caisse municipale peut être appelée à subvenir d'après le décret du 30 décembre 1809 et la loi du 18 juillet 1837, c'est le préfet qui provoque la délibération du conseil municipal. Les bureaux de bienfaisance sont toujours appelés (par l'entremise du même magistrat) à concourir à l'acceptation et à la gestion des dons et legs intéressant les pauvres, alors même que le corps ecclésiastique a été spécialement désigné dans l'acte de libéralité comme légataire ou donataire pour les pauvres de son ressort. (V. *Établissements publics*, n° 5.)

9. Faute par le corps ecclésiastique intéressé d'indiquer dans sa délibération l'emploi spécial qu'il compte faire des sommes formant le montant de la soulte, du legs ou de la donation, le décret d'autorisation en prescrit d'office le placement en rentes sur l'État. (Cfr. R. XXI, 132.)

Acquisition d'immeubles. — V. l'article précédent.

Acquisition d'obligations, de rentes sur l'État, etc. — V. *Placement de capitaux*.

Actes casuels à célébrer par un pasteur autre que celui de la paroisse.

En principe, chaque pasteur a une compétence spéciale et exclusive dans la circonscription paroissiale à laquelle il est préposé par son titre de nomination. Toutefois, on a dû prévoir le cas où, pour des motifs respectables, un fidèle jugerait devoir réclamer le ministère d'un pasteur autre que celui dont il relève de plein droit à raison de son domicile. Les règles promulguées à cet égard par le Consistoire supérieur, à la suite d'une double et solennelle délibération (cfr. R. xxi, 52; xxii, 29 et 105), et actuellement en vigueur dans l'Église de la Confession d'Augsbourg, sont ainsi conçues : 1° Il est interdit à tout pasteur d'exercer ses fonctions, d'administrer les sacrements, ou de procéder à un acte quelconque public du saint ministère dans une paroisse autre que la sienne, si ce n'est du consentement régulier du pasteur ou de l'un des pasteurs titulaires de la paroisse. 2° Tout pasteur peut, dans sa propre paroisse, procéder à tous les actes pastoraux, y compris l'instruction religieuse et la confirmation, pour lesquels son ministère sera requis par des fidèles domiciliés dans une autre paroisse. Toutefois le pasteur n'y procédera que sur une demande écrite et motivée qui lui sera adressée à cet effet par le fidèle étranger à sa paroisse ; et de plus, il en donnera avis, immédiatement après la réception de la demande, à son collègue de la résidence du fidèle qui a requis l'acte. 3° Le pasteur qui aura fonctionné, inscrira au registre de sa propre paroisse tout acte concernant un fidèle d'une autre, mais il en enverra au Directoire un extrait destiné à être annexé au registre de la paroisse du domicile par les soins du pasteur. La première de ces règles s'applique même en matière d'enterrement : en cas de refus d'autorisation par le pasteur du lieu, il faut transporter le corps dans la paroisse du pasteur choisi par la famille. Cette autorisation ne peut être suppléée, ni dans ce cas, ni dans aucun autre, par celle que donnerait soit le président du Consistoire, soit l'inspecteur ecclésiastique, soit le Directoire. Le refus du pasteur du lieu est sans recours possible. Il a été entendu, d'ailleurs, que la même règle ne s'applique qu'à l'exercice *public* du culte, ou à l'accomplissement, même privé, d'*actes ecclésias-*

tiques, tels que baptêmes, confirmations ou mariages; qu'en conséquence un pasteur peut donner la communion à un moribond ou présider un culte de famille même en dehors de sa paroisse et sans autorisation, sous la réserve que le culte soit strictement limité à la famille qui l'a demandé; toute réunion plus étendue, non autorisée par le pasteur du lieu constituerait une infraction à la règle. (Cfr. R. XXII, 60.)

La *Discipline des Églises réformées* contient également des dispositions qui interdisent aux pasteurs de s'immiscer sans autorisation dans l'administration des paroisses de leurs collègues: «Les ministres ne seront vagabonds, et n'auront la liberté de s'ingérer de leur propre autorité où bon leur semblera. Le ministre d'une église ne pourra prêcher en une autre sans le consentement du ministre d'icelle, sinon qu'il fût absent, auquel cas ce sera au consistoire de lui en donner autorité», etc. (Ch. I, 24 et suiv.)

Actes de l'état civil. Ces actes ne peuvent plus être dressés par les ministres du culte (L. 20 sept. 1792). Les registres tenus par eux «n'étant et ne pouvant être relatifs qu'à l'administration des sacrements, ne pourront, dans aucun cas, suppléer les registres ordonnés par la loi pour constater l'état civil des Français» (G. C. 55). [V. *Baptême*, n° 5; *Bénédiction nuptiale*, n° 2; *Inhumations*, n° 1.]

Adjonction de nouveaux pasteurs titulaires ou auxiliaires. Le nombre des *pasteurs* d'une église ne peut être augmenté que par décret impérial (G. 19, 34). Lorsqu'il s'agit simplement d'adjoindre à un pasteur ou à un consistoire, un vicaire, un suffragant ou un pasteur auxiliaire, il suffit que le ministre des cultes en soit informé, par l'envoi de la délibération consistoriale, dans l'Église réformée; par une lettre d'avis du Directoire, dans l'Église de la Confession d'Augsbourg (Circ. min. Cultes, 15 oct. 1860; Dép. min. au Directoire, 10 nov. 1860). [V. *Création de cure*, *Ecclésiastiques auxiliaires*.]

Adjudication de travaux. La voie de l'adjudication est prescrite pour toute espèce de travaux importants. L'adjudication doit être précédée d'affiches, d'avis insérés dans les journaux ou de tel autre mode de publication. Elle a lieu au rabais, par soumissions cachetées; elle n'est définitive qu'après approbation de l'autorité supérieure, provoquée par les corps ecclésiastiques locaux. L'adjudicataire est tenu de fournir un cautionnement dont l'importance est fixée par le cahier des charges. (V. *Édifices religieux*.)

Administration des cultes protestants. Cette administration, successivement rattachée, sous des dénominations diverses, aux ministères de l'intérieur, de la justice et de l'instruction publique, relève aujourd'hui, comme sous-direction, du ministère de la justice (D. 23 juin 1863).

Agende. 1. On désigne sous ce nom le règlement qui détermine l'ordre des cérémonies du culte, par opposition à la Liturgie, qui comprend le *texte* même des prières et des formules à prononcer dans les divers services.

2. Dans l'Église de la Confession d'Augsbourg, l'Agende a été fixée par un arrêté du Consistoire supérieur, du 24 octobre 1854, rendu exécutoire par décision du même corps, du 25 octobre 1858.

Algérie (Église protestante en). — V. *Introduction*, p. 23 et suiv.

Aliénation d'immeubles. 1. Les conseils presbytéraux et en général les établissements ecclésiastiques reconnus ne peuvent aliéner leurs immeubles qu'avec l'autorisation du Gouvernement et par voie d'enchères publiques, à moins que, par exception, un autre mode de vente n'ait été spécialement permis.

2. Le dossier doit comprendre: 1° un plan des lieux; 2° une délibération (V. *ce mot*) du conseil presbytéral, approuvée par les diverses autorités ecclésiastiques auxquelles ce corps est subordonné, et indiquant: *a*) les motifs de la vente projetée, *b*) le chiffre qui devra servir de mise à prix avec des renseignements précis à l'appui de ce chiffre (Circ. min. 29 janv. 1831), *c*) l'emploi projeté du prix de vente; à défaut d'indication, le Gouvernement en prescrit d'office le placement en rentes sur l'État; 3° un état de la situation financière (V. *ce mot*) de l'établissement intéressé.

3. Le dossier est adressé, par la voie hiérarchique et par l'entremise du préfet, au ministre des cultes, qui saisit à son tour le Conseil d'État. Lorsque le conseil municipal a à émettre un avis, c'est le préfet qui le consulte (Circ. min. 18 sept. 1823).

4. En matière d'aliénation pour cause d'utilité publique, les propositions d'aliénation et d'indemnité sont adressées au Directoire ou dans l'Église réformée au Consistoire, qui transmet la demande à l'établissement ecclésiastique intéressé. Le corps administrateur délibère sur les propositions et renvoie le dossier, par la voie hiérarchique, au préfet, qui en saisit le conseil de préfecture (Inst. min. 1er mars 1855).

5. Dans les divers cas, les corps ou les fonctionnaires intermédiaires joignent au dossier leur avis motivé (Arr. min. Cultes, 10 nov. 1852, 4, 8, 10; 20 mai 1853, 2 et 6).

AMÉLIORATION DES BIENS CURIAUX.. — V. *Usufruit des biens curiaux*, n° 15.

ANNEXE. On désigne, dans l'administration ecclésiastique protestante, sous les noms d'*annexe* ou de *filiale* les communes qui, n'étant pas la résidence d'un pasteur titulaire, sont rattachées, en ce qui concerne le culte, à un chef-lieu de paroisse voisin. Les annexes, au point de vue du service, se divisent en deux catégories: celles qui ont un lieu de culte et celles qui en sont dépourvues. Ces dernières n'imposent au pasteur dont elles relèvent aucune autre charge que celles qu'il a envers tous ses paroissiens individuellement. Il leur doit son ministère pour les actes casuels, pour l'instruction des catéchumènes, la visite des malades, etc., mais il n'est tenu de se déplacer que dans la mesure où, par leur nature même, ces actes ne peuvent avoir lieu dans sa résidence même. Pour les annexes qui ont un lieu de culte, il faut distinguer: en droit strict, le pasteur n'est pas tenu de célébrer des services réguliers en dehors du chef-lieu, et il ne lui est même pas loisible d'en introduire, sans l'assentiment de l'autorité ecclésiastique supérieure, dans une annexe qui en aurait été privée jusqu'alors. Mais, d'un autre côté, il est tenu de se conformer à l'usage local et de continuer à fonctionner dans les annexes où se célèbre le culte, aux jours et sous les conditions déterminés soit par l'usage, soit par une convention régulière. En général le pasteur reçoit une indemnité en argent ou en nature pour ce service supplémentaire; lorsqu'il y a lieu de modifier les bases du contrat, il doit, avant d'en accepter de nouvelles, les soumettre à l'approbation du conseil presbytéral, du consistoire et du Directoire (Arr. Consist. sup. 23 oct. 1860; Circ. dir. 23 juill. 1861, R. XVIII, 3). Si les fidèles négligent de s'acquitter des charges que leur imposent soit les usages locaux, soit des conventions spéciales, l'autorité supérieure peut permettre ou prescrire au pasteur d'interrompre ses services réguliers dans l'église de l'annexe. Les annexes, avec ou sans lieu de culte, sont tenues de concourir au logement du pasteur, soit à l'entretien du presbytère, soit au payement de l'indemnité de logement. (V. *Logement des pasteurs*, n° 2.) Il est aussi de jurisprudence qu'elles sont tenues de supporter leur part des frais d'entretien et même de reconstruction de l'Église du chef-lieu, bien qu'elles aient un lieu de culte, alors qu'elles ne sont pas la résidence d'un vicaire spécial (Avis C. d'État, 14 déc. 1810). Nous croyons que cette règle est trop rigoureuse, lorsque, par suite de l'existence de leur oratoire particulier, les fidèles de l'annexe ne participent plus aux offices dans la mère-église, et ont à supporter des frais de culte dans la localité même. Quant aux annexes sans lieux de culte, il n'est pas douteux qu'elles doivent concourir proportionnellement à toutes les dépenses qui incombent à la mère-église pour l'entretien du culte. (V. *Édifices religieux*, n° 10.)

Appel comme d'abus. 1. L'article 6 de la loi du 18 germinal an X attribue au Conseil d'État le droit « de connaître de toutes les entreprises des ministres du culte et de toutes dissensions qui pourront s'élever entre ces ministres ».

2. On est d'accord pour interpréter les termes assez vagues de cet article, au moyen des articles correspondants de la loi de même date, relative au culte catholique : « Les cas d'abus sont : l'usurpation ou l'excès de pouvoir, la contravention aux lois et règlements de l'Empire, l'infraction aux règles consacrées dans l'Église et toute entreprise ou tout procédé qui, dans l'exercice du culte, peut compromettre l'honneur des citoyens, troubler arbitrairement leur conscience, dé-

générer contre eux en oppression ou en injure, ou en scandale public », ainsi: refus *public* de sacrement (cfr. *Discipline*, ch. v, 15 et suiv.), bénédiction d'un mariage qui n'aurait pas encore été contracté civilement (Cass. 29 déc. 1842; V. *Bénédiction nuptiale*, n° 2), refus arbitraire de bénir un mariage, ou de procéder à un enterrement; inhumation sans autorisation préalable de l'officier public (Cass., 29 déc. 1842; V. *Inhumations*, n° 1); tels sont les *abus* que peuvent commettre les ecclésiastiques (art. 6, G. C.)

3. D'autre part, « il y aura pareillement recours au Conseil d'État, s'il est porté atteinte », par un fonctionnaire public, « à l'exercice public du culte, et à la liberté que les lois et les règlements garantissent à ses ministres » (*ibid.*, art. 7). Les faits attentatoires commis par un simple particulier tombent sous le coup de la loi pénale ordinaire (C. P., 262-264).

4. Le recours peut être exercé par toute personne intéressée, ou d'office par le préfet, au moyen d'un rapport circonstancié adressé au ministre des cultes. Néanmoins, avant de saisir le Conseil d'État par l'intermédiaire du ministre, on doit s'être pourvu devant l'autorité à laquelle est hiérarchiquement subordonné le fonctionnaire ou l'ecclésiastique incriminé.

5. Lorsque le Conseil d'État reconnaît qu'il y a eu réellement abus, il peut, le cas échéant, autoriser des poursuites devant la juridiction civile ou criminelle. Mais il peut aussi se borner à déclarer l'abus, et à punir ainsi le fait d'une peine purement morale. (V. *Crimes, délits et contraventions.*)

Archives des consistoires et des conseils presbytéraux. Les archives sont confiées en principe à la garde des secrétaires de ces corps, qui sont tenus d'en dresser un inventaire exact. Toutefois, il est admis en pratique qu'elles peuvent également rester confiées aux pasteurs-présidents. La règle absolue dans les deux cas est qu'elles soient déposées au temple du chef-lieu de la circonscription consistoriale ou paroissiale (Circ. min. 14 sept. 1852 et 26 mai 1853; Circ. dir. 10 nov. 1841, R. I, 219; 3 déc. 1847, IV, 199; 1er févr. 1851, VIII, 20. Cfr. Arr. min. 20 mai 1853, art. 4).

Il n'est peut-être pas superflu de faire remarquer qu'il importe de conserver dans les archives des églises non-seulement les registres officiels de baptême, de mariage, de décès, de délibérations, etc., mais encore tous les documents, titres, actes, circulaires, lettres, notes, pièces justificatives diverses, ayant trait à l'administration spirituelle ou temporelle. En règle générale, toute pièce, même d'un intérêt minime en apparence ou temporaire, doit être conservée, cataloguée et classée par dossiers, de manière à pouvoir être retrouvée au besoin. (V. *Dossier*.)

Assemblée d'inspection. — V. *Introduction*, p. 9 et suiv.

Assistance temporaire dans les fonctions pastorales. Afin que tous les pasteurs qui, pendant les grandes fêtes de l'année, ont besoin d'être assistés dans leurs fonctions soient assurés de l'être dans la mesure et du nombre d'ecclésiastiques auxiliaires disponibles, et de l'urgence des besoins à satisfaire, des arrêtés directoriaux du 4 janvier 1853 (R. X, 67) et du 30 mars 1858 (XIV, 130) prescrivent aux pasteurs d'adresser toujours au Directoire lui-même leurs demandes d'assistance, un mois à l'avance, en précisant la nature des services qu'ils attendent de leur auxiliaire. Le Directoire répartit, suivant les cas, entre les divers pétitionnaires tout le personnel dont il peut disposer.

ASSISTANT A LA SAINTE CÈNE. 1. On connaît sous ce nom ou, parfois, sous celui de *diacre* (V. *ce mot*) les personnes, soit un ancien d'église, soit un étudiant en théologie ou un candidat au saint ministère, qui reçoivent la mission d'assister le pasteur dans la distribution des espèces.

2. Pour se faire adjoindre un assistant de l'une des deux dernières catégories, les pasteurs doivent s'adresser au Directoire un mois à l'avance.

3. Les frais d'assistance peuvent être mis par les conseils presbytéraux à la charge des caisses d'église; mais, à peine de radiation, ils doivent être justifiés dans les comptes par une quittance de l'assistant qui aura réellement fonctionné (Arr. dir. 13 nov. 1844, 1, R. III, 135).

ASSOCIATIONS RELIGIEUSES 1. D'après l'article 291 du Code pénal, corroboré par le décret du 25 mars 1852, nulle association religieuse de plus de vingt personnes, non compris celles domiciliées dans la maison indiquée pour la réunion, ne peut se former qu'avec l'autorisation du Gouvernement, lors même qu'elle serait convoquée par le ministre de l'un des cultes reconnus, mais dans une localité de sa circonscription où jusqu'alors le culte public n'a pas encore été introduit. Les contrevenants s'exposent à la dissolution de l'association, à un emprisonnement de deux mois à un an, et à une amende de 50 à 1,000 fr. (C. P., 291, 292; D. 25 mars 1852, 2).

2. Est passible d'une amende de 16 à 200 fr. tout individu qui, sans l'autorisation de l'autorité municipale, accorde ou consent l'usage total ou partiel de sa maison ou de son appartement pour la réunion des membres d'une association *même autorisée*, ou *pour l'exercice d'un culte* (C. P., 294).

3. En vertu du décret du 19 mars 1859 (R. XV, 174),

l'autorisation d'ouvrir un nouveau lieu de culte, de fonder une association religieuse dans le sens de l'article 291 du Code pénal est accordée par l'Empereur, en Conseil d'État, sur le rapport du ministre des cultes; et, s'il ne s'agit que d'une autorisation temporaire, par le préfet, sauf recours au Conseil d'État. (V. *Ouverture de nouveaux oratoires.*)

ASSURANCE CONTRE L'INCENDIE. 1. Les conseils presbytéraux doivent veiller à ce que les édifices religieux appartenant à la paroisse soient constamment assurés contre l'incendie.

2. Les seules sociétés avec lesquelles ces corps soient admis à traiter sont les sociétés à primes fixes: les établissements publics, étant assimilés aux mineurs, ne pourraient valablement contracter les obligations imposées à leurs membres par les sociétés d'assurance mutuelle (Circ. dir. 22 juin 1842, R. II, 35).

ATTRIBUTIONS DES CORPS ET FONCTIONNAIRES ECCLÉSIASTIQUES. — V. l'article spécial à chacun d'eux.

AUMÔNES. — V. *Caisses d'aumônes, Comptabilité ecclésiastique, Quêtes.*

AUMÔNIERS PROTESTANTS. 1. Les divers établissements scolaires, pénitentiaires ou hospitaliers auxquels sont attachés des aumôniers catholiques, ont aussi des aumôniers protestants, lorsque leur population compte des adhérents des deux cultes en nombre suffisant. A défaut d'aumônier protestant en titre, le pasteur protestant de la ville ou l'un de ceux du voisinage peut être autorisé à exercer son ministère auprès de ses coreligionnaires, et recevoir une indemnité, si ses fonctions officieuses ont quelque importance.

2. Les aumôniers titulaires attachés aux armées, aux établissements d'instruction publique et aux maisons centrales de détention sont nommés par le ministre. Ceux des prisons départementales et des dépôts de mendicité et, dans la pratique, ceux des asiles d'aliénés et des hospices civils sont nommés par le préfet, bien que, dans le culte catholique, ce soient les évêques qui nomment les aumôniers de ces deux dernières catégories (Ord. 31 oct. 1821, 18) et qu'une décision ministérielle du 26 janvier 1822 ait reconnu le même droit au Directoire de l'Église de la Confession d'Augsbourg (D. 10 mars 1854, 1, 4, 5; Ord. 8 avril 1824, 2; Ord. 17 déc. 1844, 1; Règl. min. 30 oct. 1841, 49; Lettre du min. de l'int., 18 déc. 1850).

Aujourd'hui le Directoire s'en tient, dans tous les cas, au droit que lui confère l'article 11 du décret du 26 mars 1852, de *proposer* les aumôniers soit au ministre, soit au préfet.

3. Il n'y a pas actuellement en France d'aumônier protestant titulaire dans les hôpitaux militaires. Mais, d'après une circulaire ministérielle du 20 novembre 1846, le Directoire, pour l'Église de la Confession d'Augsbourg, ou le consistoire réformé intéressé, peut, en cas de besoin, accréditer un ecclésiastique auprès de l'intendant militaire de la division, à l'effet de visiter dans les hôpitaux les malades de son culte. En échange de l'arrêté de désignation, l'intendant remet à l'ecclésiastique désigné un permis qui est permanent. Cet ecclésiastique peut, en cas d'absence temporaire et avec l'agrément du sous-intendant chargé de la surveillance administrative de l'hôpital, déléguer ses pouvoirs à l'un de ses collègues de la localité. (V. *Hôpitaux militaires.*)

AUTORISATION D'ACQUÉRIR. — V. *Acceptation de dons et legs ; Placement de capitaux.*

AUTORISATION DE CONSTRUIRE. — V. *Édifices religieux*, n° 9.

AUTORISATION D'ESTER EN JUSTICE. — V. *Établissements publics*, n° 3.

AUTORISATION DE MONTER EN CHAIRE. 1. Nul élève en théologie n'est admis à prêcher dans les églises de la Confession d'Augsbourg qu'il n'en ait obtenu du Directoire l'autorisation écrite : plusieurs consistoires réformés, notamment celui de Strasbourg, ont adopté des mesures analogues à l'égard des étudiants de leur communion.

2. Cette autorisation, connue dans la pratique sous son ancien nom de *venia concionandi*, n'est accordée qu'à la suite d'un certain nombre d'exercices pratiques, constatant la capacité de l'impétrant. Les élèves qui ont terminé leur seconde année d'études théologiques, sont seuls admis à la solliciter ; ils ne peuvent se présenter, qu'après l'avoir obtenue, à l'examen du baccalauréat en théologie (Arr. Consist. sup. 23 oct. 1855, R. XIV, 77 ; Délib. Séminaire prot. de Strasbourg, 8 août 1859, app. Direct., le 23).

3. Tout individu qui ferait un sermon dans une église ou dans une cérémonie religieuse, sans avoir régulièrement obtenu la *venia*, serait passible des peines édictées par l'article 258 du Code pénal contre quiconque s'immisce, sans titre, dans des fonctions publiques ou fait les actes d'une de ces fonctions (emprisonnement de deux à cinq ans, sans préjudice de la peine de faux, si l'acte porte le caractère de ce crime).

B

BACCALAURÉAT EN THÉOLOGIE. 1. Ce grade est indispensable pour obtenir une place de pasteur; le certificat d'études exigé par l'article 13 de la loi de germinal an X ne suffirait plus à lui seul (Circ. min. 30 mai 1820, 29 oct. 1832, 18 janv. 1837). Dans l'Église de la Confession d'Augsbourg, il est même de règle qu'aucun titre officiel, fût-ce celui de simple vicaire, n'est conféré à un candidat au saint ministère, non muni de son diplôme.

2. Les élèves ne peuvent se présenter aux épreuves du baccalauréat qu'après avoir pris douze inscriptions trimestrielles dans l'une des facultés de théologie de leur communion (Arr. min. 14 mai 1828), et avoir passé avec succès un certain nombre d'examens.

3. D'après un règlement du Séminaire de Strasbourg, du 21 février 1839, les élèves de la Confession d'Augsbourg sont tenus, sauf dispense, de soutenir leur thèse avant le 1er novembre qui suit l'expiration du cycle triennal de leurs études.

BACCALAURÉAT ÈS LETTRES. Nul n'est admis à prendre une inscription dans une faculté de théologie, s'il ne justifie du diplôme de bachelier ès lettres (Règl. dir. 15 sept. 1819; Faculté de Montauban, 21 avril 1822). Nul n'est admis même à prendre une inscription au Séminaire de Strasbourg (section littéraire) s'il ne fait la même justification (D. 9 avril 1809, 1; Arr. Consist. sup. 23 oct. 1855). Les candidats au baccalauréat ès lettres, qui se destinent à la théologie, acquittent, au moment de l'examen, les mêmes droits que ceux imposés à tous autres candidats; mais ils peuvent en obtenir le remboursement en en faisant la demande au ministre par une pétition appuyée d'un certificat du doyen de la Faculté de théologie ou du directeur des études du Séminaire constatant qu'ils se sont fait de suite inscrire sur ses registres, visée par le Directoire ou par le consistoire réformé, au point de vue de la justification de leur vocation ecclésiastique, et transmise par ces derniers corps au recteur (Ord. roy. 5 oct. 1814, 5; Dép. min. Instr. publ. aux recteurs, 26 mars 1857). [V. *Séminaires.*]

Bail concernant des biens d'église. 1. Les règles que nous allons exposer s'appliquent uniformément à *tous* les biens d'église, qu'ils aient le caractère curial ou qu'ils fassent partie de l'avoir d'une caisse ou fondation ecclésiastique (Arr. Consist. sup. 22 oct. 1855, 3, R. XIII, 73).

2. Tout bail d'immeubles ruraux doit se faire par adjudication publique et devant notaire. Il ne peut être dérogé à cette règle que dans des circonstances exceptionnelles dont il doit être expressément justifié par le conseil presbytéral ou le consistoire intéressé. L'adjudication se fait en présence du receveur qui a la gestion des biens à louer, et, autant que possible, de deux ou trois membres délégués par le conseil presbytéral. Le receveur doit toujours se réserver le droit de refuser les mises des cultivateurs dont le caractère laborieux ou la solvabilité lui inspirerait des doutes. En règle générale, la durée des baux est limitée à

un *maximum* de 18 ans; elle est plus habituellement de 3, 6 ou 9 ans, suivant les usages locaux.

3. Avant de faire procéder à une location d'immeubles, le conseil presbytéral soumet au consistoire et au Directoire un projet de cahier des charges sur papier libre. Ce projet, dûment approuvé, est reproduit par le notaire dans son procès-verbal d'enchère.

4. Les parcelles à louer ne doivent être en général adjugées qu'à deux ou plusieurs co-preneurs solidaires, ou à un preneur offrant, au moment même de l'enchère, une caution solvable et solidaire. Ce mode de garantie a été reconnu préférable à l'obligation imposée parfois au fermier de ne fournir la caution ou l'hypothèque qu'*à première demande*. Les amateurs doivent être prévenus de cette condition avant l'enchère. Ceux qui offrent une caution payent les frais d'enregistrement de l'acte de cautionnement en sus des centimes par franc habituellement stipulés pour couvrir les frais ordinaires.

5. Tout bail doit contenir: 1° une désignation exacte des parcelles louées, avec indication des sections, numéros, bans, cantons, contenances, tenants et aboutissants; 2° une clause spéciale obligeant les fermiers à rapporter dans la 8e année des baux de 9 ans, dans la 9e et la 17e des baux de 18 ans, un *extrait* très-détaillé de la *matrice cadastrale* (V. *ce mot*); 3° autant que possible, une clause mettant à la charge des preneurs la totalité ou du moins une partie des frais éventuels d'arpentage et d'abornement, afin d'éviter qu'ils n'accueillent trop légèrement les demandes qui leur seraient adressées directement par les propriétaires voisins. (V., pour les autres stipulations des baux, le modèle rédigé par les soins du Directoire, R. VIII, 151.)

6. Nul bail n'est valable qu'après approbation successive du conseil presbytéral, du consistoire et du Directoire.

Cette approbation doit être formellement réservée dans le cahier des charges. Afin de l'obtenir, le notaire, avant de faire enregistrer l'acte (Décis. min. finances, 18 février 1854), en délivre une copie *sur papier libre* au conseil presbytéral, qui la transmet, avec ses observations et par la voie hiérarchique, aux autorités supérieures, en même temps qu'un extrait indiquant le canon et les clauses spéciales au nouveau bail : cet extrait reste déposé dans les archives du Directoire. Le délai pour l'enregistrement (V. *ce mot*) ne court que du jour où le président du consistoire local a reçu du Directoire, *par renvoi*, la copie du bail approuvée : ladite copie est déposée dans les archives de la paroisse.

Baptême. 1. Tout baptême doit se faire à l'église, à moins d'une demande expresse des parents motivée sur la maladie ou la grande faiblesse de l'enfant (*Discip.*, ch. XI, 6; *Agende*).

2. Il ne peut être régulièrement administré que par un ministre consacré (*Discip.*, ch. XI, 1). Si un laïque a administré le baptême en cas d'urgence (*ondoiement*), l'enfant devra être plus tard présenté à l'église. Le pasteur, devant l'assemblée des fidèles, interrogera la personne qui a fait le baptême, sur les circonstances qui ont provoqué et accompagné l'acte, et, suivant les cas, le déclarera nul ou valable : si le pasteur juge l'acte valable, il se bornera à appeler par une prière la bénédiction de Dieu sur l'enfant (Arr. dir. 13 oct. 1819, R. II, 2).

3. Tout baptême doit se faire en présence d'au moins deux témoins chrétiens confirmés. S'il a eu lieu à domicile sans témoins, l'enfant devra être plus tard présenté à l'église (*Agende*). « Les pasteurs exhorteront diligemment les parrains et les marraines de peser et considérer les pro-

messes qu'ils font en la célébration du baptême; et aussi les pères et mères de choisir des parrains et des marraines bien instruits en la religion, de bonne vie, de bonnes mœurs, et qui soient de leur connaissance, tant que faire se pourra, et par le moyen desquels il y ait apparence qu'à un besoin les enfants puissent être bien élevés » (*Discip.*, ch. XI, 12).

4. Il est interdit à tout candidat au saint ministère, même consacré, de baptiser un enfant sans y avoir été autorisé par écrit par le pasteur de la paroisse (Arr. dir. 5 sept. 1809, R. II, 2; *Discip.*, ch. I, 24-26).

5. Les baptêmes doivent être enregistrés pour chaque paroisse dans un registre spécial indiquant, outre la date de la cérémonie, les noms et prénoms exacts de l'enfant, de ses parents et des parrains et marraines, ainsi que la date de la naissance de l'enfant (*Discip.*, ch. XI, 18; Arr. dir. 8 nov. 1843, R. II, 167). [V. *Pasteurs*, n° 7.]

6. V., en outre, *Actes casuels*.

BATIMENTS RELIGIEUX. — V. *Édifices religieux*.

BÉNÉDICTION NUPTIALE. 1. La bénédiction nuptiale ne peut être donnée que par un ecclésiastique consacré au saint ministère (Cfr. *Discip.*, XIII, 23). [V. *Actes casuels*.]

2. Tout pasteur qui procédera aux cérémonies religieuses d'un mariage sans qu'il lui ait été justifié d'un acte de mariage préalablement reçu par les officiers de l'état civil, sera, pour la première fois, puni d'une amende de 16 à 100 francs; à la première récidive, d'un emprisonnement de deux à cinq ans; à la seconde, de la détention (C. P., 199, 200). C'est un cas d'*abus*, qui ne peut être poursuivi devant les tribunaux correctionnels qu'après le recours au Conseil d'État et sur le renvoi fait par lui aux autorités

compétentes, conformément aux articles 6 et 8 de la loi du 18 germinal an X. Les pasteurs doivent exiger la justification préalable du mariage civil, même lorsqu'ils sont requis de bénir l'union de deux étrangers appartenant à des pays où le mariage religieux suffit à valider l'union (Circ. dir. 30 juill. 1834); il en est de même, *à fortiori*, si la future épouse est Française, et si le futur époux seul est étranger (Cfr. Cour de Paris, 18 déc. 1837). Les dispositions de nos lois qui régissent les solennités extrinsèques du mariage et la manière d'en constater l'accomplissement sont d'ordre public et obligent en France même les étrangers dont la législation propre serait différente (Cfr. ZACHARIÆ, AUBRY et RAU, *Droit civil français*, t. IV, p. 115).

3. Les mariages sont, en principe, bénis à l'église, « dans la compagnie des fidèles » (*Discip.*, XIII, 23); toutefois, sur l'avis du pasteur et pour motif grave, l'inspecteur ecclésiastique, dans l'Église de la Confession d'Augsbourg, peut accorder une dispense (*Agende*).

4. Diverses décisions directoriales interdisent aux pasteurs : 1° de bénir un mariage, à moins de raisons majeures, dans le temps de l'Avent et pendant la semaine sainte (11 janv. 1841, R. I, 166); 2° de se joindre au cortége pour se rendre à l'église, ainsi que le voulait l'usage dans un grand nombre de paroisses rurales (13 nov. 1844, R. III, 137).

La *Discipline* recommande de même aux pasteurs réformés d'éviter de bénir les mariages les jours de jeûne public (V. *Fêtes*), et ceux où la sainte Cène est célébrée (XIII, 24).

5. Il doit être tenu dans chaque paroisse un registre des mariages indiquant, outre la date de la cérémonie, les noms et prénoms des conjoints, la date de leur naissance, et les noms et prénoms de leurs parents; plus, les noms,

prénoms et âge des témoins (Cfr. *Discip.*, XIII, 27; Arr. dir. 8 nov. 1843, R. II, 167).

BIBLIOTHÈQUES PAROISSIALES. La création de ces bibliothèques est recommandée à tous les pasteurs, dans la mesure que comportent les ressources de leurs églises. Ils sont spécialement chargés d'en dresser le catalogue et de veiller à la conservation des livres (Circ. dir. 10 août 1851, R. VIII, 199).

BIENS CONSTITUÉS D'AUMÔNES. 1. On désigne sous ce nom dans l'Église de la Confession d'Augsbourg certains biens à destination charitable, qui sont gérés par les receveurs consistoriaux ou receveurs d'église, à l'exclusion des receveurs des aumônes proprement dits, lesquels, n'étant ni cautionnés, ni rétribués, ne peuvent être chargés de la gestion de capitaux. (V. *Receveurs*.)

2. Les biens constitués comprennent : 1° les immeubles, les rentes foncières et les capitaux donnés autrefois à l'église pour le soulagement des pauvres et autres causes pies de même nature; 2° les reliquats actifs que peuvent présenter annuellement les comptes de la caisse d'aumône, au delà d'une certaine somme qu'il appartient au conseil presbytéral de fixer et qui reste dans ladite caisse à titre de fonds de roulement. (V. *Caisses d'aumônes*.)

3. Le receveur consistorial ou d'église en rend annuellement un compte spécial au conseil presbytéral, sous le contrôle du consistoire et du Directoire. (V. *Receveurs*.) La quote-part de revenus que l'autorité compétente juge devoir appliquer aux besoins courants de la caisse est remise par lui au receveur des aumônes à titre de subvention. Le reste est directement capitalisé par ses soins et sous sa responsabilité, tout comme les excédants de recette qui lui

seraient reversés par le receveur des aumônes (Cfr. Circ. dir. 18 oct. 1864, § 7, R. xx, 121).

Biens curiaux. 1. On désigne sous ce nom certains biens meubles ou immeubles donnés aux églises, à une époque où les pasteurs n'étaient pas encore salariés par l'État, et destinés, dans l'intention des donateurs ou testateurs, à concourir au traitement de ces fonctionnaires.

2. Les biens curiaux se composent surtout d'immeubles et de rentes foncières; les capitaux curiaux qui existent de nos jours dans certaines paroisses proviennent presque tous du rachat de rentes foncières.

3. Le caractère qui distingue nettement les biens curiaux de tous autres biens d'église, est que le revenu en est imputé sur le traitement légal des pasteurs (G. vii), conformément à une évaluation, généralement très-modérée, qui a été faite de concert entre le Gouvernement et l'autorité ecclésiastique. Il résulte de là notamment que ces biens et revenus ne sauraient être confondus avec ceux qui, constitués depuis que les pasteurs reçoivent un traitement de l'État, sont spécialement destinés à *augmenter* ce traitement, à assurer à un pasteur un *supplément* de traitement.

4. L'administration des biens curiaux appartient en principe aux receveurs consistoriaux ou, à leur défaut, aux receveurs d'église de chaque paroisse, à l'exclusion des pasteurs usufruitiers, et se trouve soumise aux mêmes règles que celle des autres biens d'église (Arr. Cons. sup. 22 oct. 1855, 1, R. xiii, 73). [V. *Receveurs*, n° 2.]

5. Les conseils presbytéraux sont spécialement chargés de veiller à la conservation de ces biens (D. 6 nov. 1813, 1; Arr. min. 10 nov. 1852, 1); il en doit être dressé, tous les dix ans, en triple exemplaire, un état détaillé, qui

est visé par le Directoire, et dont copie reste déposée dans les archives du conseil presbytéral, du consistoire et du Directoire (Arr. Cons. sup. 22 oct. 1855, art. 2).

6. Dans le premier semestre de chaque année, le receveur rend compte de sa gestion pour chaque pasteur séparément. Ce compte est soumis d'abord au pasteur et au conseil presbytéral, puis au consistoire et au Directoire (art. 5). Lorsque par exception le pasteur jouit personnellement de certains biens curiaux (art. 6), il doit, à son entrée en charge, le reconnaître par un état détaillé, signé de lui, et déposé en double expédition dans les archives de la paroisse et du Directoire. Il est soumis à toutes les règles posées par le Code Napoléon, sauf l'obligation de fournir caution (art. 7; V. *Usufruit*). Du reste, en principe, le pasteur n'est admis à cultiver lui-même que les jardins et les vignes. Pour tous autres biens, il lui faut une autorisation directoriale expresse (art. 6).

7. Chaque nouveau pasteur entrant en jouissance de biens curiaux est tenu d'en faire dresser l'état en la forme indiquée au n° 5. Cet état doit être certifié véritable par le maire de la commune, et le pasteur signe au bas une déclaration portant qu'il a été réellement mis en possession des biens y énumérés (Arr. min. 8 janv. 1833, R. I, 91).

8. Quant aux droits et aux devoirs des pasteurs qui en jouissent, voyez *Usufruit des biens curiaux*.

9. Voy., en outre, *Cures vacantes*, n°s 2 à 4.

Biens d'aumônes. — V. *Biens constitués*, *Caisses d'aumônes*, *Comptabilité ecclésiastique*, *Receveurs*.

Biens d'église. On donne ce nom aux biens ecclésiastiques dont les revenus sont destinés à couvrir les frais de culte, dans l'acception la plus large de ce mot, et sont compris dans les recettes ordinaires des caisses d'église. (Règl. 18 oct. 1864, art. 14, 1°-7°). [V. *Comptabilité ecclésiastique.*]

Biens de fabrique. On désigne sous ce nom les biens ecclésiastiques (immeubles, rentes foncières, capitaux) qui, dans diverses parties de l'Alsace, forment le patrimoine de fondations créées peu après la Réforme, au moyen d'anciens biens de corporations religieuses (couvents, prieurés, évêchés, etc.) devenus disponibles par suite de la suppression de la hiérarchie catholique ou de la dissolution des communautés religieuses et destinés par le souverain du pays à pourvoir, suivant des règles et dans une circonscription déterminées, soit à certains frais de culte, soit à l'entretien total ou partiel d'édifices religieux. Presque partout, ces fondations, constituées au profit de tout un bailliage ou de toute une seigneurie, sont restées indivises entre les églises autrefois comprises dans une de ces circonscriptions: elles donnent lieu à une comptabilité spéciale et sont soumises à des règles administratives particulières. (V. *Biens indivis.*) Toutefois quelques-unes d'entre elles ont été, depuis, partagées entre les divers co-propriétaires, et les biens attribués à chacun se confondent aujourd'hui pour l'administration et l'emploi des revenus avec les autres biens d'église locaux (V. *Biens d'église*). Dans le langage vulgaire on donne aussi parfois le nom de biens de fabrique à ces derniers biens. Mais cette désignation est proscrite par le Directoire du langage officiel, précisément pour éviter qu'on ne confonde les *caisses d'église locales*, dont l'objet et les ressources sont déterminés par la loi d'une manière générale et obligatoire, avec les anciennes *fabriques*, les anciennes fondations indivises, dont le but est fixé, pour chacune en particulier, par l'acte constitutif ou l'usage immémorial.

Biens des protestants. « Les protestants des deux confessions d'Augsbourg et Helvétique habitants de la ci-devant province d'Alsace et des terres de Blâmont, Clémont, Héricourt et Châtelot », ont été expressément maintenus en possession de tous leurs biens et revenus ecclésiastiques, par décret de l'Assemblée constituante, des 1er-10 déc. 1790 (R. I, 84), à raison des stipulations contenues dans les traités portant réunion de ces pays à la France. Depuis, leur droit de propriété n'a jamais été contesté.

Biens des sacristains. 1. Il existe dans un grand nombre de paroisses rurales des biens donnés à l'église pour les revenus en être affectés au traitement des sacristains; les conseils presbytéraux en ont la surveillance comme de tous les autres biens et revenus de la paroisse.

2. Lors de leur entrée en fonctions, les sacristains ont à en dresser un état en triple exemplaire, en la même forme que les états de biens curiaux (Arr. dir. 2 août 1843, R. II, 141). [V. *Biens curiaux.*]

3. Les biens de sacristain doivent être inscrits sur la matrice cadastrale au nom de l'église propriétaire (même Arr.) et les revenus figurer, en recette et en dépense, dans la comptabilité annuelle de la caisse d'église sous la rubrique, à ce destinée, dans les cadres de budget et de compte.

Biens indivis. 1. Il existe en Alsace certains biens meubles et immeubles appartenant par indivis à un nombre souvent considérable d'églises et grevés, à l'égard des divers co-propriétaires, de charges déterminées pour chaque fondation ou *fabrique* indivise (V. *Biens de fabrique*), par la volonté du souverain qui l'a constituée, ou par des usages séculaires.

2. L'*administration* des biens indivis appartient au consistoire dont le ressort comprend la totalité ou la majorité des églises co-propriétaires. Les églises situées en dehors du consistoire administrateur ont le droit de s'y faire représenter, pour toutes les affaires ayant trait aux droits ou biens indivis, par leur pasteur et deux délégués laïques de leur conseil presbytéral. Ces membres adjoints sont élus en la même forme et pour le même temps que le délégué du conseil presbytéral au consistoire dont il relève. Le président du consistoire administrateur est tenu de les convoquer à toutes les séances où doivent se traiter des affaires concernant la fabrique indivise; ils y ont voix délibérative. Mais il va sans dire qu'ils doivent se retirer aussitôt que les affaires d'intérêt collectif ont été expédiées.

3. La *gestion* des fabriques indivises appartient, sous la surveillance du consistoire administrateur, au receveur consistorial. (V. *ce mot*.)

4. Dans l'inspection de Montbéliard, il existe sous le nom de *Caisse ecclésiastique* de l'inspection, une institution analogue aux fabriques indivises des inspections du Bas-Rhin. Cette caisse, fort riche autrefois, pourvoyait à elle seule à l'entretien du culte et de ses ministres, au soulagement des veuves et orphelins de pasteurs, etc. La Révolution en a englouti presque tout l'avoir, et les faibles revenus qu'elle a conservés (2 ou 300 fr. par an) ne servent plus aujourd'hui qu'à payer quelques menus frais d'administration ou quelques petites dépenses d'intérêt général. La caisse est administrée par un receveur, sous la surveil-

lance d'une commission formée de députés des cinq consistoires et présidée par l'inspecteur ecclésiastique; elle communique ses comptes au Directoire.

BOURSES.—V. *Facultés, Genève, Gymnase, Séminaires.*

BUDGETS. 1. Les conseils presbytéraux et consistoires sont tenus de dresser chaque année, au mois de novembre, pour l'exercice suivant, un budget des recettes et des dépenses des caisses d'église ou des fabriques qu'ils administrent (Arr. min. 10 nov. 1852, 3; 20 mai 1853, 5). Faute par le conseil presbytéral de dresser le budget, le consistoire y pourvoit, et en cas de refus ou de négligence de la part du consistoire, le Directoire.

2. Nulle recette ou dépense ne peut être faite que conformément au budget de l'exercice, ou à des autorisations extraordinaires spéciales. Toutefois, lorsque le budget n'a pas été approuvé avant le commencement de l'exercice, les recettes et les dépenses ordinaires continuent, jusqu'à l'approbation, à être faites conformément au budget de l'année précédente.

3. Dans l'Église de la Confession d'Augsbourg, qui a seule une réglementation uniforme sur cette matière, le Directoire a dressé des cadres dont l'emploi est obligatoire et qui facilitent à la fois la rédaction du budget et sa révision. D'après ces cadres chaque budget contient quatre colonnes : la première est réservée à l'intitulé des chapitres et des articles, soit de recette, soit de dépense; la seconde indique la somme admise pour chaque article au budget de l'exercice précédent; la troisième, la somme proposée pour le même article pendant l'exercice auquel se rapporte le budget; la quatrième, les totaux par chapitre des sommes proposées. Tous les chapitres se groupent, soit pour la

recette, soit pour la dépense, sous deux rubriques : ***Recettes ordinaires*** et ***Recettes extraordinaires, Dépenses ordinaires*** et ***Dépenses extraordinaires.*** (V. ***Dépenses ordinaires.***)

4. Toute augmentation de crédit ou tout crédit nouveau doit être justifié par une délibération motivée, tout projet de constructions, de réparations ou d'acquisitions de quelque importance, par une délibération et des devis. Nul crédit porté au budget ne peut être dépassé sans autorisation expresse des divers corps qui ont concouru à la confection du budget. Toute dépense de plus de 10 francs doit former un article spécial du budget, ou bien faire l'objet d'une délibération particulière indiquant sur quel chapitre du budget elle est imputable, et à l'aide de quelles ressources elle peut être soldée (Arr. dir. 8 oct. 1810; 7 juill. 1824; 1er mai 1866). Les revenus et les dépenses en grains doivent être évalués en argent au prix moyen des mercuriales. Enfin, tout budget doit autant que possible contenir un crédit pour les dépenses imprévues. Ce crédit, qui ne peut excéder le dixième des recettes ordinaires, et qui, en tant que les ressources le permettent, ne doit pas rester inférieur à 10 francs, peut être employé sur la simple autorisation du Directoire, demandée par le président du conseil presbytéral ou du consistoire, sans délibération spéciale préalable de ces deux corps.

5. Les budgets, dressés conformément à ces règles par les receveurs, sont soumis par eux en triple expédition à l'examen du conseil presbytéral qui les vérifie, les arrête et les adresse au consistoire. Le consistoire examine à son tour, et s'il propose d'adopter, envoie au Directoire deux des trois expéditions. Le Directoire en conserve une dans ses archives et renvoie l'autre au président du consistoire (pour les archives de ce corps), revêtue de son arrêté d'approbation, ou accompagnée, s'il y a lieu, de ses obser-

vations. Le président (ou le secrétaire) du consistoire transcrit cet arrêté ou ces observations sur la troisième expédition qu'il avait retenue, certifie par sa signature la conformité de la copie, et renvoie la pièce au conseil presbytéral intéressé, pour les archives paroissiales. (V. *Comptes*, n° 2.)

C

Caisses d'aumônes. 1. On donne le nom de caisse d'aumônes à certaines caisses ecclésiastiques créées en vue de centraliser les recettes et les dépenses qui ont spécialement pour objet le soulagement, par les soins du pasteur et du conseil presbytéral, des pauvres de la paroisse, ou les subventions à accorder à des œuvres ou à des établissements de charité. Le règlement organique sur la comptabilité des églises de la Confession d'Augsbourg autorise les conseils presbytéraux à maintenir ou à établir une de ces caisses partout où ils le jugeraient nécessaire, indépendamment de la caisse d'église qui, de plein droit, existe dans toute paroisse ou section de paroisse ayant un lieu de culte. (V. *Caisses d'église*, n° 1.)

2. Les caisses d'aumônes ont parfois des capitaux et des biens-fonds provenant soit de dons ou de legs à destination charitable, soit de reliquats de compte accumulés (V. *Biens constitués d'aumônes*). Mais leur revenu le plus ordinaire consiste dans des collectes faites à l'issue des services divins ou à certaines fêtes et qu'il ne faut pas confondre avec les collectes sans affectation spéciale ou expressément destinées à l'entretien du culte, dont le produit appartient aux caisses d'église ou fabriques locales. (V. *Quêtes.*)

3. Les recettes et surtout les dépenses des caisses d'aumônes ne pouvant être prévues plus ou moins longtemps à l'avance, à raison même de leur nature spéciale, il n'est point dressé de budget pour ces caisses. Mais le compte doit en être présenté, sur les cadres à ce destinés, dans le premier trimestre de chaque année, pour l'exercice précédent.

4. Les caisses d'aumônes sont administrées gratuitement par les receveurs d'église ou par des receveurs spéciaux, nommés en la même forme. Mais c'est toujours au receveur d'église ou au receveur consistorial, s'il y en a un pour le ressort, c'est-à-dire, au comptable salarié et cautionné, que doit être remis, pour être placé, l'excédant actif que peut présenter le compte des aumônes. (V. *Biens constitués*, *Receveurs*.)

CAISSES D'ÉGLISE OU FABRIQUES LOCALES. Les caisses d'église ou fabriques locales sont régies, par analogie avec les fabriques du culte catholique, par le décret du 30 décembre 1809, en tant qu'il s'accorde avec la législation propre aux églises protestantes. S'appuyant sur ce décret, le Consistoire supérieur de la Confession d'Augsbourg, par son arrêté du 23 octobre 1863, et le Directoire, par un règlement organique et une circulaire du 18 octobre 1864, rendus en exécution dudit arrêté, ont déterminé la constitution et le mode de gestion des caisses d'église protestantes. C'est à ce dernier règlement que se rapportent, à moins d'indications contraires, les numéros des articles auxquels nous renvoyons.

1. Toute église (chef-lieu de paroisse ou annexe ayant un lieu de culte) a une caisse d'église (art. 13). En effet, par là même qu'elle a un lieu de culte et que des services s'y célèbrent, elle a à pourvoir à certains frais et elle a

certaines recettes propres, qui nécessitent l'établissement d'une comptabilité distincte. (V. *Annexe.*)

2. En principe, les caisses d'église centralisent toutes les recettes et font face à toutes les dépenses de la communauté à laquelle elles appartiennent. Toutefois il est loisible aux conseils presbytéraux d'avoir, s'ils le jugent convenable, à côté de la caisse d'église, une *caisse d'aumônes* (V. *ce mot*), qui perçoit les recettes et supporte les dépenses à destination exclusivement charitable (art. 34).

3. Les recettes et les dépenses qui appartiennent *de droit* aux caisses d'église, qui ne peuvent en être distraites au profit d'une autre comptabilité, sont les suivantes:

Recettes: 1° Les loyers des bâtiments, les fermages des biens ruraux, et le produit des coupes ordinaires de bois appartenant à l'église; 2° les arrérages des rentes foncières et les intérêts des capitaux, hormis le cas où ils ont une destination exclusivement charitable par la volonté de ceux qui les ont constitués, et où il existe une caisse d'aumônes spéciale; 3° le prix de concession ou de location des siéges d'église; 4° les droits alloués aux églises pour les pompes funèbres; 5° le produit spontané des terrains servant de cimetières; 6° le produit des dons et collectes sans affectation spéciale ou expressément destinés à couvrir les frais de culte; 7° les subventions communales votées par les conseils municipaux pour subvenir à l'insuffisance des revenus propres de la caisse; 8° le produit des biens dont la jouissance est attribuée aux sacristains ou qui ont été donnés à l'église avec une affectation spéciale, mais non charitable (art. 15; Cfr. D. 30 déc. 1809, 36).

Dépenses: 1° Les frais de bureau et d'administration, parmi lesquels figure, à titre de dépense obligatoire dans l'Église de la Confession d'Augsbourg, l'abonnement au *Recueil officiel des actes du Consistoire supérieur et du Directoire* (art. 16); 2° les traitements et les compléments ou suppléments de traitement des pasteurs ou vicaires à la charge de l'église (G. 7); 3° les traitements et salaires des employés subalternes de l'église; 4° les frais de culte, dans le sens le plus large du mot (indemnité aux ecclésiastiques suppléants ou supplémentaires, éclairage et chauffage de l'église, frais relatifs à la sainte Cène, etc.); 5° l'achat et l'entretien des objets mobiliers nécessaires au service de l'église (vases sacrés, livres saints à l'usage du pasteur, robes d'église, etc.); 6° les frais de réparation, d'entretien ou de décoration des édifices consacrés au culte; 7° les frais d'entretien, l'assurance et les contributions des immeubles appartenant à l'église; 8° l'emploi du revenu des biens ayant une affectation spéciale non charitable (art. 17; Cfr. D. 30 déc. 1809, 37).

4. L'article 30, n° 14, de la loi du 18 juillet 1837, qui confirme l'article 92 du décret du 30 décembre 1809, déclare *obligatoires* pour les communes « les secours aux fabriques des églises et autres administrations préposées aux cultes dont les ministres sont salariés par l'État, en cas d'insuffisance de leurs revenus, justifiée par leurs comptes et budgets ». Le conseil presbytéral peut être tenu de joindre à ces comptes les pièces justificatives, si le conseil municipal l'exige (Avis du C. d'Ét. 20 nov. 1839; Circ. min. 16 janv. 1840).

5. En cas de refus du conseil municipal de voter l'allocation nécessaire pour combler le déficit de la caisse d'église, le préfet a le droit d'en prescrire, par un arrêté rendu en conseil de préfecture, l'inscription d'office au budget communal (L. 18 juill. 1837, 39); mais, d'un autre côté, il peut aussi réduire ou retrancher les allocations supplémentaires votées par les conseils municipaux en faveur des églises, si l'autorité ecclésiastique avait négligé

ou omis de tirer parti des ressources qu'il lui appartient d'affecter aux frais de culte (Circ. min. 26 mars 1812; 12 avril 1819).

6. En règle générale, toutes les dépenses, quelle qu'en soit la nature ou l'importance, concernant le culte ou les édifices religieux, incombent à la caisse d'église; elle est la première obligée, et le conseil presbytéral ne peut réclamer le concours de la commune qu'à charge de justifier que la caisse d'église ne peut faire face aux dépenses reconnues nécessaires. (V., toutefois, pour les distinctions à faire à cet égard, *Édifices religieux*, § 3.)

7. Si, en cas d'appel au concours de la commune, le préfet et l'autorité ecclésiastique supérieure diffèrent d'opinion sur la suite qu'il convient d'y donner eu égard à la quotité ou à la nature des dépenses à couvrir, il en est référé par l'une des deux parties au Ministre des cultes, qui, suivant la gravité des cas, statue directement ou provoque un décret rendu en Conseil d'État (D. 30 déc. 1809, 93, 97; Avis du C. d'Ét. 7 juin 1850).

8. Les caisses d'église sont administrées par le conseil presbytéral de la paroisse sous le contrôle des autorités ecclésiastiques auxquelles il est subordonné, et gérées, soit par le receveur consistorial, soit par un receveur local, qui prend le titre de receveur d'église (art. 52, 53 et suiv.).

9. Le receveur prépare chaque année les budgets et les comptes, mais c'est le conseil presbytéral qui les arrête, sauf le droit de redressement qui compète à l'autorité supérieure (art. 24). Toutefois le Directoire ne peut augmenter ou inscrire d'office un crédit au budget d'une caisse d'église qu'autant qu'il s'agit d'une dépense obligatoire à laquelle le conseil aurait négligé de pourvoir ou insuffisamment pourvu (art. 27, 28).

10. Les dépenses obligatoires des caisses d'église sont:

1° les traitements ou portions du traitement légal des pasteurs, mis à la charge de l'église (G. 7); 2° les traitements assurés aux receveurs et aux agents subalternes, pendant toute la durée de leurs fonctions; 3° les frais d'abonnement au Recueil officiel des actes du Consistoire supérieur et du Directoire; 4° le payement des contributions publiques ou locales; 5° l'acquittement des condamnations judiciaires et des obligations contractées; 6° les frais de réparations qui auraient été reconnues nécessaires pour la conservation des bâtiments appartenant à l'église. L'urgence sera déclarée par arrêté du Directoire sur la proposition des inspecteurs ecclésiastiques ou laïques, le conseil presbytéral et le consistoire entendus (art. 16).

11. Lorsque les conseils presbytéraux ne jugent pas nécessaire d'organiser une comptabilité spéciale pour les fonds d'aumônes ou pour les legs à destination particulière, les revenus et leur emploi figurent aux budgets et aux comptes de la caisse d'église dans des chapitres spéciaux (le xe), de façon à ne pas se confondre avec les recettes et dépenses propres de la caisse et à conserver leur affectation particulière: ils ne figurent, pour ainsi dire, dans la comptabilité que pour ordre; l'excédant des recettes sur les dépenses, au lieu de se confondre avec les autres ressources de l'église, est inscrit comme dépense au chapitre spécial du compte de l'année et reporté comme recette au même chapitre spécial du budget et du compte de l'exercice suivant (Circ. dir. 20 déc. 1864, R. xx, 181).

12. Les principes que nous venons de rappeler d'après les règlements organiques de l'Église de la Confession d'Augsbourg, découlant tous ou des nécessités inhérentes à toute comptabilité régulière ou de textes de loi et de décisions ministérielles, s'appliquent également aux caisses des églises réformées, sauf les modifications que comporte la

constitution différente des deux Églises et sur lesquelles il nous paraît superflu d'insister. (V. *Budget*, *Comptabilité ecclésiastique*, *Comptes*, *Placement de capitaux*, *Receveurs*, etc.).

Caisses de legs. On désigne sous ce nom, dans l'Église de la Confession d'Augsbourg, certaines caisses dans lesquelles sont versés ceux des legs faits à l'Église, dont les revenus ont une destination spéciale indiquée par les testateurs, et ne rentrant pas dans la catégorie des objets auxquels les caisses d'église peuvent ou doivent légalement pourvoir; tels sont les legs destinés à procurer à tel pasteur un supplément de traitement, à doter les nouveaux mariés d'un exemplaire des Écritures saintes, à habiller des catéchumènes pauvres, etc., etc.

Ces caisses sont administrées par les receveurs consistoriaux ou les receveurs d'église, mais à titre gratuit: les frais de gestion, s'il y en a, sont supportés, suivant l'objet du legs, par la caisse d'église ou la caisse d'aumônes de la paroisse, de manière que les revenus reçoivent intégralement l'emploi voulu. Tous les ans, la comptabilité des caisses de legs est apurée par le conseil presbytéral, le consistoire et le Directoire.

Caisses de prévoyance, en faveur des pasteurs, de leurs veuves et de leurs orphelins. 1. Ces caisses sont de trois catégories: 1° *Caisses d'émérilat* destinées à apporter un secours annuel aux pasteurs sociétaires que l'âge ou des infirmités graves empêchent de remplir leurs fonctions; 2° *Caisses de retraite*, destinées, d'une manière générale, à fournir une pension à ceux qui sont amenés à renoncer définitivement à l'exercice du saint ministère; 3° *Caisses des veuves et orphelins de pasteurs*, destinées à fournir des secours annuels aux personnes dont le mari ou le père a été membre de l'association.

2. Il existe une société de l'*Émérital* à Strasbourg, pour les pasteurs des deux communions protestantes reconnues en France. Cette société, autorisée comme établissement d'utilité publique par un décret du 15 juin 1850, a pour but d'accorder des secours annuels aux pasteurs sociétaires auxquels l'âge ou des infirmités graves ne permettent plus de continuer leurs fonctions pastorales et qui auront été dans la nécessité de s'adjoindre un vicaire ou de donner leur démission pour cause de santé (art. 1 et 7 des Statuts). Elle est alimentée, indépendamment des dons, legs et autres ressources extraordinaires, par un droit d'entrée et des cotisations annuelles payés par les sociétaires, et administrée par une commission de douze membres sous la surveillance du Directoire (art. 3, 4, 18, 47, etc., *ibid.*).

3. L'Église réformée possède, en outre, une *caisse de retraites*, proprement dite, destinée à assurer une pension aux pasteurs qui, remplissant les conditions exigées, demanderont à faire valoir leurs droits à la retraite; ces conditions sont 60 ans d'âge et 30 années de services pendant lesquelles ils ont supporté une retenue de 2 p. 100 sur le traitement qui leur est accordé par l'État, ou versé l'équivalent (les services rendus à un titre auxiliaire quelconque comptent dans les 30 ans, si l'ecclésiastique a payé une contribution égale à celle d'un pasteur de 3e classe). Les pasteurs que des infirmités contractées pendant l'exercice de leur ministère rendent incapables de le continuer, peuvent obtenir, même avant l'âge de 60 ans et 30 années de services, une pension qui est calculée sur le pied du trentième de la pension normale, par année où ils ont subi la retenue ou payé l'équivalent (art. 1, 7, 9, 16 des Statuts). La pension normale ne peut excéder les trois cinquièmes

du traitement d'activité; elle se compose: 1° du chiffre des arrérages de rente viagère dont chaque pasteur se trouve personnellement crédité à la Caisse générale de retraites pour la vieillesse, en raison des versements qui y sont régulièrement effectués sur sa tête du montant de la retenue qu'il subit (art. 5, 14); 2° d'une quote-part proportionnelle dans la répartition annuelle des revenus propres de la caisse, c'est-à-dire, du produit des dons, legs et collectes ou des intérêts de capitaux (art. 3, 14). L'affiliation à l'œuvre est essentiellement facultative.

4. Les sociétés de secours en faveur des veuves et des orphelins de pasteurs sont assez nombreuses dans les deux Églises. D'abord, la caisse de retraites des pasteurs réformés admet «le principe de la réversibilité d'une portion de la pension au profit des veuves» (art. 21). Ensuite, il existe des caisses dont l'objet spécial est de venir en aide aux veuves ou aux orphelins. Trois d'entre elles sont reconnues comme établissements d'utilité publique: celles de Bouxwiller et de Strasbourg, pour la Confession d'Augsbourg, par des décrets du 9 février 1856 (R. XII, 197) et du 18 avril 1859 (R. XV, 183); celle de Bordeaux, pour les deux Églises, par une ordonnance royale du 19 janvier 1832. Il en existe encore d'autres, non autorisées, à Strasbourg, pour les pasteurs de la ville, à Montbéliard, et à Harskirchen, pour les dix pasteurs de l'ancien comté de Saarwerden-Nassau-Saarbrück.

5. D'après des règlements intérieurs édictés par le Consistoire supérieur, tout ecclésiastique préposé à une paroisse comme pasteur titulaire ou comme pasteur-vicaire (postes d'évangélisation) est tenu, avant qu'il soit donné suite à sa nomination, de justifier qu'il s'est fait recevoir membre de la Société de l'éméritat et de l'une des deux caisses générales de veuves établies à Strasbourg et à Bouxwiller;

alors même qu'il serait célibataire au moment de sa nomination (Arr. Consist. sup. 24 oct. 1855, R. XIII, 130). [V. *Pasteurs*, n° 2.] Certains consistoires réformés ont jugé utile de prendre des mesures analogues à l'égard des pasteurs nouvellement élus par eux.

CANDIDATS AU SAINT MINISTÈRE. 1. On désigne sous ce nom générique tous ceux qui, ayant terminé leurs études théologiques au moins jusqu'à l'examen *pro ministerio* inclusivement, ne sont pas encore pourvus d'un titre officiel de pasteur, de vicaire ou de suffragant. Pour obtenir des fonctions officielles dans l'Église de la Confession d'Augsbourg, tout candidat au saint ministère doit justifier du grade de bachelier en théologie et de son ordination.

2. Les candidats au saint ministère, même investis, à titre provisoire et officieux, de fonctions vicariales, ne peuvent administrer le baptême ou la Cène, ni bénir un mariage, tant qu'ils n'ont pas été consacrés. (V. *Consécration*.)

3. Nul candidat ne peut s'absenter qu'en vertu d'un congé du Directoire, à peine de se voir rayé de la liste du personnel de l'Église de la Confession d'Augsbourg et de s'exposer à être considéré, au point de vue du service militaire, comme ayant renoncé au saint ministère (Arr. dir. 13 mars 1839, R. I, 146; 13 déc. 1859, XVI, 32). [V. *Séminaires*, n° 30.]

CÉRÉMONIES RELIGIEUSES EXTÉRIEURES. — V. *Liberté des cultes*.

CERTIFICAT D'ÉTUDES. Tout candidat à une place de pasteur devait, au prescrit de la loi du 18 germinal an X, art. 12, justifier par un certificat qu'il avait étudié la théologie pendant trois ans dans l'un des séminaires français destinés à former les ministres de sa confession. Les certificats étaient délivrés par le doyen de la Faculté de théologie. Aujourd'hui c'est le diplôme même de bachelier en théologie, lequel présuppose les trois années d'études, qui doit être produit au lieu et place de ces simples certificats d'études (Circ. min. 30 mai 1820, 29 oct. 1832, 18 janv. 1837).

Certificat d'ordination. Ce certificat est délivré, dans l'Église de la Confession d'Augsbourg, par le Directoire, au vu du procès-verbal de l'inspecteur ecclésiastique constatant que la consécration a eu lieu. (V. *Consécration au saint ministère.*)

Chaire (Autorisation de monter en). — V. *Autorisation.*

Chaire (Cession de la). 1. Cette matière a été réglementée dans l'Église de la Confession d'Augsbourg par un arrêté du Consistoire supérieur du 26 octobre 1857 (R. xv, 3).

2. Les pasteurs de la Confession d'Augsbourg sont autorisés à céder accidentellement leur chaire à tout pasteur, ou candidat au saint ministère, ou élève en théologie autorisé à prêcher, de l'une et de l'autre des deux Églises protestantes légalement reconnues en France (V. *Autorisation de monter en chaire*); ce qui implique, d'autre part, qu'il leur est loisible de refuser leur chaire, s'ils le jugent à propos, même aux personnes susdénommées; ce refus serait sans appel. La *Discipline des églises réformées* porte de même (ch. 1er, xxv) : « Le ministre d'une église ne pourra prêcher en une autre sans le consentement du ministre d'icelle, sinon qu'il fût absent, auquel cas ce sera au consistoire de lui en donner autorité. » (V. *Actes casuels.*)

3. Les œuvres religieuses, autres que celles qui existent

depuis longtemps et que l'Église de la Confession d'Augsbourg a prises sous son patronage, ne peuvent être recommandées du haut de la chaire, même par le pasteur de la paroisse, que sur l'autorisation écrite du Directoire (Arr. 26 oct. 1857, art. 2, modif., 25 oct. 1858, R. xv, 154; Circ. dir. 26 nov. 1867, R. xxiii, 168).

4. Les pasteurs ou candidats au saint ministère, non Français, ne peuvent être admis à prêcher ou à participer à l'administration de la sainte Cène qu'avec l'autorisation du président du consistoire, qui en donnera avis à l'inspecteur ecclésiastique de la circonscription.

5. La chaire ne peut être cédée à des ecclésiastiques appartenant à des congrégations séparées des Églises protestantes légalement reconnues et constituées.

6. Les missionnaires pourront, sur l'autorisation du président du consistoire, être admis à faire dans les églises de la Confession d'Augsbourg des allocutions et des rapports.

Chantres. — V. *Employés subalternes des églises.*

Cimetières. 1. Nous ne nous étendrons pas ici sur cette matière qui ne touche qu'indirectement à l'administration ecclésiastique, et nous ne relaterons que les dispositions législatives ou réglementaires qui intéressent spécialement l'Église protestante.

2. Aucune inhumation ne peut avoir lieu dans les églises, temples ou oratoires publics, et généralement dans aucun des édifices clos et fermés où l'on se réunit pour la célébration du culte (D. 23 prair. an XII, 1).

3. Les cimetières doivent être distants d'au moins 35 ou 40 mètres de l'enceinte des villes ou villages (*ibid.*, art. 2; Ord. roy. 6 déc. 1843). Il est interdit d'élever sans auto-

risation aucune habitation et de creuser aucun puits à moins de 100 mètres des cimetières transférés hors des communes. Les bâtiments existants ne peuvent être réparés ni augmentés sans autorisation. Les puits peuvent, après visite contradictoire d'experts, être comblés en vertu d'un arrêté du préfet, sur la demande de la police locale (D. 7 mars 1808, 1 et 2). Toutefois, d'après une circulaire du 30 décembre 1843, cette servitude ne s'étend plus aujourd'hui, après la translation du cimetière à la distance légale de 35 à 40 mètres, jusqu'à 100 mètres *du côté des habitations:* celles-ci en sont exonérées par le fait même de la translation.

4. « Dans les communes où l'on professe plusieurs cultes, chaque culte doit avoir un lieu d'inhumation particulier; et dans les cas où il n'y aurait qu'un seul cimetière, on le partagera, par des haies, murs ou fossés, en autant de parties qu'il y a de cultes différents, avec une entrée particulière pour chacune, et en proportionnant cet espace au nombre d'habitants de chaque culte » (D. 23 prair. an XII, 15). Il ne suffit pas, pour motiver une séparation dans le cimetière, qu'il y ait un, deux ou même plusieurs protestants dans la commune. Il faut que le culte protestant y soit *professé;* il doit y avoir, dans ce cas, un cimetière protestant spécial, pour le motif qui a dicté aussi l'article 45 de la loi du 18 germinal an X, c'est-à-dire afin d'éviter les collisions que la confusion de cérémonies religieuses différentes et simultanées pourrait exciter dans un même cimetière. Telle est, du moins, la jurisprudence constante de l'administration; mais, en même temps, le Gouvernement a toujours reconnu que l'inhumation dans le cimetière *commun* est une institution civile à laquelle tous les citoyens indistinctement doivent participer, sans égard à la différence du culte, ni à aucune autre différence

(Vuillefroy, *Administration du culte catholique*, p. 500, note *c;* Instr. min. 15 [illegible] an XI, 12 nov. 1808, 20 août 1838). [V. *Inhumations.*]

5. La loi du 18 juillet 1837, sur l'administration municipale, range parmi les dépenses obligatoires des communes « la clôture des cimetières, leur entretien et leur translation dans les cas déterminés par les lois et règlements d'administration publique » (art. 30, § 17). Par compensation elle range parmi leurs recettes ordinaires « le prix des concessions de terrain » (art. 31, § 9). Le produit spontané des terrains servant de cimetières est affecté aux fabriques d'église (D. 30 déc. 1809, art. 36, 4). Récemment la question a été soulevée de savoir si, dans les cas exceptionnels où c'est l'église, et non la commune civile, qui est propriétaire d'un cimetière, et a, comme telle, charge d'entretien, elle n'est pas en droit de percevoir à son profit le prix des concessions. La question n'est pas encore définitivement résolue.

6. Le pasteur de la localité où un cimetière, soit nouvellement établi, soit agrandi, doit être inauguré, est chargé de procéder à cette solennité, après avoir demandé et obtenu, au préalable, l'autorisation de l'inspecteur ecclésiastique de son ressort (Arr. dir. 27 janv. 1852, R. IX, 154).

Circonscriptions ecclésiastiques. 1. Les circonscriptions ecclésiastiques, celles, du moins, des inspections et des consistoires, sont réglées par décret et ne peuvent être modifiées que par un décret rendu sur l'avis des diverses autorités ecclésiastiques et civiles intéressées. Les circonscriptions paroissiales d'un même consistoire sont fixées en général par l'usage ou par un règlement intérieur de l'autorité ecclésiastique; le pouvoir civil ne détermine que le nombre des pasteurs de chaque consistoriale et leur résidence, et il n'intervient pour la subdivision entre eux du ressort de la consistoriale que quand un changement de limites paroissiales entraîne modification d'un de ses actes, par exemple, du décret ou de l'arrêté ministériel qui avait déterminé le ressort d'une place de pasteur nouvellement créée.

2. Les circonscriptions consistoriales dans l'Église réformée, les circonscriptions consistoriales et inspectorales dans l'Église de la Confession d'Augsbourg, ont été fixées par un décret d'ensemble du 10 novembre 1852, qui établit, pour la première, 105 consistoires, et pour la seconde, 8 inspections et 44 consistoires. Depuis, un décret du 7 août 1867 a supprimé le consistoire de Montagnac (Hérault) et en a réuni les paroisses à celui de Montpellier, de sorte que l'Église réformée de France ne compte plus que 104 consistoires.

3. Un pasteur ne peut pas fonctionner sans autorisation dans la circonscription d'un de ses collègues (V. *Actes casuels*). Sa compétence est, en principe, limitée au territoire auquel il est légalement préposé.

CLOCHES. 1. La législation ecclésiastique protestante est muette sur le mode d'usage des cloches; mais les règles, presque toutes d'ordre public, posées à propos de l'usage des cloches dans les églises catholiques, s'appliquent tout naturellement aux cloches placées dans les temples protestants. Ainsi, dans l'Église de la Confession d'Augsbourg, le Directoire et, dans l'Église réformée, le Consistoire, doivent « se concerter avec le préfet pour régler la manière d'appeler les fidèles au service divin par le son des cloches; on ne pourra les sonner pour toute autre cause sans la permission de la police locale » (G. C. 48). Il résulte de ce texte: 1° que le nombre et la dimension des cloches doivent être fixés d'accord entre le préfet et l'autorité ecclésiastique supérieure (Décis. min. 27 mai 1807) et ne peuvent être modifiés sans les mêmes interventions; 2° qu'aucune nouvelle sonnerie ne peut être ordonnée par l'autorité ecclésiastique sans que le maire ou le préfet y ait donné son assentiment. En temps d'épidémie meurtrière, le préfet peut, d'accord avec l'autorité ecclésiastique, interdire les sonneries relatives aux enterrements (Circ. min. 24 janv. 1806).

2. La garde et l'usage des cloches appartiennent au pasteur : c'est lui qui conserve les clefs du clocher (Décis. min. 1813; Avis du Comité de l'Int. du C. d'Ét. 21 juill. 1835; du Comité de législ. 17 juin 1840).

3. Les sonneurs sont nommés par le conseil presbytéral (Arr. min. 10 nov. 1852, 1) et payés sur les fonds de la caisse d'église ou fabrique locale (D. 30 déc. 1809, art. 37, § 1).

COLLECTES. 1. Il existe dans l'Église de la Confession d'Augsbourg deux collectes annuelles, instituées par l'autorité supérieure, l'une en faveur du Pensionnat ecclésiastique de Saint-Guillaume (*Studiensteuer*), l'autre en faveur de l'œuvre pour constructions d'édifices religieux. La première est de fort ancienne institution : les conseils presbytéraux en fixent le jour selon les convenances locales. La seconde, rendue obligatoire et annuelle par décision du Directoire du 16 août 1856, comprend, d'une part, les dons qui seraient recueillis à domicile par les soins des conseils presbytéraux, d'autre part, le produit de la quête qui suit e service de la fête de la Réformation. (V. *Fêtes*.)

2. Les collectes ne peuvent être faites auprès des caisses d'aumônes, d'église ou de fabrique, ou recommandées officiellement aux fidèles du haut de la chaire que sur l'auto-

risation ou d'après les instructions du Directoire (V. *Chaire* [Cession de la], § 3; Cir. dir. 1er oct. 1867, R. XXIII, 158, et 26 nov. 1867, R. XXIII, 168). Le Directoire ne *prescrit* de collectes que pour les œuvres d'un intérêt général pour l'Église. Il se borne, le cas échéant, à *autoriser* les autres Il est interdit aux pasteurs d'autoriser par écrit les indigents à quêter auprès des caisses ecclésiastiques : ils ne peuvent qu'intercéder pour eux, s'il en est besoin, en séance consistoriale (Arr. dir. 9 mai 1827, R. I, 73).

3. Les collectes *à domicile* faites pour l'église par le pasteur ou son représentant sont tolérées; du moins il a été jugé que le quêteur ne peut pas, dans ces circonstances, être poursuivi pour délit de mendicité (Cass. 11 nov. 1808; 16 févr. 1824).

4. Pour les quêtes ordinaires dans les églises à l'issue des services divins, voy. *Quêtes*.

COMMISSIONS CONSISTORIALES. 1. Un grand nombre de consistoires ont l'usage de constituer dans leur sein des commissions permanentes chargées de préparer leurs délibérations et leurs décisions sur une série d'affaires se reproduisant périodiquement et exigeant certaines connaissances techniques spéciales; telles sont les *commissions de comptabilité*, chargées de vérifier les budgets et les comptes du ressort consistorial, avant qu'ils ne soient présentés en séance plénière; les *commissions des bâtiments*, dont la mission consiste à aller inspecter, chaque année, les édifices religieux de la circonscription et à prendre note des réparations qu'ils comportent, etc.

2. L'intervention de ces commissions est extrêmement utile et offre de sérieuses garanties d'une bonne tractation des affaires, mais elle doit rester essentiellement officieuse. Parfois des consistoires dont la circonscription est étendue

et qui éprouvaient quelque difficulté à se réunir aussi souvent que les règlements ou les nécessités du service l'exigent, ont proposé de déléguer à des commissions consistoriales d'une composition variable, l'exercice du droit de contrôle que la loi leur donne sur la gestion des conseils presbytéraux de leur ressort. Cette pratique, qui tendrait à modifier le mécanisme de la législation ecclésiastique, a toujours été combattue par l'autorité supérieure (Cfr. notamment Circ. dir. 1er mai 1866, R. XXII, 116), et n'est tolérée, dans l'Église de la Confession d'Augsbourg, qu'en matière de vérification de registres paroissiaux, des procès-verbaux d'élections paroissiales et des délibérations presbytérales portant nomination de délégués au consistoire, ces opérations, purement réglementaires, ne pouvant donner matière à discussion et nécessitant au cœur de l'hiver une série de séances à bref délai qui seraient fort pénibles pour des consistoires très-disséminés. Ces commissions doivent se composer du président et du secrétaire du consistoire, de deux pasteurs et de trois membres laïques délégués, tous les cinq, par le corps. Il est, du reste, expressément prescrit que, si ces commissions officieuses constataient quelque irrégularité, elles en réfèrent immédiatement au consistoire tout entier; de plus, leurs opérations ne sont valables qu'autant que les sept membres apposent leur signature au bas de leurs actes (Circ. dir. 12 nov. 1861, R. XVIII, 32).

3. Les fonctions de membres d'une commission permanente ou temporaire d'un consistoire n'ouvre aucun droit à une rémunération; les membres ne peuvent éventuellement prétendre qu'au remboursement de leurs impenses justifiées. (V. *Gratuité.*)

COMMUNES (Obligations des) ENVERS L'ÉGLISE. — V. *Cime-*

tières, n°s 4 et 5; *Caisses d'église*, n°s 3 à 6; *Édifices religieux*, n°s 2 à 10; *Liberté des cultes*, n° 9; *Logement des pasteurs*, etc.

COMMUNION. — V. *Confirmation*, *Sainte Cène*, etc.

COMPOSITION DES CORPS ECCLÉSIASTIQUES. — V. l'article spécial à chacun d'eux.

COMPTABILITÉ ECCLÉSIASTIQUE.

§ 1. *Principes généraux.*

1. La gestion des biens d'église est subordonnée, *mutatis mutandis*, aux mêmes règles que celle des biens communaux (D. 30 déc. 1809, 60).

2. Les recettes et les payements ont lieu *par exercices*. Sont seuls considérés comme appartenant à un exercice les droits acquis et les services faits du 1er janvier au 31 décembre de l'année qui donne son nom à l'exercice. Toutefois, pour les recouvrements et les payements qui s'y rattachent, l'exercice ne se clôt définitivement que dans le courant de l'année suivante, le 30 juin, d'après les règlements de l'Église de la Confession d'Augsbourg : l'ordonnateur peut disposer des crédits jusqu'au 25 juin, pour compléter les dépenses auxquelles ils sont affectés. A la clôture de l'exercice, les crédits non employés et les mandats non payés sont annulés et les recettes non recouvrées sont reportées de droit à l'exercice pendant lequel la clôture a lieu. Les crédits ouverts pour les dépenses d'un exercice ne peuvent être employés à l'acquittement des dépenses d'un autre exercice. (Cfr. Règl. org. 18 oct. 1864, art. 1-3, 47-51, R. xx, 123 et suiv.)

3. Aucun payement ne peut être effectué qu'au véritable propriétaire ou créancier justifiant de ses droits (*id.*, art. 4).

4. Il doit être fait recette du montant intégral des produits. On porte les frais accessoires en dépense et non en déduction (*id.*, art. 5).

5. Il est interdit aux comptables de prendre intérêt dans les adjudications, marchés, fournitures et travaux concernant les services de recette ou de dépense qu'ils effectuent (*id.*, art. 6). La même interdiction pèse, d'après le droit commun, sur les membres des corps préposés à l'administration des biens ecclésiastiques (C. Nap., 1596; D. 1809, art. 61).

6. Toute personne qui, sans autorisation légale, s'est ingérée dans le maniement des deniers de l'Église, est, par ce seul fait, soumise aux obligations imposées aux comptables, sans préjudice des poursuites qui peuvent être dirigées contre elle (C. Nap., 1372; C. P., 258; Régl. 18 oct. 1864, 12).

§ 2. *Fonctions du président du corps administrateur.*

7. Le président du conseil presbytéral, et, pour les biens indivis, le président du consistoire, est chargé : 1° d'établir et de mettre en recouvrement les droits et produits; 2° de surveiller la comptabilité; 3° de liquider et d'ordonnancer les dépenses; 4° de faire rédiger et tenir au courant un inventaire des titres, registres, papiers et documents relatifs aux biens des églises de sa circonscription et aux charges dont ces biens sont grevés, ainsi qu'un inventaire de tous les objets mobiliers servant à l'exercice du culte (Régl. 18 oct. 1864, 39-41; D. 1809, 55).

8. Les dépenses ne peuvent être mandatées que sur les crédits ouverts à chacune d'elles. Tout mandat ou ordon-

nance énonce l'exercice, le crédit et l'article auxquels la dépense s'applique. Il ne doit être délivré qu'au vu d'un mémoire détaillé indiquant les services rendus ou les fournitures faites, et après vérification que ces services et ces fournitures ont été demandés au nom de l'église, en vertu d'une autorisation régulière de l'autorité compétente.

9. Le président a seul qualité pour délivrer les mandats de payement; s'il refuse d'ordonnancer une dépense régulièrement autorisée ou liquidée, il est prononcé par le Directoire, dont l'arrêté tient lieu de mandat. Le président doit tenir note de tous les mandats qu'il émet; le registre qu'il tient à cet effet ou ses annotations en marge d'un exemplaire du budget, à lui remis dans ce but, sont produits au corps administrateur, lors de la vérification des comptes du receveur, pour servir d'élément de contrôle (Régl. 1864, 43-46).

10. Le président peut déléguer, en totalité ou en partie, ses attributions relatives à la comptabilité, à un membre ecclésiastique ou laïque, avec l'agrément du corps et l'autorisation du Directoire (*id.*, 42).

§ 3. *Fonctions de l'agent comptable.*

11. L'agent comptable, quel que soit son titre, receveur consistorial, receveur d'église, receveur des aumônes, trésorier de l'église, etc. (V. *Receveurs*), est chargé de recouvrer, aux époques déterminées par les titres de perception ou par l'autorité ecclésiastique, et contre quittance signée de lui, les divers revenus des caisses qu'il gère. Il est tenu de faire, sous sa responsabilité personnelle, les diligences nécessaires pour la perception des revenus, legs, donations et autres ressources ordinaires ou extraordinaires affectées au service des églises, de faire faire contre les débiteurs

en retard de payer, et à la requête du président et des membres du conseil presbytéral ou du consistoire, les exploits, significations, poursuites et commandements nécessaires; d'avertir les présidents de l'expiration des baux, d'empêcher les prescriptions, de veiller à la conservation des domaines, droits, priviléges et hypothèques; de requérir, à cet effet, l'inscription aux hypothèques de tous les titres qui en sont susceptibles; enfin, de tenir registre des inscriptions et autres poursuites et diligences.

12. D'autre part, l'agent comptable solde toutes les dépenses de la caisse qu'il gère; mais il ne peut effectuer aucun payement qu'après ordonnancement par le président ou son délégué et sur un crédit régulièrement ouvert. Il ne peut refuser d'acquitter les mandats ou ordonnances délivrés sur sa caisse, ni en retarder le payement, que dans les cas où la somme ordonnancée ne porterait pas sur un crédit ouvert ou l'excéderait, où les pièces produites seraient insuffisantes ou irrégulières, ou bien où il y aurait entre ses mains opposition dûment signifiée contre le payement réclamé. Il doit, dans ce cas, remettre au porteur du mandat une déclaration écrite et motivée, et l'ordonnateur avise. Tout comptable qui refuserait ou ajournerait le payement d'un mandat, en dehors des cas spécifiés ci-dessus, ou bien n'aurait pas délivré au porteur la déclaration motivée de son refus, est responsable des dommages qui peuvent en résulter (*id.*, art. 61-65).

§ 4. *Écritures des comptables de deniers ecclésiastiques.*

13. Les écritures des comptables sont tenues en partie simple; elles nécessitent l'emploi des registres ci-après, qui ne sont pas sujets au timbre (D. 1809, 81), savoir: 1° un livre de caisse, pour l'enregistrement, par ordre de

date, de toutes les recettes et de toutes les dépenses; 2° un livre des comptes divers, destiné à ouvrir un compte distinct pour les recettes et les dépenses propres à chacun des services dont le comptable est chargé concurremment; 3° des livres de détail, par service, dans lesquels les recettes et les dépenses sont classées par articles de budget. Ces livres, additionnés à chaque article à la fin de l'exercice et suivis d'une récapitulation, tiennent lieu de minute du compte; 4° s'il y a lieu, un registre spécial pour les recettes et les dépenses en nature.

14. Les comptables préposés à un seul service n'ont à tenir, au lieu des livres nos 1 et 2, qu'un livre-journal, et le livre n° 3 n'est obligatoire que pour les services jouissant d'un revenu ordinaire de plus de 1,000 fr. (Règl. 1864, art. 67).

§ 5. *Surveillance de la comptabilité.*

15. Les inspecteurs ecclésiastiques sont spécialement chargés, dans leurs tournées régulières, de veiller à l'observation des règles de comptabilité; ils doivent se faire présenter les livres des comptables, et constater, dans leurs rapports, dans quel état ils les ont trouvés (*id.*, art. 78). De plus, une commission permanente du Consistoire supérieur soumet, tous les dix ans, à une révision d'ensemble, toute la comptabilité des églises d'un même ressort inspectoral. (V. *Budgets*, *Caisses d'aumônes*, *d'église*, etc., *Comptes*, *Fabriques*, *Receveurs*, etc.)

Comptes. État des recettes et des dépenses faites pendant un même exercice.

1. Les règles que nous allons exposer et qui s'appliquent spécialement aux comptes des fabriques, des caisses d'église

et des caisses d'aumônes, sont également en vigueur pour les diverses autres caisses ecclésiastiques soumises au contrôle annuel de l'autorité supérieure. Nous n'indiquerons d'ailleurs ici que les formalités extrinsèques de la reddition des comptes : les articles qui doivent y figurer sont énumérés sous les rubriques spéciales aux diverses caisses.

2. Les comptes sont rédigés par le receveur, en langue française, sur des cadres imprimés *ad hoc* et en triple exemplaire. Après examen du conseil presbytéral, les trois exemplaires sont soumis au consistoire. Si ce corps relève une irrégularité ou une erreur, il les renvoie au conseil avec invitation de les modifier. S'il les juge réguliers, il en adresse au Directoire deux expéditions : l'une reste déposée dans les archives de ce dernier corps, l'autre est revêtue de son arrêté d'audiencement et renvoyée au consistoire, qui transcrit ledit arrêté sur le troisième exemplaire destiné aux archives paroissiales (Arr. dir. 18 août 1841, R. I, 211, modif. Circ. dir. 7 janv. 1842, R. II, 6). [V. *Budgets*, n° 5.]

3. Tous les comptes d'un même ressort consistorial doivent être adressés ensemble au Directoire (même Arr., art. 4).

4. La reddition au corps qui administre la caisse en premier ressort doit avoir lieu avant le 31 août de la deuxième année de l'exercice pour tous les comptes, excepté ceux des caisses d'aumônes, qui, à raison de leur peu d'importance et de complication, doivent être présentés dans le courant du premier trimestre (Règl. 18 oct. 1864, 37, 68). Le consistoire doit avoir révisé les comptes avant le 30 septembre et les avoir transmis au Directoire avant le 15 octobre avec toutes les pièces requises (art. 73, 74).

5. Les comptes doivent présenter :

1° La récapitulation, en deux parties, des recettes ordinaires et des recettes extraordinaires se rapportant à l'exercice dont il est rendu compte; le solde en caisse d'après le compte précédent et les recouvrements sur les exercices clos forment, quand il y a lieu, les deux premiers articles de la recette extraordinaire;

2° La récapitulation, avec la même division, des dépenses ordinaires et extraordinaires se rapportant au même exercice, effectuées depuis le 1er janvier de l'année jusqu'au 30 juin de l'année suivante; les dépenses sur exercice clos forment, quand il y a lieu, le premier article de la dépense extraordinaire;

3° Le reliquat en caisse, à la fin de l'exercice, à reprendre dans le compte de l'exercice courant;

4° Le relevé sommaire de l'actif et du passif existant à la fin de l'exercice, la comparaison du résultat avec celui de l'exercice précédent, et la balance des revenus et des dépenses ordinaires prouvant l'exactitude du compte;

5° Le compte-matière des recettes et des dépenses en nature (Règl. 1864, 69).

6. « Il est joint au compte, comme pièce justificative, un état sommaire des propriétés foncières, des rentes et des créances mobilières qui composent l'actif des églises. Cet état indique, pour les créances, la nature des titres, leur date, et celle des inscriptions hypothécaires prises pour leur conservation; pour les rentes sur l'État, la date, la série et le numéro des inscriptions, et pour les immeubles, la date, la durée et le produit des baux. Il mentionne les procédures qui peuvent être entamées et la situation où elles se trouvent (D. 31 mai 1862, 519).

« Il est certifié conforme par le receveur et visé par le président du conseil presbytéral ou du consistoire, qui y joint ses observations, s'il y a lieu » (Règl. 1864, 70).

7. Les comptes doivent être accompagnés, en outre, des pièces justificatives suivantes : pour chaque article de la recette, d'un certificat signé par le pasteur et l'un des membres du conseil presbytéral (Arr. 18 août 1841, 5; Circ. dir. 15 mars 1853, R. x, 83); pour chaque article de la dépense, d'une pièce signée et quittancée par la partie prenante et ordonnancée par le pasteur; toutefois, à l'appui de la distribution des aumônes, il suffit de produire deux bordereaux détaillés, signés par le pasteur, l'un, pour les secours à des pauvres de la paroisse, l'autre, concernant les pauvres non résidants dans la paroisse. Les payements des contributions seront justifiés par les quittances des percepteurs et par les avertissements. Chaque pièce justificative portera un numéro qui sera reproduit, sur le compte, en marge de l'article qu'elle concerne. Les numéros se suivront sans interruption depuis le premier article de la recette jusqu'au dernier de la dépense (même Arr., 5, 6 et 8).

8. Lorsqu'un article de dépense de plus de 10 fr. n'aura pas été proposé et admis dans le budget, le compte devra expressément mentionner soit la date de la délibération spéciale prise à cet égard par le conseil presbytéral, et, de plus, la date et le numéro d'ordre de l'arrêté d'approbation du Directoire, soit la date de l'autorisation du Directoire, si la dépense a été faite sur le chapitre des dépenses imprévues. (V. *Budget*, 4.) Faute de cette justification, la dépense pourrait être rayée par le Directoire, jusqu'à production de son arrêté.

9. Chaque article devra être soigneusement classé sous la rubrique des cadres à laquelle il se rapporte; on ne classe sous la rubrique *Dépenses diverses* que celles qu'il est impossible de classer ailleurs.

10. Les sommes restant disponibles sur les recettes au

delà d'un chiffre qu'il appartient au conseil presbytéral de fixer, sauf approbation supérieure, doivent être uniformément placées par les soins du receveur consistorial ou du receveur d'église; les receveurs d'aumônes n'ont pas qualité pour faire des placements (même Arr., art. 10, modif. Circ. dir. 15 mars 1853, R. x, 83). [V. *Budgets*, *Placement de capitaux*, *Receveurs*, etc.]

11. Les arrêtés d'audiencement mis par le Directoire au bas des comptes qu'il révise, doivent être lus en séance consistoriale, et les présidents, tant des conseils presbytéraux que des consistoires, sont tenus de veiller à l'exécution des injonctions qui auront été faites au comptable (Circ. dir. 22 juin 1842, R. II, 35, confirm. 30 mars 1852, IX, 176; Règl. 18 oct. 1864, 76).

12. Les conseils presbytéraux, les consistoires et les comptables peuvent se pourvoir devant le Consistoire supérieur, mais seulement pour violation ou fausse application des règlements organiques sur la comptabilité (24 oct. 1863, 18 oct. 1864), contre tout arrêté de compte rendu par le Directoire (D. 10). Tout pourvoi devra, à peine de déchéance, être notifié au Directoire, dans l'année à compter de l'arrêté (Règl. 1864, 77).

CONDITIONS DE L'ÉLECTORAT ET DE L'ÉLIGIBILITÉ. — V. *Élections paroissiales*.

CONFÉRENCES PASTORALES. 1. On désigne sous le nom de *conférences pastorales* des réunions publiques et périodiques d'ecclésiastiques protestants, usitées dans l'Église de la Confession d'Augsbourg et dans l'Église réformée, et consacrées à la discussion de questions touchant soit aux études sacrées, soit à la prudence pastorale. Aux termes d'une circulaire du 2 avril 1860 et d'une dépêche du 13 du même mois, ces conférences ne peuvent avoir lieu qu'avec l'approbation du Ministre des cultes, sur la demande et sous la surveillance du Directoire, dans la première des deux Églises, du consistoire du lieu de la réunion, dans la seconde. Les membres laïques de ces corps y ont droit de séance.

2. Les conférences pastorales d'inspection, réunions tout à fait privées, qui se tiennent, dans l'Église de la Confession d'Augsbourg, entre les pasteurs d'un même ressort inspectoral, et qui n'ont rien de commun avec les conférences pastorales proprement dites, ne sont pas soumises à une autorisation ministérielle préalable. Elles ont lieu avec la permission et sous la surveillance des inspecteurs et du Directoire (Dép. min. 9 mai 1860).

CONFESSIONS DE FOI. 1. Les seules confessions de foi officiellement reconnues sont celles dite *d'Augsbourg*, pour l'Église luthérienne, et celle dite *de La Rochelle*, pour l'Église réformée. Nous ne trouvons dans la législation aucune donnée relative à un engagement spécial à prendre à leur égard par les pasteurs. Mais il est évident qu'un pasteur qui attaquerait publiquement, et dans l'exercice de ses fonctions, la confession de foi reçue dans son Église, s'exposerait à une peine disciplinaire plus ou moins sévère.

2. D'après l'article 4 de la loi du 18 germinal an X, «aucune *autre* décision doctrinale ou dogmatique, aucun *autre* formulaire sous le titre de *confession*, ou sous tout autre titre, ne pourront être publiés ou devenir la matière de l'enseignement, avant que le Gouvernement en ait autorisé la publication ou la promulgation». Il résulte d'une lettre du 2 septembre 1853 (*Lien*, 15 oct. même année), adressée par S. Exc. le Ministre des cultes au président du consistoire réformé du Mas-d'Azil, que le seul fait d'opérer officielle-

ment un choix parmi les articles de la confession de foi et les règles de la discipline constitue déjà l'une des modifications pour lesquelles l'article 4, que nous venons de citer, exige la sanction préalable du Gouvernement.

CONFIRMATION DES CATÉCHUMÈNES. 1. Dans l'Église de la Confession d'Augsbourg, les enfants ne peuvent être admis à la confirmation, sauf dispense formelle accordée par l'inspecteur ecclésiastique sur une demande écrite de l'impétrant lui-même, qu'après avoir suivi pendant deux ans les cours préparatoires du pasteur, avoir atteint leur 14e année, ou tout au moins leur 13e, le 30 avril de l'année précédente, et avoir été admis sur la liste des catéchumènes par l'inspecteur ecclésiastique du ressort. Ils ne peuvent fréquenter les cours préparatoires qu'après avoir subi avec succès un examen portant sur la lecture, l'écriture et les principaux faits de l'histoire sainte : le pasteur est libre de fixer l'âge auquel ils ont le droit de s'y présenter. L'inspecteur peut refuser d'admettre sur la liste des catéchumènes les enfants qui n'auraient pas suivi l'école avec assiduité pendant les deux années qui précèdent l'époque de leur confirmation (Arr. dir. 12 oct. 1852, art. 2, 4, 5, 6, 7, 9, 10, R. x, 35). Mais si un enfant satisfait aux diverses conditions énumérées ci-dessus, et mène une bonne conduite, sa confirmation ne saurait être ajournée, à moins de motifs graves que l'inspecteur et même le Directoire auraient à apprécier en appel. D'après l'*Agende*, les confirmations doivent avoir lieu uniformément à Pâques et en une seule fois pour chaque paroisse, quel que soit le nombre des pasteurs. Toutefois le consistoire et l'inspecteur peuvent autoriser des exceptions à cette règle.

2. Il est loisible à tout pasteur d'admettre, à son instruction religieuse et à la confirmation, des catéchumènes d'autres

paroisses, s'ils remplissent, d'ailleurs, les conditions énumérées ci-dessus, à charge par lui d'y avoir été requis par une demande écrite et motivée et d'en avoir donné avis à son collègue du domicile de l'impétrant. (V. *Actes casuels.*)

3. Dans l'Église réformée, la *Discipline* ne parle point d'une confirmation solennelle des vœux du baptême comme devant précéder l'admission des catéchumènes à la sainte Cène. L'article 2 du chapitre XII porte seulement ce qui suit : « Les enfants au-dessous de l'âge de 12 ans ne seront point admis à la Cène ; mais au-dessus de cet âge, il sera à la discrétion des ministres de les y admettre ou non, selon qu'ils se trouveront bien ou mal instruits. » Toutefois, en pratique, l'admission des catéchumènes à la Table sainte est, comme dans l'Église de la Confession d'Augsbourg, précédée par un acte public connu sous le nom de *réception des catéchumènes*, qui est identique à celui de la confirmation. La seule différence consiste en ce que, dans l'Église réformée, il peut être accompli dès l'âge de 12 ans, tandis que, dans l'Église de la Confession d'Augsbourg, il ne peut l'être qu'à 14. Au surplus, certains consistoires réformés ont également adopté comme norme l'âge de 14 ans, nonobstant la faculté laissée par la *Discipline*.

CONGÉS. 1. Nul pasteur ne peut s'absenter de son poste sans y avoir été préalablement autorisé ; toute absence non autorisée l'expose à la privation de son traitement pour toute la durée de l'absence (Ord. roy. 13 mars 1832, 4 ; L. 23 avril 1833).

2. Toute demande de congé doit être motivée et indiquer comment il sera pourvu au service pendant l'absence du titulaire (Instr. min. 21 juill. 1846 ; Arr. dir. 28 mai 1861, R. IV, 36, XVII, 197).

3. Tout congé de plus de quinze jours doit être notifié

au préfet, qui n'a pas à autoriser l'absence, mais qui pourrait s'y opposer s'il ne la trouvait pas justifiée (Arr. min. 8 janv. 1833).

4. Tout congé de plus d'un mois doit être demandé au Ministre des cultes, par une délibération motivée du consistoire compétent (*id.*).

5. Dans l'Église réformée, toute absence ne dépassant pas un mois est autorisée par le consistoire, sauf à lui à la notifier au préfet, si elle doit dépasser quinze jours (Instr. min. 5 oct. 1835).

6. Dans l'Église de la Confession d'Augsbourg, toute absence ne dépassant pas un mois est autorisée par le Directoire; mais, par une délégation permanente de ce corps, les présidents de consistoire accordent les congés de moins de huit jours, et les inspecteurs ecclésiastiques ceux de huit à quinze jours, à charge par eux d'informer immédiatement, dans le premier cas, l'inspecteur, dans le second, le Directoire. Les délibérations consistoriales tendant à l'obtention de congés de plus d'un mois sont adressées au Ministre par l'entremise de l'inspecteur ecclésiastique et du Directoire. Enfin, sauf les cas d'urgence, toute demande doit être formée par écrit autant de temps avant le jour fixé comme point de départ que l'absence elle-même devra se prolonger (Décis. min. 7 mai 1861; Arr. dir. 28 mai 1861, R. XVII, 197).

CONSÉCRATION AU SAINT MINISTÈRE. 1. La consécration est la condition préalable essentielle de l'exercice officiel du saint ministère dans chacune des deux Églises protestantes reconnues en France. La justification en est rigoureusement exigée de tout candidat à une place de pasteur titulaire (D. 27 mars 1807, 2); et, dans l'Église de la Confession d'Augsbourg, nul ecclésiastique ne reçoit même le titre officiel de vicaire ou de pasteur auxiliaire avant son ordination : le Directoire se borne à l'autoriser, par lettre, à prêter une assistance « officieuse et temporaire ». (V. *Ecclésiastiques auxiliaires*, n° 3.)

2. Les actes du saint ministère, pour lesquels, d'après les règlements de l'Église protestante, la consécration est requise, sont le baptême, l'administration de la sainte Cène et la bénédiction nuptiale.

3. Pour être consacré au saint ministère, il faut : 1° avoir 25 ans accomplis (D. 27 mars 1807, 1), ou avoir obtenu du Ministre des cultes une dispense d'âge, qui, aux termes d'une décision royale du 14 août 1822 et d'une circulaire ministérielle du 24 août 1839, peut être accordée, sur la demande du Directoire, ou du consistoire qui désire les employer dans sa circonscription, aux jeunes gens ayant 23 ans révolus au moins; 2° avoir été reçu bachelier en théologie (même Circ.); 3° avoir été autorisé à recevoir la consécration, dans l'Église réformée, par un consistoire; dans l'Église de la Confession d'Augsbourg, par le Directoire, sur l'avis motivé de l'un des inspecteurs ecclésiastiques.

4. La consécration ne peut être valablement conférée que « par une assemblée de pasteurs en exercice en France » (Circ. min. Cultes, 29 oct. 1832). Dans l'Église de la Confession d'Augsbourg, elle rentre dans les attributions des inspecteurs ecclésiastiques (Arr. min. 10 nov. 1852, 15); toutefois, en cas d'empêchement momentané, ils peuvent déléguer à leur lieu et place tout autre pasteur de l'Église. L'ecclésiastique qui préside à la solennité doit être assisté d'au moins deux autres ecclésiastiques consacrés, qui signent le procès-verbal avec lui et le candidat. Dans l'intérieur de la France, il est même d'usage que sept pasteurs au moins concourent à la cérémonie.

5. Le formulaire de la consécration est déterminé, pour l'Église réformée, dans la liturgie officielle; dans l'Église de la Confession d'Augsbourg, on a vainement essayé, il y a quelques années, de s'entendre sur un formulaire uniforme, et il est aujourd'hui loisible aux inspecteurs ecclésiastiques de se servir, à leur choix, de l'un des formulaires renfermés dans les six ou huit liturgies autorisées. (V. *Liturgie.*)

6. La consécration est constatée, dans l'Église de la Confession d'Augsbourg, par un *certificat d'ordination* délivré par le Directoire au vu du procès-verbal de la cérémonie; dans l'Église réformée, par le procès-verbal lui-même.

7. Tous les six mois, les consistoires réformés et le Directoire envoient au Ministre des cultes un tableau des ecclésiastiques consacrés pendant le semestre dans leur ressort (Circ. min. 24 août 1839, R. II, 34).

CONSÉCRATION DES ÉGLISES ET CIMETIÈRES. Tout nouveau lieu de culte, avant d'être livré à sa destination, est solennellement consacré au culte évangélique par le président du consistoire ou son délégué, dans l'Église réformée, et par l'inspecteur ecclésiastique ou son délégué, dans l'Église de la Confession d'Augsbourg (Arr. min. 10 nov. 1852, 15). Dans cette dernière Église, il est dressé procès-verbal de la cérémonie, et l'extrait en est envoyé au Directoire pour être consigné dans ses archives. (V. *Cimetières*, n° 6.)

CONSEIL CENTRAL DES ÉGLISES RÉFORMÉES. — V. *Introduction*, p. 12.

CONSEIL PRESBYTÉRAL. — V. *Introduction*, p. 4.

CONSISTOIRES. — V. *Introduction*, p. 6.

CONSISTOIRE SUPÉRIEUR. — V. *Introduction*, p. 20.

CONTRAVENTIONS. — V. *Crimes.*

CONSTRUCTIONS. — V. *Édifices religieux.*

CONTRIBUTIONS DUES PAR LES BIENS D'ÉGLISE. 1. Les biens d'église peuvent être soumis à trois contributions : la foncière, la contribution des portes et fenêtres, et la taxe de mainmorte, établie par la loi du 20 février 1849, et représentative des droits de transmission entre-vifs et par décès.

2. Pour les immeubles *curiaux*, toutes les contributions sont à la charge du pasteur, usufruitier (C. Nap., 608; D. 6 nov. 1813, 6; Avis Com. Int. C. d'Ét. 25 avril 1832). Cependant le Directoire admet, dans l'Église de la Confession d'Augsbourg, que la contribution des portes et fenêtres des presbytères et la taxe de mainmorte soient acquittées par les fabriques ou par les caisses d'église, si leurs ressources le leur permettent (Arr. Consist. gén. 9 oct. 1844, R. III, p. 117 et suiv.; Circ. dir. 14 juin 1849, VI, 134). [V. *Usufruit*, n° 14.]

3. Les contributions afférentes aux *biens des fabriques* sont à la charge des fabriques, à quelque usage que ces biens soient affectés; sauf, bien entendu, les stipulations particulières contenues dans les baux, et d'après lesquelles toutes les contributions ou quelques-unes d'entre elles seraient à payer par les locataires et fermiers.

4. Sont exemptés de la contribution foncière et de la taxe de mainmorte, qui en est le corollaire pour les biens appartenant à des personnes morales (L. 3 frim. an VII, 105) :

1° Les édifices et temples consacrés à un culte public;

2° Les presbytères et jardins y attenants;

3° Les maisons appartenant aux fabriques et affectées par elles à une école (Arr. du C. d'Ét. 19 juin 1838). Cette exemption a été reconnue dans plusieurs espèces par analogie avec celle qui existe en faveur des maisons d'école communales. Cependant il y a des décisions contraires, suivant le caractère de l'école;

4° Les cimetières;

5° Les séminaires et écoles secondaires ecclésiastiques (Arr. du C. d'Ét. 22 févr. 1838, 14 janv. 1839, 1er juill. 1840).

CORRESPONDANCE ADMINISTRATIVE. 1. La correspondance administrative est soumise à des règles fixes destinées à hâter l'expédition des affaires et le classement des documents dans les archives. (V. *Délibérations*, n° 4, pour les règles qui leur sont spéciales.)

§ 1. *Formalités intrinsèques.*

2. Toute dépêche officielle doit être rédigée en français et ne traiter à la fois que d'un seul objet, lors même que d'autres affaires plus ou moins connexes seraient, à la même époque, pendantes entre les mêmes correspondants, ou auraient été discutées simultanément par le corps qui écrit (Circ. min. Cultes, 31 mai 1806, 25 mars 1810, 26 mai 1853, etc.; Circ. dir. 30 juin 1840, R. I, 76). Il est indispensable que l'expéditeur en garde minute. [V. *Dossier*.]

§ 2. *Formalités extrinsèques.*

3. Toute pièce de correspondance doit porter en marge, et de haut en bas : 1° les noms de la communion, de l'in-

spection, du consistoire, de la paroisse, et, au besoin, de l'annexe que la pièce concerne; 2° l'indication sommaire de l'objet dont elle traite; 3° si elle est une réponse, la date et le numéro de la lettre qui l'a provoquée (Circ. min. 31 mai 1806); 4° si elle s'adresse au Ministre, le nom du département intéressé, immédiatement au-dessous de celui de la communion (Circ. min. 25 mars 1810).

La date se place au haut de la première page, à droite.

Au bas de la même page, on écrit le titre de la personne ou du corps à qui la pièce est destinée, afin d'éviter les erreurs dans le cas où l'enveloppe ou la bande d'adresse viendrait à s'égarer.

L'écriture des dépêches doit être lisible et la rédaction concise (Instr. min. 25 mai 1850).

4. Il est de règle générale que toute délibération soit transcrite sur une feuille double in-folio; et toute dépêche, sur une feuille double, in-folio ou in-4°. Tout format plus petit est interdit par l'usage, comme ne se prêtant pas à la formation des dossiers.

5. Le signataire de la dépêche indique toujours le titre de ses fonctions ou, s'il en a plusieurs, de celles en vertu desquelles il écrit, un peu au-dessous du salut, immédiatement au-dessus du nom. Il est essentiel que la signature soit lisible.

6. Nous ne pouvons pas entrer ici dans le détail des formules de salut usitées entre les fonctionnaires; elles ont changé à plusieurs reprises depuis soixante ans. Cependant, ces détails, futiles en apparence, ont une certaine importance au point de vue des relations hiérarchiques, et l'on fait bien de ne pas les perdre de vue. Il ne faut pas oublier que les formules ont en elles-mêmes une signification et que l'emploi doit en être gradué suivant le rang des personnes auxquelles on écrit et le respect qui y est dû. L'u-

sage et le sentiment des convenances seront à cet égard les meilleurs guides[1].

7. Lorsque plusieurs pièces sont expédiées simultanément, il est de règle d'y joindre une lettre d'accompagnement ou tout au moins un bordereau, qui en contient l'énumération, avec leurs dates respectives.

8. Si le dossier, à l'adresse du Ministre, doit, d'après les règlements, passer par l'entremise du préfet, le Consistoire, dans l'Église réformée, le Directoire, dans l'Église de la Confession d'Augsbourg, donne directement avis de l'envoi au Ministre, afin que le Ministre puisse réclamer les pièces en cas de retard dans la transmission (Instr. min. 26 mai 1853).

§ 3. *Mode de transmission.*

9. Sauf le cas d'urgence, toute dépêche officielle doit, dans l'Église de la Confession d'Augsbourg, être transmise par la voie hiérarchique; chaque fonctionnaire intermédiaire par les mains de qui elle passe, y appose son visa,

1. Nous croyons utile de dire que la formule actuellement usitée est la suivante : *Recevez, Monsieur le ......, l'assurance de ma considération distinguée*, et que les différents termes s'en modifient, à partir de ce *minimum* de politesse, en raison des égards qu'on doit à son correspondant et d'après une gradation déterminée : *Recevez, Agréez, Veuillez agréer*, ou *Daignez agréer; — l'assurance, l'expression*, ou *l'hommage; — de ma considération distinguée, très-distinguée*, ou *la plus distinguée; de ma haute, très-haute* ou *respectueuse considération; de mon respect, de mon profond respect* ou *de mon plus profond respect*, etc. On ne peut pas, en général, dans le salut, se servir du mot de *considération*, même modifié par l'un des cinq premiers qualificatifs à l'égard de ses supérieurs dans la hiérarchie administrative : l'idée de *respect* doit toujours être exprimée, soit par ce mot même, soit sous la forme adjective.

et, le cas échéant, y joint ses observations (Arr. min. 10 nov. 1852, 10; Circ. dir. 5 juin 1860, R. xvi, 48).

Dans la même Église, il est interdit aux autorités ecclésiastiques inférieures de correspondre directement avec les autorités de l'ordre civil. Toute la correspondance de cette catégorie doit passer par l'entremise du Directoire (Circ. dir. 13 mars 1860, R. xvi, 39).

Nous pensons que, pour les mêmes motifs hiérarchiques, la correspondance des conseils presbytéraux réformés avec les autorités civiles autres que celles du ressort paroissial, ne peut se faire régulièrement que par l'intermédiaire des consistoires (Arg. Arr. min. 20 mai 1853, 2).

10. V. *Franchise de correspondance.*

§ 4. *Dispositions générales.*

11. «Il est de principe qu'une lettre appartient autant à celui qui l'a écrite qu'à celui qui la reçoit, et qu'elle ne peut être rendue publique sans le consentement du premier» (Circ. min. 18 févr. 1816). En conséquence, le Ministre invite les autorités ecclésiastiques, spécialement en ce qui concerne sa propre correspondance avec elles, «à ne jamais s'écarter de cette loi de bienséance et d'égards».

12. De même qu'un fonctionnaire doit garder minute de toutes les dépêches qu'il écrit, il doit soigneusement conserver et classer dans les archives de son administration toutes celles qu'il reçoit, et ne s'en dessaisir que dans le cas où il ne les a reçues que comme intermédiaire. Jamais il ne doit, au moment où il y répond, les joindre, par renvoi, à sa réponse, sous prétexte de l'élucider, son correspondant ayant toujours à sa disposition la minute de ses propres communications. (V. *Archives, Dossier.*)

COSTUME. 1. Les ministres des cultes protestants sont admis à porter, dans l'exercice de leurs fonctions, le costume et les ornements convenables à leur titre.

2. Dans l'Église de la Confession d'Augsbourg, ils portent uniformément la robe, la barrette, la ceinture et le rabat. Les diverses pièces de ce costume doivent être conformes à des modèles déposés dans les bureaux du Directoire (Instr. dir. 23 févr. 1848, R. v, 61). L'entretien de ce costume est considéré comme rentrant dans les frais de culte et peut être mis à la charge des caisses communales (Arr. Consist. gén. 9 oct. 1844, R. III, 119).

3. Les inspecteurs ecclésiastiques, les membres du Directoire et ceux du Consistoire supérieur ont le droit de porter, soit un insigne de leurs fonctions, soit un costume officiel, déterminés, l'un et l'autre, par un décret impérial du 1er juillet 1854 (R. XI, 141).

4. Toute personne qui porterait sans droit l'un des costumes ou ornements dont il vient d'être parlé, tomberait sous le coup de l'article 259 du Code pénal.

CRÉATION DE CURES. 1. Le nombre des pasteurs d'une église consistoriale ne peut être augmenté que par un décret impérial; en d'autres termes, une nouvelle paroisse ne peut être créée qu'en vertu d'un acte du pouvoir souverain (L. 18 germ. an X, 19).

2. Pour obtenir le dédoublement d'une paroisse, il faut que la demande en soit formée ou appuyée par le conseil presbytéral, dans une délibération très-motivée, s'expliquant sur le chiffre de la population protestante des diverses sections de la paroisse; sur les circonstances topographiques ou autres qui rendent la subdivision nécessaire; sur la circonscription à assigner à la nouvelle paroisse; sur le concours que l'Église serait en mesure de donner quant

au traitement ou au logement du nouveau pasteur. (Cfr. L. 18 germ. an X, 7.) Cette délibération est d'ordinaire accompagnée de cartes de la paroisse et d'états nominatifs des fidèles.

Le dossier est transmis au consistoire, qui délibère à son tour, et fait parvenir la demande, avec son avis, au préfet du département intéressé, directement dans l'Église réformée, par l'intermédiaire de l'inspecteur ecclésiastique et du Directoire dans l'Église de la Confession d'Augsbourg.

Le préfet fait étudier l'affaire au point de vue des intérêts des communes, auxquelles la création d'une paroisse impose des charges notables, et envoie le dossier ainsi complété au Gouvernement, qui statue après examen en Conseil d'État. (V. *Cimetières*, n° 4; *Édifices religieux; Logement des pasteurs*, etc.)

CRIMES, DÉLITS ET CONTRAVENTIONS COMMIS PAR LES ECCLÉSIASTIQUES. 1. Les crimes, délits et contraventions commis par les ecclésiastiques peuvent être de deux catégories : spéciaux ou de droit commun.

§ 1. *Crimes, délits et contraventions spéciaux.*

2. Le Code pénal consacre une section tout entière (3e du livre III, art. 199-208) aux délits commis par les ecclésiastiques, comme tels. Il en reconnaît de quatre natures différentes : contraventions propres à compromettre l'état civil des personnes; critiques, censures ou provocations dirigées contre l'autorité publique, soit dans un discours pastoral, soit dans un écrit pastoral; enfin, correspondance des ministres du culte avec les cours ou puissances étrangères sur des matières de religion.

A. Contraventions propres à compromettre l'état civil des personnes

3. Tout ministre d'un culte qui procédera aux cérémonies religieuses d'un mariage sans qu'il lui ait été justifié d'un acte de mariage préalablement reçu par les officiers de l'état civil, sera, pour la première fois, puni d'une amende de 16 à 100 fr.; pour la première récidive, d'un emprisonnement de deux à cinq ans, et pour la seconde, de la détention, sauf, bien entendu, l'application de l'article 463, relatif aux circonstances atténuantes. (Cfr. C. P., 199, 200.)

4. Il a été jugé d'ailleurs que ce délit constitue au premier chef un abus (V. *Appel comme d'abus*), et ne peut être poursuivi devant les tribunaux correctionnels qu'après le recours au Conseil d'État et sur le renvoi fait par lui aux autorités compétentes, d'après les articles 6 et 8 de la loi du 18 germinal an X. (Cfr. Cass. 29 déc. 1842.) [V. *Bénédiction nuptiale*, n° 2; *Inhumations*, n° 1.]

B. Critiques, censures ou provocations dirigées contre l'autorité publique dans un discours pastoral prononcé publiquement.

5. Les ministres des cultes qui prononceront, dans l'exercice de leurs fonctions et en assemblée publique, un discours contenant la critique ou la censure du Gouvernement, d'une loi, d'un décret impérial ou de tout autre acte de l'autorité publique, seront punis d'un emprisonnement de trois mois à deux ans (art. 201). Si le discours contient une provocation à la désobéissance aux lois ou s'il tend à soulever les citoyens les uns contre les autres, le ministre du culte qui l'aura prononcé sera puni d'un emprisonnement de deux à cinq ans, si la provocation n'a été suivie d'aucun effet, et du bannissement, si elle a donné lieu à la désobéissance, outre toutefois que celle qui aurait dégénéré en sédi-

tion ou révolte (art. 202). Lorsque la provocation aura été suivie d'une sédition ou d'une révolte dont la nature donnera lieu contre l'un ou plusieurs des coupables à une peine plus forte que celle du bannissement, cette peine, quelle qu'elle soit, sera appliquée au ministre coupable de la provocation (art. 203). Ces diverses dispositions n'ont pas été abrogées par la loi du 17 mai 1819.

C. Critiques, censures ou provocations dirigées contre l'autorité publique dans un écrit pastoral.

6. Pour que le fait soit punissable, il faut que l'écrit ait été publié par son auteur. La peine est celle du bannissement (art. 204). Si l'écrit contient une provocation directe à la désobéissance aux lois ou s'il tend à soulever les citoyens les uns contre les autres, le ministre qui l'aura publié sera puni de la détention (art. 205). Si la provocation est suivie d'une sédition ou d'une révolte, le ministre subira la même peine que ceux qui se seront soulevés (art. 203 et 206).

D. Correspondance des ministres des cultes avec des cours ou puissances étrangères sur des matières de religion.

7. Tout ecclésiastique qui entretiendra une correspondance de cette nature sans s'y être fait autoriser par le Ministre des cultes sera, pour ce seul fait, puni d'une amende de 100 fr. à 500 fr., et d'un emprisonnement d'un mois à deux ans (art. 207). Si cette correspondance est accompagnée ou suivie d'autres faits contraires aux lois, le coupable est puni du bannissement, à moins que ces faits ne l'exposent à une peine plus forte, auquel cas cette peine plus forte sera seule appliquée (art. 208).

E. Révélation de secrets.

8. Le Code pénal, article 378, punit d'un emprisonnement de un à six mois et d'une amende de 100 à 500 fr. qui-

conque révèle un secret qui lui a été confié à raison de sa profession ou de son état. La jurisprudence et les auteurs sont unanimes à appliquer cet article au confesseur du culte catholique. Nous croyons que, par analogie, il serait également applicable à l'ecclésiastique protestant qui devrait la confidence d'un secret à sa qualité de ministre de Dieu. Dans l'Église réformée, on pose aux ecclésiastiques qui demandent à être consacrés au saint ministère la question suivante : « Promettez-vous de tenir secrètes les confessions qui vous seraient faites en décharge de conscience, hormis les crimes de haute trahison ?»

9. Pour les autres faits répréhensibles commis par les ecclésiastiques, à raison de leurs fonctions, nous renvoyons à l'article *Appel comme d'abus.*

§ 2. *Crimes et délits de droit commun.*

10. Nous n'avons sur ce point qu'une seule observation à faire. Les ecclésiastiques sont soumis aux mêmes lois et éventuellement aux mêmes peines que les autres citoyens. Il n'y a d'exception que dans un cas : aux termes de l'article 333 du Code pénal, les attentats aux mœurs, commis par les ministres des cultes, sont punis comme ils le sont quand ils sont commis par les ascendants de la victime, c'est-à-dire beaucoup plus sévèrement.

11. Ils sont justiciables des tribunaux ordinaires sans autorisation préalable du Conseil d'État (Décis. C. d'Ét. 28 mars 1831 ; Cass. 28 juin 1831).

Cures vacantes. 1. Lorsqu'une paroisse vient à vaquer soit par le décès ou la démission, dûment acceptée, du titulaire, soit par la confirmation de sa nomination à d'autres fonctions, l'inspecteur ecclésiastique du ressort, et, en cas d'absence ou d'empêchement, le président du consistoire, sont chargés de prendre les mesures nécessaires pour assurer le service pendant la durée de l'intérim. La charge de la desserte est répartie par leurs soins entre les divers pasteurs voisins, ou ceux d'entre eux à qui leurs fonctions propres rendent ce supplément de travail le moins onéreux. Dans certains cas exceptionnels, le service peut être confié par le Directoire à un vicaire spécialement désigné à cet effet, par exemple, lorsque les pasteurs voisins sont malades ou empêchés, ou lorsque le service de leurs paroisses ne leur laisse aucun loisir. Toutefois l'envoi d'un vicaire spécial peut présenter des inconvénients, qui le font éviter autant que possible; lorsque l'autorité ecclésiastique locale le juge indispensable, elle doit, au moment même où elle en fait la demande au Directoire, indiquer comment il sera pourvu à l'entretien et au logement de l'intérimaire.

2. Le Gouvernement alloue chaque année des indemnités aux ecclésiastiques qui, pendant l'année précédente, ont concouru à la desserte d'une cure vacante. Ces indemnités, qui sont payées sur un crédit spécial ouvert à cet effet au budget des cultes (et non pas sur le traitement devenu disponible, au profit du Trésor, par l'effet de la vacance), sont, en général, proportionnelles à ce traitement, mais inférieures. Dans les paroisses où il existe des *biens curiaux* (V. *ce mot*), l'État n'indemnise les intérimaires qu'au prorata de son concours au traitement légal du titulaire; le consistoire détermine, par une délibération, ce qui peut leur être dû, en outre, sur la portion des revenus curiaux afférente à la vacance.

3. Le reste de cette portion des revenus curiaux est ou employé tout de suite, par les soins du conseil presbytéral, ou mis en réserve pour les réparations que peuvent exiger

les immeubles curiaux (D. 6 nov. 1813, 24). [V. *Usufruit*, n° 13.] En général, aussitôt qu'une vacance se produit, le conseil a le devoir d'aviser, sous le contrôle de l'autorité supérieure, aux travaux de restauration ou d'appropriation du presbytère, afin qu'à son entrée en fonctions, le nouveau titulaire trouve la maison en bon état.

4. D'après une instruction ministérielle du 22 décembre 1836 (R. II, 65, 159), les pièces à produire par les ecclésiastiques qui ont fait un intérim, à l'appui de leur demande en indemnité, sont : 1° une demande personnelle à l'adresse du Ministre ; 2° une délibération du consistoire, indiquant avec précision la durée de la vacance, la nature des services rendus par chacun des ecclésiastiques intéressés, et le chiffre des revenus curiaux devenus disponibles par suite de la vacance, et pouvant être affectés aux intérimaires. Les dossiers doivent parvenir au Ministre des cultes, *dans le premier trimestre de chaque année,* par l'entremise des préfets respectifs, et, pour la Confession d'Augsbourg, du Directoire, qui les résume, pour chaque département, en un état général de propositions.

D

Décomptes entre les pasteurs qui se succèdent dans une paroisse. — V. *Usufruit des biens curiaux*, § 4.

Délai pour l'enregistrement. 1. Aux termes d'une décision du Ministre des finances du 16 juillet 1847, le délai pour l'enregistrement des actes notariés, soumis à la ratification préalable des consistoires et du Directoire, ne court que du jour où le président du consistoire local a reçu, par renvoi, l'acte approuvé par le Directoire. C'est à lui à certifier cette date au pied de l'acte.

2. Cette décision a été provoquée par le Ministre des cultes, afin d'assurer au Directoire l'exercice *effectif* du contrôle que lui confère la loi sur tous les actes administratifs des corps ecclésiastiques inférieurs. Aussi, en principe, le Directoire refuse-t-il son approbation à tout acte qui ne lui est soumis qu'après enregistrement.

3. On sait que le délai fixé par l'article 20 de la loi du 22 frimaire an VII pour l'enregistrement des actes notariés est de dix jours pour les actes des notaires qui résident dans la commune où le bureau d'enregistrement est établi, de quinze jours pour les actes des notaires résidant ailleurs.

DÉLAI POUR LA NOMINATION DES PASTEURS. L'article 11 de l'arrêté ministériel du 10 novembre 1852 impose au Directoire, dans l'Église de la Confession d'Augsbourg, l'obligation de fixer, avant de pourvoir une cure vacante, un délai pendant lequel les candidats sont admis à se faire connaître. La nomination se fait dans le mois qui suit l'expiration de ce délai (art. 13).

DÉLÉGUÉS DES CONSEILS PRESBYTÉRAUX AUX CONSISTOIRES. 1. Ces délégués forment l'une des quatre catégories dont se composent les consistoires. (V. p. 7.) Ils sont élus pour trois ans; chaque conseil du ressort consistorial, autre que celui du chef-lieu, désigne le sien, en suite de chaque renouvellement triennal, immédiatement après son installation (D. 2, § 3; Arr. min. 10 sept. 1852, 24, § 2; Circ. min. 10 nov. 1852, § 10, et 26 nov. 1855, 7, R. XII, 188).

2. D'après le *Règlement organique sur la comptabilité*, les conseils presbytéraux, copropriétaires d'une fabrique indivise, mais ne ressortissant pas au consistoire administrateur, ont le droit de s'y faire représenter chacun par leur pasteur et deux délégués laïques, qui ont voix délibérative dans toutes les affaires intéressant la fabrique. (V. *Biens indivis.*)

DÉLIBÉRATIONS DES CONSEILS PRESBYTÉRAUX ET DES CONSISTOIRES (conditions extrinsèques de leur validité, forme à donner aux extraits, etc.).

1. Pour qu'un conseil presbytéral ou un consistoire puisse délibérer valablement, il faut : 1° que tous ses membres aient été convoqués, autant que possible par écrit, et, sauf les cas d'urgence, plusieurs jours à l'avance ; 2° que la moitié, au moins, des membres titulaires assiste à la séance. Pour le consistoire, il faut que cette moitié de

membres présents comprenne la moitié, au moins, des pasteurs de section et de leurs délégués laïques. La loi ne veut pas que les membres du chef-lieu, qui ont déjà le privilége du nombre et de la résidence, puissent trancher les affaires d'intérêt collectif, sans que les autres paroisses de la circonscription aient été dûment représentées. La présence des membres est constatée, au registre des délibérations, par leur signature, et en tête de chaque extrait du procès-verbal, par une énumération des divers membres de chaque catégorie : pasteurs, laïques du chef-lieu, représentants, délégués des conseils presbytéraux (Arr. min. 10 sept. 1852, 8).

2. Il est de règle que l'ordre du jour de la séance, arrêté par le président et le secrétaire, soit communiqué à chaque membre et à l'inspecteur du ressort au moment de la convocation. Sauf les cas d'urgence, le consistoire ne doit délibérer que sur les objets qui ont été portés à cet ordre du jour. Il est loisible à chaque membre d'y faire inscrire tel objet, de la compétence du consistoire, qu'il juge devoir soumettre à son examen, pourvu qu'il requière l'inscription en délai utile, c'est-à-dire avant la convocation. Ces principes, communs à toutes les assemblées délibérantes, ont pour but d'éviter toute surprise et de permettre aux membres de se préparer sur les diverses questions qu'ils peuvent être appelés à débattre. Leur violation ou leur omission peut entacher de nullité la délibération.

3. Chaque objet de délibération distinct porte, dans le registre des procès-verbaux, un numéro spécial, que l'on reproduit en tête des extraits. Le même extrait ne doit jamais concerner qu'un seul objet. (Circ. min. Cultes 26 mai 1853) [V. *Correspondance*, n° 2.]

4. Les extraits de délibération doivent être rédigés sur feuille double in-folio. Ils portent en tête : 1° le nom du

corps délibérant; 2° la date de la séance; 3° le nom du président de la séance; 4° les noms des membres présents (par catégories); 5° les noms des membres non titulaires admis à assister aux séances avec voix consultative; 6° les noms des membres titulaires absents avec les motifs d'excuse; 7° l'indication du nombre des membres présents, par rapport au nombre total des membres ayant rang et séance (les membres qui n'ont que voix consultative ne comptent pas); 8° le numéro du registre des procès-verbaux auquel se rapporte l'extrait.

On inscrit en marge, au haut de la première page à gauche, le nom de l'église (*réformée* ou *de la Confession d'Augsbourg de France*), le nom du consistoire, et, s'il s'agit d'un conseil presbytéral, celui de la paroisse; au-dessous, l'objet de la pièce en aussi peu de mots que possible.

5. Tout procès-verbal de délibération doit se composer de trois parties distinctes : 1° l'*exposé*, très-sommaire, *de l'objet* en discussion; il suffira presque toujours de reproduire purement et simplement les termes de l'ordre du jour; dans tous les cas, toute discussion, toute explication doit être bannie de cette sorte de préambule; on dira, par exemple : *l'ordre du jour appelle l'examen de la question suivante :*.... ou bien : *M. le président expose que*..... (le fait seul, sans aucun motif à l'appui); ou bien encore : *Vu la dépêche du*....., *en date du*....., *qui invite le conseil à émettre un avis sur*..... Dans ce dernier cas, on *vise* en la même forme, et à la suite, les autres pièces du dossier; — 2° les *motifs* ou *considérants* de la délibération : *le conseil, après en avoir délibéré, considérant que*....., *considérant que*....; tous les motifs à l'appui de la décision, la réponse à toutes les objections qu'elle peut soulever; enfin, les « voies et moyens », doivent être présentés, dans un ordre

méthodique, sous cette forme de *considérants*, chaque considérant faisant l'objet d'un alinéa spécial. A la suite des considérants, on vise le texte des lois et règlements qui régissent et la matière en discussion et la compétence du corps qui délibère, en suivant respectivement l'ordre des dates; — 3° le *dispositif:.... arrête: Art. 1er.... Art. 2....*, en indiquant successivement la décision du conseil sur les divers points de la discussion. Un dernier article doit toujours indiquer la suite que le conseil entend voir donner à sa délibération; par exemple: *la présente délibération sera soumise à l'examen du consistoire de...., et, par son entremise, à l'approbation du Directoire;* ou bien: *la présente délibération sera transmise au consistoire et au Directoire, pour, par l'intermédiaire de ce dernier corps, être adressée à M. le préfet aux fins d'obtenir l'autorisation nécessaire*, etc., etc.

Jamais l'exposé ne doit empiéter sur les considérants; jamais les motifs et le dispositif ne doivent être enchevêtrés, encore que la délibération soit complexe: il faut que, d'un coup d'œil, on puisse vérifier à quoi tend une délibération, sauf à examiner ensuite quelles raisons ont emporté le vote. Une délibération bien rédigée doit former un ensemble dans lequel tous les motifs à l'appui soient énumérés et logiquement groupés, toutes les objections discutées, toutes les faces de la question successivement examinées, tous les textes de lois ou de règlements sur la matière rappelés, toutes les propositions nettement formulées.

6. Les extraits des délibérations des conseils presbytéraux et des consistoires sont signés par le président et le secrétaire (*titulaire* ou *intérimaire*, et non pas simplement par le *secrétaire-rédacteur*, qui n'a, comme tel, aucune qualité officielle) [Arr. min. 10 sept. 1852, 8, § 3].

DÉLITS. — V. *Crimes*.

DÉPENSES IMPRÉVUES. — V. *Budgets*, n° 4.

DÉPENSES OBLIGATOIRES. — V. *Caisses d'église*, n° 10.

DÉPENSES ORDINAIRES OU EXTRAORDINAIRES, RECETTES ORDINAIRES OU EXTRAORDINAIRES. 1. Les dépenses et recettes *ordinaires* sont celles qui se reproduisent ou sont de nature à se reproduire périodiquement, sans toucher au fonds. Les dépenses et recettes *extraordinaires* sont celles qui ne se présentent qu'accidentellement et qui augmentent ou diminuent le fonds même de la caisse. (V. Règl. dir. 18 oct. 1864, 14-18.)

2. Les *recettes ordinaires* comprennent tous les revenus normaux et périodiques d'un établissement, y compris les subventions assurées par la loi en cas d'insuffisance de ces revenus.

3. Les *recettes extraordinaires* comprennent les reliquats de compte des exercices précédents, les remboursements de capitaux, les prix du rachat de rentes en nature ou de la vente d'immeubles, les legs ou donations, le produit d'emprunts ou les avances du comptable, etc.

4. Les *dépenses ordinaires* sont les frais d'administration, de gestion, d'entretien des immeubles, les traitements des employés, en un mot, l'emploi périodique et normal des revenus ordinaires.

5. Les *dépenses extraordinaires*, corrélatives aux recettes de même ordre, comprennent les placements de fonds, les acquisitions d'immeubles ou de meubles d'un prix trop élevé pour pouvoir être payés sur la recette ordinaire, les grosses réparations, les remboursements d'emprunts ou d'avances, les dépenses afférentes à des exercices antérieurs, etc.

Desserte de cures vacantes. — V. *Cures vacantes.*

Devis. État détaillé de toutes les parties d'un travail projeté, indiquant la nature des matériaux à employer, leur valeur, le prix de la main-d'œuvre, enfin, l'évaluation totale de l'ouvrage à exécuter. Les conseils presbytéraux, avant de se pourvoir en autorisation de faire procéder à la réparation ou à la construction d'édifices religieux, ou confectionner un objet de quelque importance nécessaire au culte, doivent toujours faire dresser, et produire à l'appui de leur délibération, un devis, qui non-seulement permet d'apprécier en connaissance de cause l'objet et le montant des dépenses projetées, mais encore sert à prévenir les mécomptes, lorsqu'il forme, comme c'est fréquemment le cas de la part de celui qui le signe, un engagement à forfait de livrer aux prix marqués les fournitures demandées.

Diacre. — V. *Assistant à la sainte Cène.* On désigne aussi sous ce nom les membres du *Diaconat* ou des *Diaconies*, c'est-à-dire, les personnes dévouées qui, dans un certain nombre de paroisses, constituent, sous le patronage des conseils presbytéraux et des pasteurs, des commissions *tout officieuses*, préposées au soulagement des pauvres de la paroisse et à la visite des malades. (Cfr. Circ. min. Cultes, 12 avr. 1838.) « Le Gouvernement n'a point réglé la nomination de ces personnes, dit la Circulaire ministérielle du 26 mai 1853, afin de ne point compliquer les règlements. » On peut suivre, à cet égard, les dispositions de la *Discipline* (ch. III et IV).

Dimanches. — V. *Fêtes.*

Directoire. — V. *Introduction*, p. 15.

DISCIPLINE ECCLÉSIASTIQUE. 1. La *Discipline ecclésiastique*, dans le sens de la répression, chez des membres du corps pastoral, d'actes contraires aux règlements de l'Église ou à la dignité du saint ministère, n'est réglementée d'une manière expresse que par l'arrêté ministériel relatif à l'administration de l'Église de la Confession d'Augsbourg (*10 nov. 1852, ch.* V, *19-26*). Mais les dispositions de cet arrêté s'appliquent évidemment, par analogie, aux ecclésiastiques de la communion réformée, avec cette seule observation que les attributions conférées au Directoire y appartiennent aux consistoires locaux (*Discipline*, ch. Ier, XLV à LIII). [Cfr. Arr. min. 20 mai 1853, 6, § 2.]

2. Lorsque la connaissance d'un acte pouvant donner matière à une poursuite disciplinaire arrive au Directoire, ce corps, après avoir décidé, sur un rapport sommaire de l'inspecteur, qu'il y a lieu d'instruire l'affaire, charge ce dignitaire de se rendre sur les lieux avec un inspecteur laïque ou tels autres commissaires désignés *ad hoc* et de procéder à une enquête. Les dépositions consignées au procès-verbal sont signées par les commissaires et les témoins. Le Directoire, au vu du procès-verbal et des conclusions ou observations de l'inspecteur, mande l'inculpé, l'entend dans ses moyens de défense et dresse, des questions et des réponses, un procès-verbal, qui est signé par l'inculpé. L'in[illegible], dans la quinzaine qui suit, est admis à compléter ses explications verbales, par un mémoire justificatif; passé ce délai, le Directoire statue.

3. En cas d'urgence, le Directoire peut mander immédiatement devant lui l'inculpé et, après l'avoir entendu, le suspendre provisoirement de ses fonctions, sauf, s'il y a lieu, à procéder ensuite à l'enquête mentionnée au numéro précédent.

4. Les peines, en matière disciplinaire, sont : 1° la répri-

mande simple; 2° la réprimande avec censure; 3° la suspension temporaire avec ou sans traitement; 4° l'incapacité d'être jamais appelé aux fonctions d'inspecteur ecclésiastique ou de président de consistoire; 5° la destitution. La suspension sans traitement doit être approuvée par le Gouvernement: le traitement du titulaire passe de droit, pendant toute la durée de sa peine, au vicaire que le Directoire lui a donné d'office. La destitution ne peut être prononcée par le Directoire qu'après autorisation donnée par le Gouvernement, au vu du dossier.

5. Le pasteur destitué est rayé de la liste des pasteurs de la Confession d'Augsbourg. Si un pasteur donne sa démission pendant le cours des poursuites, le Directoire apprécie s'il y a lieu ou non de prononcer sa radiation.

6. La procédure indiquée s'applique à tout ecclésiastique en fonctions, même non pasteur titulaire. Seulement les candidats au saint ministère ne sont passibles, par la nature même des choses, que des deux premières peines et de la radiation de la liste du personnel ecclésiastique.

DISPENSE D'AGE. — V. *Consécration au saint ministère*, n° 3.

DONS ET LEGS AUX ÉGLISES. — V. *Acceptation de dons et legs*.

DONS MANUELS. — V. *Ibid.*, p. 30.

DOSSIER. On appelle *dossier* la réunion sous une même enveloppe, appelée *chemise*, de toutes les pièces relatives à une même affaire (pièces reçues et minute des réponses), classées par ordre de date, la plus ancienne en dessous. (V. *Archives*.)

E

Ecclésiastiques auxiliaires. 1. Nom générique de tous les ecclésiastiques qui, sans être pasteurs titulaires, concourent à la desserte des paroisses. Dans l'Église réformée, ces ecclésiastiques portent d'ordinaire le titre de *suffragant*, lorsqu'ils sont attachés à un pasteur âgé ou infirme; de *pasteur adjoint*, lorsqu'ils concourent à la desserte d'une paroisse trop vaste pour les forces des seuls titulaires; de *pasteurs auxiliaires*, lorsqu'ils sont préposés à une église spéciale non encore érigée en paroisse officielle. Dans l'Église de la Confession d'Augsbourg, la terminologie est différente : on nomme *vicaires* les ecclésiastiques adjoints à un ou plusieurs pasteurs pour les assister dans leurs fonctions, quelle que soit la cause qui a rendu l'adjonction nécessaire; *vicaires administrateurs*, ceux qui, en cas d'incapacité absolue du titulaire, sont seuls chargés, à son lieu et place, de l'ensemble du service dans la paroisse; *prédicateurs-vicaires*, les deux ecclésiastiques chargés à Strasbourg de suppléer pour la prédication les pasteurs titulaires de la ville momentanément empêchés; *pasteurs-vicaires*, les ecclésiastiques préposés à un oratoire spécial non encore érigé en paroisse officielle; *pasteurs auxiliaires*, ceux qui, dans une paroisse importante, sont chargés de contribuer à la desserte concurremment avec les titulaires, mais sans être spécialement attachés à la personne de l'un d'eux; enfin, *pasteurs adjoints*, les deux ecclésiastiques auxiliaires adjoints par le Gouvernement aux pasteurs de Saar-Union et de Wasselonne, payés en partie par lui, mais sur un pied inférieur, nommés en la même forme et jouissant des mêmes prérogatives que les titulaires, tout en étant placés sous leur direction. Ces désignations n'ont, d'ailleurs, rien d'absolu, et dans la pratique elles se prennent fréquemment l'une pour l'autre, suivant les convenances et les usages locaux.

2. Dans l'Église réformée, les suffragants sont proposés par le pasteur qu'ils doivent assister et agréés par le conseil presbytéral, sous réserve de l'approbation du Consistoire; les pasteurs adjoints et auxiliaires sont nommés par le conseil presbytéral sous la même réserve (Arr. min. 20 mai 1853, 1). D'après une circulaire ministérielle du 15 octobre 1860, toute délibération consistoriale concernant la nomination d'ecclésiastiques auxiliaires à un titre quelconque doit être transmise au Ministre des cultes et indiquer avec précision le lieu et la date de leur naissance, ainsi que la date de leur consécration. Dans l'Église de la Confession d'Augsbourg, tous les ecclésiastiques auxiliaires sont à la nomination du Directoire. C'est à ce corps que doivent être adressées toutes les demandes d'assistance et les offres de service; les autorités locales se bornent à prendre acte de la nomination en transcrivant l'arrêté sur leurs registres (D. 11). Toute nomination est également portée à la connaissance du Ministre, avec les renseignements à l'appui (Dép. min. Cultes, 10 nov. 1860).

3. Il est de règle, dans la même Église, depuis la circulaire ministérielle susmentionnée, du 15 octobre 1860, que nul n'est officiellement nommé à l'une des fonctions

énumérées au n° 1, avant d'avoir été reçu bachelier en théologie et consacré au saint ministère. Les ecclésiastiques qui ne satisfont pas à cette double condition, sont seulement désignés par lettre, à titre officieux et provisoire, et leurs services ne sont pas comptés au point de vue de l'ancienneté.

4. Avant de procéder à une nomination, le Directoire s'enquiert toujours des conditions d'entretien et de traitement offertes par l'église ou le pasteur qui la lui demande, et, après les avoir agréées, les relate dans son arrêté, afin de prévenir toute contestation entre les intéressés. Il importe, en conséquence, que toute demande d'assistance soit très-explicite sur ce point. Si une caisse ecclésiastique doit concourir au traitement, une délibération en bonne forme du corps qui l'administre doit être jointe à la demande.

5. Les ecclésiastiques auxiliaires à divers titres peuvent être admis, sur l'autorisation du Ministre des cultes, à siéger, avec voix consultative, dans le conseil presbytéral et dans le consistoire desquels ils relèvent (Arr. min. 10 sept. 1852, 5). La demande doit être formée par ces corps, en suivant la voie hiérarchique. Les auxiliaires autorisés par le Ministre à siéger au conseil presbytéral sont, de plein droit et sans condition ni d'âge ni de domicile, inscrits au registre paroissial (Circ. min. 10 nov. 1852, 5).

6. Aucun étranger ne pourra être employé dans les fonctions du ministère ecclésiastique (même à titre auxiliaire), sans la permission du Gouvernement (L. org. cath., 18 germ. an X, 32; G. 1; Circ. min. Cultes, 15 oct. 1860). Les étrangers dont le Ministre agrée les services ne peuvent jamais être employés qu'à titre officieux et provisoire, hors des cas tout à fait exceptionnels et expressément approuvés. (V. *Pasteurs*, n° 2.)

ÉCHANGES D'IMMEUBLES. — V. *Acceptation de dons et legs*, p. 32.

Écoles primaires. 1. Aujourd'hui que l'administration des écoles est entièrement distincte de l'administration ecclésiastique, les pasteurs n'ont plus, vis-à-vis de ces établissements, que des droits et des devoirs assez restreints. Toutefois la loi du 15 mars 1850 les comprend expressément parmi « les autorités locales préposées à la surveillance et à la direction morale de l'enseignement primaire », et les charge de veiller, dans les écoles, « à l'éducation religieuse des enfants de leur culte »; aussi « l'entrée de l'école leur est toujours ouverte ». (V. *Liberté des cultes*, n° 8.) Dans les écoles mixtes, le droit d'inspection du pasteur est limité à ses coreligionnaires (art. 18 et 44).

2. Les pasteurs sont autorisés à donner eux-mêmes, dans les écoles de leur paroisse, l'instruction religieuse, et ce, du moins dans l'Académie de Strasbourg, à l'heure qu'il leur convient de fixer à cet effet parmi les heures réglementaires; il suffit qu'ils en informent officiellement l'autorité académique, par l'entremise du Directoire.

3. Les pasteurs concourent, dans les diverses communes de leur circonscription, à la formation de la liste des enfants protestants qui doivent être admis gratuitement dans les écoles.

4. Dans l'Église de la Confession d'Augsbourg, un arrêté directorial du 12 octobre 1852, sur les conditions d'admission des catéchumènes à la confirmation, invite expressément les pasteurs à s'assurer, par de fréquentes visites dans les écoles, de l'assiduité des élèves, et autorise l'inspecteur ecclésiastique à refuser d'admettre à la confirmation les enfants qui, d'après les notes fournies sur leur application à l'école, y auraient manqué d'assiduité pendant les deux dernières années immédiatement antérieures à l'époque de la confirmation (art. 1er et 5).

5. L'article 31 de la loi de 1850 donne aux consistoires

protestants le droit de présentation pour les instituteurs et institutrices de leur communion. Toutefois ce droit, qui ne peut pas toujours s'exercer en pleine connaissance de cause, les consistoires n'ayant aucun moyen régulier de s'éclairer sur un personnel relevant d'une autre administration, n'est pas, dans la pratique, aussi absolu qu'il semble résulter du texte de la loi, et l'administration, qu'il entrave dans une liberté d'action parfois nécessaire, a constamment cherché à en resserrer l'exercice. Réduit pendant quelque temps à la faculté, à peu près illusoire pour les consistoires, de se prononcer sur l'inscription des nouveaux instituteurs sur une sorte de liste d'admissibilité générale, il est aujourd'hui assez généralement interprété dans ce sens que le consistoire présente pour toute place devenant vacante dans son ressort par suite de décès, de retraite, de destitution ou autre cause analogue, mais que l'administration n'a pas à le consulter pour les nominations ou permutations ayant un caractère disciplinaire. Quand il y a eu présentation, l'administration doit, à moins de motifs graves et exceptionnels, choisir parmi les candidats patronnés par le consistoire.

ÉDIFICES RELIGIEUX. 1. On désigne sous ce nom générique les églises, temples et oratoires, et, par extension, les presbytères.

§ 1. *Propriété.*

2. Le principe de la législation française est que les communes civiles sont tenues de fournir aux divers cultes salariés par l'État les édifices nécessaires à leur exercice et les presbytères destinés au logement de leurs ministres: sauf titre ou preuve contraire, elles sont présumées pro-

priétaires des immeubles, et les paroisses, pour les lieux de culte, les pasteurs, pour les presbytères, sont vis-à-vis d'elles dans les relations établies par les Codes entre l'usufruitier et le nu-propriétaire. Toutefois ce principe souffre en Alsace de nombreuses exceptions à raison de la loi du 1er-10 décembre 1790, qui, s'appuyant sur des traités internationaux, a excepté de la vente des biens ci-devant ecclésiastiques « les biens des protestants des deux Confessions d'Augsbourg et helvétique », d'où il suit que les édifices religieux qui, avant la Révolution, appartenaient aux communautés ou à des corporations ecclésiastiques protestantes d'Alsace, sont restés leur propriété et n'ont pas subi la novation qui, à cette époque, a atteint tous les biens d'église catholiques, déclarés biens nationaux en 1790 et restitués, après le Concordat, aux communes civiles pour les besoins du culte restauré. Il faut donc, en Alsace, s'enquérir, pour chaque cas donné, des titres ou des traditions historiques. Parfois la propriété y est mixte en ce sens que l'Église est propriétaire d'une portion de l'édifice, par exemple de la nef, tandis que le clocher appartient à la commune. Ces questions sont importantes en matière de désaffectation ou de grosses réparations.

3. En cas de contestation entre la commune et l'église sur la propriété d'un édifice religieux, le débat doit être porté devant les tribunaux administratifs, lorsqu'il s'agit d'interpréter des actes souverains ou des traités internationaux. Au contraire, les tribunaux ordinaires sont compétents pour l'interprétation des lois, décrets ou arrêtés généraux ou des contrats privés.

4. Lorsqu'une contestation s'élève avec un particulier sur une servitude ou un autre objet relatif à la propriété d'un édifice religieux, le conseil presbytéral n'a qualité pour intenter une action ou pour y défendre qu'autant que l'im-

meuble est une propriété ecclésiastique; s'il est communal, le conseil municipal est seul compétent (Arr. C. d'Ét. 5 sept. 1842).

§ 2. *Désaffectation ou distraction partielle.*

5. Même lorsque la commune est propriétaire d'un édifice religieux, la désaffectation ou la distraction d'une de ses parties, jugée superflue, ne peut avoir lieu qu'avec le consentement de l'autorité ecclésiastique supérieure. Lorsqu'il y a dissentiment entre elle et le préfet, les pièces doivent être transmises par ce magistrat au Ministre de l'intérieur, qui consulte le Ministre des cultes. Puis l'affaire est soumise au Conseil d'État, et, s'il y a lieu, la distraction ou la désaffectation est prononcée par un décret impérial. Quand les deux parties intéressées sont d'accord, il suffit de l'homologation du préfet (Ord. 3 mars 1825; D. 25 mars 1852).

§ 3. *Entretien, réparations, reconstruction.*

6. Le conseil presbytéral est spécialement chargé de veiller à l'entretien et à la conservation des édifices religieux (Arr. min. 10 nov. 1852, 1; 20 mai 1853, 1). Nous pensons que, pour s'acquitter régulièrement de sa mission, il doit, conformément à l'article 41 du décret du 30 décembre 1809, relatif aux conseils de fabrique catholiques, « visiter les bâtiments avec des gens de l'art, au commencement du printemps et de l'automne », et, suivant les cas, pourvoir immédiatement aux menues réparations ou provoquer l'instruction requise pour les réparations plus importantes. Plusieurs consistoires ont coutume de constituer dans leur sein des commissions permanentes, chargées de l'inspection des bâtiments de la circonscription tout entière. Cette manière de procéder peut produire d'excellents résultats,

un consistoire nombreux ayant moins de peine qu'un simple conseil presbytéral à trouver parmi ses membres des inspecteurs réellement compétents en matière de constructions. Mais il ne faut pas perdre de vue que le rapport d'une semblable commission ne constitue jamais qu'un moyen d'instruction officieux, et que c'est aux corps légalement chargés de pourvoir aux intérêts de l'Église qu'il appartient d'intervenir officiellement auprès de qui de droit, au vu des renseignements recueillis par la commission des bâtiments. (V. *Commissions consistoriales.*)

7. L'*entretien* des lieux de culte, c'est-à-dire, les menues réparations et les réparations locatives, est à la charge des caisses ecclésiastiques qui, sous des noms divers, remplissent dans l'administration protestante l'office des fabriques catholiques. En cas d'insuffisance du revenu de ces caisses, dûment justifiée par les budgets et les comptes, le conseil presbytéral a le droit de réclamer le concours de la caisse municipale; ce concours est alors obligatoire, et, si le conseil municipal le refuse, le préfet peut porter d'office au budget de la commune la somme reconnue nécessaire (D. 30 déc. 1809, 92, 1°; L. 18 juill. 1837, 30, 14°).

8. L'entretien des presbytères incombe au pasteur usager (C. Nap., 605, 635; D. 30 déc. 1809, 44; 6 nov. 1813, 13 et 21; Circ. dir. 8 oct. 1867, R. XXIII, 161). Non-seulement il ne peut pas s'en décharger soit sur la caisse d'église, soit sur la commune, mais encore il est tenu de ne pas les négliger, à peine de se voir recherché de ce chef, après la cessation de son droit d'usage, et, à son défaut, ses héritiers ou ayants cause; le tout, bien entendu, dans l'hypothèse où, selon les prescriptions de la loi, il a reçu le presbytère en bon état de réparations même locatives, au moment de son entrée en jouissance. Un état des lieux doit être dressé, à ce moment, contradictoirement entre l'usa-

ger et le représentant du propriétaire de l'immeuble (maire ou conseil presbytéral), et aux frais du propriétaire. Si cet état n'a pas été dressé ou ne contient aucune réserve, l'usager est présumé, jusqu'à preuve contraire, avoir reçu l'immeuble en bon état, et il est tenu de l'y entretenir (C. Nap., 1731). [V. *Usufruit.*]

9. Lorsqu'il s'agit de *grosses réparations* (Cfr. C. Nap., 606), d'une *reconstruction* totale ou partielle, ou de l'*acquisition* d'objets devant être rangés dans la catégorie des immeubles par destination, la question de savoir si les caisses ecclésiastiques ont, les premières, à y pourvoir et si le recours à la municipalité n'est ouvert qu'à charge de justifier de l'insuffisance de leurs ressources, n'est pas nettement tranchée par les textes. Le décret de 1809 (ch. IV) contient sur ce point des dispositions qui semblent, dans une certaine mesure, contradictoires. En partant du principe énoncé au n° 2 ci-dessus, et de l'adage: *Res perit domino*, nous estimons que les dépenses dont nous nous occupons dans ce moment, incombent, au premier chef, au *propriétaire* de l'immeuble quel qu'il soit: commune, communauté protestante, fabrique indivise, etc., et que le concours de ceux de ces intéressés autres que le propriétaire ne peut jamais être réclamé que subsidiairement, en cas d'insuffisance des ressources de ce dernier. Ainsi, si l'immeuble appartient à la commune, c'est à elle à solder la dépense dans la mesure de ses ressources, et elle ne peut faire appel qu'en cas d'insuffisance de fonds au concours de la caisse d'église. Si l'immeuble appartient à la communauté protestante, c'est la caisse d'église qui est la première obligée, et la commune ne peut être recherchée que subsidiairement; mais son concours, une fois reconnu nécessaire, devient obligatoire, et le préfet peut user de contrainte vis-à-vis d'elle (Arr. C. d'Ét. 24 août 1849). Enfin si, comme c'est le cas

dans certaines parties de l'Alsace, les édifices ou les portions d'édifice à restaurer sont la propriété d'anciennes fondations ou *fabriques indivises*, c'est à ces fondations qu'incombent les travaux, et, à leur défaut, à la commune; la caisse d'église ne pourrait être recherchée qu'en troisième ligne. Dans ces divers cas, lorsque les ressources locales, quelles qu'elles soient, sont insuffisantes, et qu'à défaut de revenus publics les cotisations volontaires des habitants ne permettent pas de faire face à l'intégralité de la dépense projetée (Circ. min. Cultes, 28 janv. 1839, R. I, 70), les intéressés peuvent se pourvoir devant les Ministres de l'intérieur et des cultes en obtention d'un secours sur les fonds de l'État (D. 30 déc. 1809, 99 et 100). Mais la demande n'est susceptible d'être accueillie qu'autant que les plans et devis ont été préalablement soumis à l'autorité compétente (c'est-à-dire, au préfet et, par son entremise, à la commission des édifices religieux instituée près le ministère des cultes) [Circ. min. 28 janv. 1839, R. I, 70]. Au reste, cette communication préalable des plans et devis à l'administration civile supérieure est aujourd'hui de droit commun, alors même que les travaux doivent être exclusivement soldés au moyen de dons ou de prestations des fidèles (même Circ.),

10. Lorsqu'une paroisse comprend plusieurs communes, renfermant un nombre de protestants assez élevé pour qu'elles aient un intérêt réel à la dépense projetée (Circ. min. Cultes, 28 janv. 1839), leurs conseils municipaux sont appelés à délibérer séparément et la répartition des dépenses se fait au centime le franc « des contributions respectives de ces communes, savoir: de la contribution personnelle et mobilière, s'il s'agit de la dépense pour la célébration du culte ou de réparations d'entretien, et au centime le franc des contributions foncière et mobilière, s'il s'agit de grosses réparations ou de reconstructions » (L. 14 févr.

1810, 4). [Cfr., toutefois, *Logements des pasteurs*, n° 2; nous estimons que les préfets jouissent, en matière de réparations, du même droit d'appréciation équitable.]

11. Lorsqu'il y a lieu de pourvoir à la réparation ou à la reconstruction d'un édifice religieux, le conseil presbytéral expose, dans une délibération, les travaux dont il a reconnu la nécessité. Si l'édifice appartient à la communauté protestante, il fait dresser les plans et devis, justifie, par un état de la situation financière de la caisse d'église, des ressources dont il peut disposer, et soumet le dossier, par la voie hiérarchique, à l'administration ecclésiastique supérieure, en la priant, s'il y a lieu, de réclamer le concours de la caisse municipale ou du Gouvernement, ou du moins de se pourvoir en approbation des plans. Si l'édifice est la propriété d'une fabrique indivise, le conseil envoie son exposé au consistoire administrateur, qui instruit l'affaire de même qu'il vient d'être indiqué. Si, enfin, l'édifice est communal, le conseil prie l'autorité ecclésiastique supérieure de saisir de l'affaire le préfet, et c'est ce magistrat qui « nomme les gens de l'art par lesquels, en présence de l'un des membres des conseils municipal et presbytéral, il sera dressé, le plus promptement qu'il sera possible, un devis estimatif des réparations. Le préfet soumet ce devis au conseil municipal, et sur son avis ordonne, s'il y a lieu, que ces réparations soient faites aux frais de la commune » (D. 30 déc. 1809, 95). Lorsque les travaux comportent la préparation de plans, ces plans, avant d'être mis à exécution, sont communiqués par le préfet à l'autorité ecclésiastique pour y être fait telles observations que de raison.

12. Les petites réparations peuvent être faites *par économie*, c'est-à-dire, sans adjudication en payant directement aux fournisseurs le prix des matériaux et de la main-d'œuvre. Les réparations de quelque importance doivent toujours être effectuées par voie d'*adjudication publique*, soit au rabais, soit par soumission.

13. V., en outre, *Assurance*, *Consécration des églises*, *Contributions*, *Usufruit*, etc.

§ 4. *Police intérieure des édifices religieux.*

14. La police intérieure des lieux destinés au culte appartient au pasteur (Cfr. Décis. du Gouv. 21 pluv. an XIII quant aux curés) et au conseil presbytéral (Arg. Arr. min. 10 nov. 1852, 1; 20 mai 1863, 1).

15. « Les églises sont ouvertes gratuitement au public : en conséquence, il est expressément défendu de rien percevoir dans les églises de plus que le prix des chaises, sous quelque prétexte que ce soit » (D. 18 mai 1806, 1), ni « de rien percevoir pour l'entrée de l'église » (D. 30 déc. 1809, 65).

16. Sous aucun prétexte, les édifices consacrés au culte ne pourront être détournés de leur destination (Circ. min. 3 févr. 1831, 24 mars 1848); les autorités civiles locales elles-mêmes n'ont pas le droit d'y faire des cérémonies ou publications d'aucune sorte (Décis. min. 10 sept. 1806, 31 oct. 1810).

17. « Nul cénotaphe, nulles inscriptions, nuls monuments funèbres ou autres, de quelque genre que ce soit », n'y seront placés que sur la proposition de l'autorité ecclésiastique et la permission du Ministre des cultes (D. 30 déc. 1809, 73).

ÉGLISES MIXTES.— V. *Simultanéum*.

ÉLECTIONS PAROISSIALES, ÉLECTORAT, ÉLIGIBILITÉ. 1. Les conseils presbytéraux et les représentants des paroisses aux consistoires sont élus par les électeurs inscrits au registre paroissial. Pour être membre d'un conseil presbytéral, il est nécessaire et il suffit d'être électeur dans la paroisse (D. 1, § 2; Arr. min. 10 sept. 1852, 9), sauf les exceptions qui seront ci-après déterminées.

§ 1. *Conditions de l'électorat et de l'éligibilité.*

2. Les membres de l'église inscrits au registre paroissial étant à la fois électeurs et éligibles, il importe de déterminer sous quelles conditions on peut être inscrit au registre, et quelles incompatibilités paralysent, dans certains cas, au point de vue de l'éligibilité, l'effet de cette inscription. Les conditions de l'inscription sont de deux natures : civiles et ecclésiastiques.

A. Conditions civiles.

3. Les conditions civiles sont les suivantes : 1° avoir 30 ans révolus; 2° avoir 2 ans de domicile dans la paroisse, si l'on est Français, 3 si l'on est étranger; 3° n'avoir encouru aucune des incapacités qui entraînent la privation du droit électoral politique ou municipal (même Arr., 10, 11).

4. Sont de plein droit et sans condition d'âge ou de domicile électeurs paroissiaux dans l'église à laquelle ils sont attachés, les pasteurs titulaires, et les pasteurs auxiliaires spécialement autorisés par le Gouvernement à assister aux séances du conseil presbytéral (Circ. min. 10 nov. 1852, § 5).

1° *Age.* 5. Le registre paroissial étant clos le 31 décembre de chaque année pour servir aux élections de l'année suivante, il faut que l'on ait 30 ans révolus avant cette date pour pouvoir user de ses droits dès l'année suivante. Un fidèle qui atteindrait sa 30e année, fût-ce le 1er janvier, ne pourrait être porté au registre que pour l'année suivante.

2° *Domicile.* 6. La condition de domicile implique que le *de cujus* est membre de la paroisse, ou, tout au moins, de l'une des paroisses du consistoire (Circ. min. 15 nov. 1861), depuis le nombre d'années requis. Le fait se constate, en principe, par son inscription sur les registres ecclésiastiques. Toutefois, dans les paroisses ou les consistoires dont la circonscription territoriale est déterminée par la loi, et ceux de Strasbourg font seuls exception, cette inscription préalable comme *paroissien* ne nous paraît pas de rigueur; à notre avis, le fidèle qui, sans s'être fait expressément inscrire à ce titre, *réside* néanmoins dans le ressort du consistoire avec l'intention d'y fixer son principal établissement, y acquiert au bout de deux ans son domicile électoral paroissial, tout comme, au bout de six mois déjà, son domicile électoral civil. Il y a là un fait à prouver, soit « par une déclaration expresse, soit d'après les circonstances » (C. Nap., 102-105); mais ce fait une fois prouvé, le *de cujus* doit être immédiatement admis à exercer ses droits dans la paroisse, s'il satisfait d'ailleurs aux autres conditions requises.

7. Tout membre de l'église, inscrit au registre paroissial, qui a transféré son domicile dans une autre paroisse, peut requérir l'extrait de son inscription. Cette pièce, signée du président et du secrétaire, est adressée par la voie hiérarchique au conseil presbytéral de la nouvelle résidence, et elle tient lieu des justifications exigées, hormis celle de domicile » (Arr. min. 10 sept. 1852, 14).

8. « Les militaires, les magistrats et, en général, les fonctionnaires civils que le service de l'État oblige à changer souvent de résidence » sont électeurs « nonobstant la question de domicile; mais pour éviter que le même électeur ne figure à la fois sur le registre de son ancienne paroisse et sur le registre de la nouvelle, il devra être fait mention en l'un et l'autre, ainsi que dans l'extrait d'inscription, de la dé-

claration faite par le requérant de son changement de domicile (Circ. min. 15 nov. 1861). C'est là une *faveur* accordée par le législateur à ceux qui, pour cause de service public, sont obligés à de fréquents changements de résidence; nous en concluons « qu'un citoyen appelé à une fonction publique, temporaire ou révocable », pourrait se prévaloir, au contraire, des dispositions générales de l'article 106 du Code Napoléon pour rester électeur paroissial dans sa précédente résidence, s'il ne l'a pas quittée sans esprit de retour. Dans tous les cas, jusqu'à déclaration expresse de sa part, il ne peut être rayé d'office du registre paroissial sous prétexte qu'il ne réside plus dans le ressort paroissial ou consistorial. Quant aux fonctionnaires nommés à vie, la loi considère, au contraire (art. 107), la translation de leur domicile comme une conséquence implicite de l'acceptation de leurs fonctions. — Au surplus, « il doit être bien entendu qu'un électeur ne peut être inscrit sur plus d'un registre paroissial » (Circ. min. 9 déc. 1867).

3° *Incapacités.* — 9. Les incapacités en matière d'électorat ecclésiastique, les mêmes qu'en matière d'électorat politique ou municipal, sont énumérées dans les articles 15 et 16 du décret organique du 2 février 1852 : « Art. 15. Ne doivent pas être inscrits sur les listes électorales : 1° les individus privés de leurs droits civils et politiques, par suite de condamnation soit à des peines afflictives ou infamantes, soit à des peines infamantes seulement (lors même qu'ils ont été graciés, cfr. Cass. Rej. 21 août 1850) ; 2° ceux auxquels les tribunaux, jugeant correctionnellement, ont interdit le droit de vote et d'élection par application des lois qui autorisent cette interdiction; 3° les condamnés pour crime à l'emprisonnement par application de l'article 463 du Code pénal (relatif à l'admission de circonstances atténuantes; mais il en est autrement de l'individu condamné à la peine de l'emprisonnement pour un fait qui, qualifié crime par l'accusation, est devenu un simple délit par suite de la déclaration du jury; cfr. Cass. Rej. 16 mai 1849); 4° ceux qui ont été condamnés à trois mois de prison par application des articles 318 et 423 du Code pénal (relatifs au débit de boissons falsifiées ou à la tromperie sur la qualité ou la quantité de marchandises vendues); 5° les condamnés pour vol, escroquerie, abus de confiance, soustraction commise par les dépositaires de deniers publics ou attentats aux mœurs, prévus par les articles 330 et 334 du Code pénal (outrage à la pudeur, excitation de mineurs à la débauche), quelle que soit la durée de l'emprisonnement auquel ils ont été condamnés; 6° les individus qui, par application de l'article 8 de la loi du 17 mai 1819 et de l'article 3 du décret du 14 août 1848, auront été condamnés pour outrage à la morale publique et religieuse ou aux bonnes mœurs, et pour attaque contre le principe de la propriété et les droits de la famille; 7° les individus condamnés à plus de trois mois d'emprisonnement en vertu des articles 31, 33-36, 38-42, 45 et 46 » du décret organique du 2 février 1852 sur les élections (inscription sous de faux noms, dissimulation d'une incapacité légale, inscription réclamée et obtenue sur deux ou plusieurs listes à la fois, fraudes dans le dépouillement du scrutin, atteintes à la liberté du vote, etc.); « 8° les notaires, greffiers et officiers ministériels destitués en vertu de jugements ou décisions judiciaires; 9° les condamnés pour vagabondage ou mendicité; 10° ceux qui auront été condamnés à trois mois de prison au moins par application des articles 439, 443-447 et 452 du Code pénal (destruction volontaire de titres ou registres, détérioration de marchandises, dévastation de récoltes, mutilations d'arbres, empoisonnement d'animaux, etc.); 11° ceux qui auront été déclarés coupables des délits prévus par les articles 410 et 411 du Code pénal (tenue de maisons de jeu ou de prêts sur gage) et par la loi du 21 mai 1836 portant prohibition des loteries; 12° les militaires condamnés au boulet ou aux travaux publics; 13° les individus condamnés à l'emprisonnement par application des articles 38, 41, 43 et 45 de la loi du 21 mars 1832 sur le recrutement de l'armée (fraudes en matière de recrutement, du fait des jeunes soldats ou des médecins); 14° les individus condamnés à l'emprisonnement par application de l'article 1er de la loi du 27 mars 1851 (falsification de substances ou denrées alimentaires ou médicamenteuses, etc.); 15° ceux qui auront été condamnés pour délit d'usure; 16° les interdits; 17° les faillis non réhabilités dont la faillite a été déclarée soit par les tribunaux français, soit par jugements rendus à l'étranger, mais exécutoires en France.— Art. 16. Les condamnés à plus d'un mois d'emprisonnement pour rébellion, outrages et violences envers les dépositaires de l'autorité ou de la force publique, pour outrages publics envers un juré à raison de ses fonctions ou envers un témoin à raison de sa déposition, pour délits prévus par la loi sur les attroupements et la loi sur les clubs, et pour infraction à la loi sur le colportage, ne pourront pas être inscrits sur la liste électorale pendant cinq ans à dater de l'expiration de leur peine. »

B. Conditions ecclésiastiques.

10. « Les garanties civiles, écrivait, le 14 septembre 1852, M. le Ministre des cultes, dans sa circulaire aux consistoires, sont les seules qu'il appartînt au Gouvernement de régler. Mais à côté de celles-là, et en premier ordre, s'en présentaient d'autres qu'une autorité différente pouvait seule fixer; je veux parler des garanties religieuses qui devaient être exigées des électeurs et dont la détermination restait

en dehors des attributions du pouvoir civil. Sur ce point la pensée de la majorité devait servir de règle, et le Gouvernement ne pouvait que s'en référer à l'opinion émise par le Conseil central des églises réformées d'un côté, et de l'autre par le Directoire de la Confession d'Augsbourg, et qui se trouvait confirmée, non-seulement par les avis des pasteurs et des membres laïques des églises, mais encore par les vœux des assemblées qui avaient été précédemment réunies. Vous souscrirez à ces vœux en demandant à ceux qui voudront jouir du droit électoral de justifier qu'ils ont été admis dans l'Église conformément aux règles établies, qu'ils participent aux exercices et aux obligations du culte et, en cas de mariage, qu'ils ont reçu la bénédiction nuptiale protestante » (R. x, 22).

1° *Église réformée.* — 11. Une autre circulaire ministérielle postérieure, du 10 novembre 1852, indique, en les confirmant, les conditions religieuses arrêtées pour cette Église par le Conseil central : « Le Conseil central n'a entendu parler que de l'admission dans l'Église par la première communion ou par l'acte équivalent, et de la participation aux exercices du culte. Les consistoires comprendront à quel fâcheux désordre donnerait lieu la faculté qui serait laissée à chacun d'eux de modifier à son gré la règle générale. Je maintiens donc l'entière approbation que j'ai donnée à la disposition adoptée par le Conseil central, en conformité avec le vœu de la majorité des consistoires et conçue en ces termes : « Justifier de la participation à la « sainte Cène dans l'Église réformée de France, soit par un « certificat d'admission, soit par la déclaration d'un pasteur « signée au registre » (R. x, 44).

2° *Église de la Confession d'Augsbourg.* — 12. Dans cette Église, les conditions ecclésiastiques ont été déterminées par un arrêté du Consistoire supérieur du 26 octobre 1854. Elles se résument en les points suivants : 1° avoir été admis au nombre des membres actifs de l'Église par la confirmation ou, pour les prosélytes, par un acte équivalent (ceux qui participent aux actes du culte sont *présumés* avoir été confirmés; le pasteur, en conseil presbytéral, apprécie); 2° si l'on est marié, avoir reçu la bénédiction nuptiale selon le rit de l'Église évangélique, et, si le mariage est mixte et que cette bénédiction n'ait pas pu avoir lieu, faire élever au moins une partie de ses enfants dans la religion protestante (R. XII, 136).

C. Incompatibilités.

13. Le principe que tout électeur paroissial est en même temps *éligible*, est soumis à diverses exceptions pour cause d'incompatibilité. Les incompatibilités résultent : 1° du caractère ecclésiastique de l'électeur; 2° de l'exercice de certaines fonctions; 3° de sa parenté avec des membres siégeant déjà au conseil.

1° *Caractère ecclésiastique de l'électeur.* — 14. Les membres élus des conseils presbytéraux et des consistoires doivent être des *laïques* (D. 1; Arr. min. 10 sept. 1852, 1). Par conséquent, les membres ecclésiastiques des églises, qui peuvent être *électeurs* tout comme les laïques s'ils répondent aux conditions susénumérées, ne peuvent être *élus* à des places d'anciens. A quel signe dans l'Église protestante reconnaît-on un laïque d'un ecclésiastique? La question n'a pas été résolue en droit positif, mais elle ne nous paraît comporter qu'une seule solution rationnelle, fondée sur ce principe de droit naturel et de sens commun qu'on ne peut pas, arbitrairement et selon ses intérêts du moment, revendiquer les priviléges de deux qualités qui s'excluent l'une l'autre : est ecclésiastique quiconque a reçu la consécration au saint ministère[1] et a profité, à raison de son intention régulièrement manifestée de se vouer au service de l'Église comme professeur ou comme pasteur, des immunités accordées par les lois et règlements à ceux qui se vouent à ces carrières. Sans entrer dans l'examen de la question de savoir jusqu'à quel point la consécration, dans le droit ecclésiastique protestant, confère un caractère indélébile ou peut se trouver neutralisée par une renonciation ultérieure expresse ou implicite, nous pensons que les *incapacités* qu'elle entraîne ne peuvent être levées, qu'autant que le *de cujus* ou bien n'a profité d'aucune des immunités qu'y attache la loi, ou bien a expressément renoncé à ces immunités et accepté, surtout en matière de service militaire, les conséquences de sa renonciation. Dans l'Église de la Confession d'Augsbourg, où tous les candidats au saint ministère sont portés sur une liste générale au fur et à mesure de leur admission, la renonciation ne vaut, à notre avis, qu'autant que le *de cujus* a réclamé et

1. « Sont considérés comme ayant satisfait à l'appel et comptés numériquement en déduction du contingent à former, les jeunes gens désignés par leur numéro pour faire partie dudit contingent qui se trouvent dans l'un des cas suivants : ... 5° Les jeunes gens autorisés à continuer leurs études pour se vouer au ministère dans les autres cultes salariés par l'État, *sous la condition... que, s'ils n'ont pas reçu la* CONSÉCRATION *dans l'année qui suivra celle où ils auraient pu la recevoir, ils seront tenus d'accomplir le temps de service prescrit par la loi* » (L. 21 mars 1832, art. 14). Ceux d'entre eux « qui cessent de suivre la carrière en vue de laquelle ils ont été conditionnellement comptés en déduction du contingent, sont tenus d'en faire la déclaration au maire de leur commune, dans l'année où ils auront cessé leurs services, fonctions ou études... », à peine d'être poursuivis pour fraude en matière de recrutement (*id.*, art. 38), et « rétablis dans le contingent de leurs classes sans déduction du temps écoulé depuis la cessation desdits services, fonctions ou études, jusqu'au moment de la déclaration » (*id.*, art. 14).

obtenu à ses risques et périls sa radiation de ladite liste, et ce n'est qu'en suite de sa radiation qu'il doit être admis à remplir dans l'administration ecclésiastique des fonctions réservées aux laïques. Une circulaire ministérielle du 9 décembre 1867 porte, à cet égard, ce qui suit : « Il est de jurisprudence établie qu'un électeur exerçant ou ayant exercé des fonctions ecclésiastiques n'est pas éligible et ne peut siéger au consistoire ou au conseil presbytéral avec voix délibérative. »

2° *Fonctions incompatibles.*—15. Sont incompatibles avec l'exercice du mandat de membre d'un conseil presbytéral ou d'un consistoire : 1° les fonctions d'instituteur communal : « il est inadmissible que l'instituteur placé sous la surveillance du pasteur fasse partie d'une assemblée ayant elle-même sur le pasteur un droit de surveillance et des pouvoirs très-étendus » (Circ. min. 15 nov. 1861); 2° tous les emplois subalternes dans l'église, tels que les emplois de chantre, de sacristain, d'organiste, de surveillant, de bedeau, etc. : les motifs sont les mêmes; 3° les fonctions de receveur consistorial et de receveur d'église salarié. Quand les receveurs ou trésoriers de deniers ecclésiastiques exercent leurs fonctions gratuitement, c'est-à-dire par pur dévouement, ils peuvent être admis à siéger au conseil presbytéral. Dans l'Église réformée, où les fonctions de trésorier sont essentiellement gratuites, l'arrêté ministériel organique du 20 mai 1853 porte même qu'elles sont toujours remplies par un ancien désigné par ses collègues; cette règle, au cas spécial, nous paraît également applicable à l'Église de la Confession d'Augsbourg. Mais du moment qu'un comptable réclame ou accepte un traitement et, le cas échéant, fournit un cautionnement, il n'est pas admissible qu'il siége comme membre titulaire dans le corps dont il est à la fois le justiciable et l'agent salarié. Par analogie avec l'article 9 de la loi du 5 mai 1855, sur l'organisation municipale et à défaut de texte spécial, nous estimons, en nous fondant sur les principes généraux en pareille matière, que les receveurs ecclésiastiques salariés ne peuvent pas plus être membres des corps ecclésiastiques dont ils relèvent que les comptables de deniers communaux ne peuvent être membres d'un conseil municipal. Ainsi que le disait le Ministre des cultes dans sa circulaire du 15 novembre 1861 : « les incompatibilités ne sont pas seulement légales, elles peuvent résulter de la force des choses. » Nous faisons remarquer, au surplus, qu'il ne s'agit que d'*incompatibilité* et non d'*inéligibilité;* les personnes dont il s'agit peuvent être élues, mais elles ne sont admises à se prévaloir du bénéfice de l'élection, qu'autant qu'avant l'installation des anciens, elles se sont valablement démises des fonctions qui les empêchaient de siéger.

3° *Parenté.* — 16. « Les ascendants et descendants, les frères et alliés au même degré ne peuvent être membres du même conseil presbytéral » (Arr. min. 10 sept. 1852, 4). En cas d'élection simultanée, voy. n° 37.

17. En ligne directe, l'incompatibilité est indéfinie et s'étend indéfiniment à la fois aux ascendants et descendants naturels ou adoptifs et aux ascendants et descendants par alliance, c'est-à-dire aux époux d'ascendantes ou de descendantes. En ligne collatérale, l'incompatibilité est limitée aux parents et alliés au deuxième degré; par conséquent, un oncle et son neveu, naturel ou par alliance, peuvent siéger au même conseil, et, *à fortiori*, les cousins.

Toutefois, le mot d'*alliance* doit s'interpréter dans son sens strict et juridique: un mari n'est l'*allié* que des *parents naturels* ou *adoptifs* de sa femme, il n'est pas l'allié de ses *parents par alliance: affinitas non parit affinitatem.* Sont alliés dans le sens de l'article 4 ci-dessus transcrit: le gendre et le beau-père, le mari et le frère de sa femme, le grand-père et l'époux de sa petite-fille, le beau-fils et le second mari de sa mère; ne sont pas alliés : les maris de deux sœurs, le gendre et le second mari de sa belle-mère, etc.

18. L'incompatibilité pour cause de parenté ou d'alliance existe non-seulement quant aux membres laïques entre eux, mais encore quant aux membres laïques par rapport au pasteur. Ne peuvent être élus ou rester membres d'un conseil presbytéral, les parents ou alliés du pasteur au degré prohibé (Circ. min. 10 nov. 1852, § 4).

19. Mais l'incompatibilité se limite au conseil presbytéral et aux membres ecclésiastiques ou laïques représentant au consistoire une même paroisse. Ainsi, des parents ou alliés au degré prohibé pourraient siéger dans le même consistoire au nom de paroisses différentes, mais ils ne pourraient pas y siéger ensemble, l'un comme *représentant* d'une paroisse, l'autre comme *pasteur* ou *délégué* laïque du conseil presbytéral de la même paroisse (Arg. Déc. min. 15 avril 1857, citée par M. de Prat, *Annuaire prot.* 1865, p. 49). Il a été jugé de même dans l'Église de la Confession d'Augsbourg, qu'ils doivent être admis à siéger ensemble au Consistoire supérieur, lorsqu'ils y sont députés par des inspections différentes. Comme le dit très-bien M. le pasteur de Prat, dans l'ouvrage cité: « Un corps électoral peut et doit se soumettre à la loi qui fixe les conditions d'éligibilité, mais il ne peut recevoir la loi d'un autre corps électoral, ni la lui imposer. » Nous devons rappeler ici que, quant aux pasteurs, l'article 13 de l'arrêté ministériel du 10 novembre 1852 recommande au Directoire « d'éviter, autant que possible, de réunir parmi les pasteurs d'un même consistoire, des ascendants, des frères ou des alliés aux mêmes degrés ».

20. « Des dispenses pourront être accordées par le Ministre des cultes, sur l'avis du Conseil central des églises réformées ou du Directoire de la Confession d'Augsbourg, dans les paroisses ayant moins de soixante électeurs » (Arr. 10 sept. 1852, 4).

§ 2. *Du registre paroissial.*

21. Le registre paroissial dont il s'agit ici n'est pas celui dans lequel la plupart des pasteurs ont coutume d'inscrire toutes leurs ouailles, hommes, femmes et enfants, mais uniquement le registre sur lequel ont le droit de figurer ceux qui réunissent les qualités requises pour être électeurs paroissiaux. C'est à ce dernier seul que s'appliquent les règles que nous allons énumérer.

A. Tenue du registre.

22. Le registre doit contenir des colonnes sous les rubriques suivantes: 1° numéros d'ordre, 2° noms, 3° prénoms, 4° profession, 5° lieu de naissance, 6° date de naissance, 7° domicile et date de l'établissement dans la paroisse, 8° mention si l'électeur est marié, veuf ou célibataire, 9° mentions spéciales et observations (modèle joint à la Circ. min. 10 nov. 1852).

23. « Le registre paroissial est ouvert le 1er janvier et clos le 31 décembre, pour servir aux élections de l'année suivante. Il est révisé tous les ans, au mois de décembre, en conseil presbytéral. Il est tenu en double, et l'un des exemplaires est déposé aux archives, l'autre chez le pasteur président. Les pasteurs et les membres de l'église peuvent toujours en prendre communication, sans que jamais le registre puisse être déplacé » (Arr. min. 10 sept. 1852, 13). Une circulaire ministérielle du 9 décembre 1867 prescrit même qu'afin que les électeurs puissent « produire leurs réclamations avant l'ouverture des opérations électorales,.... la liste des inscriptions admises et des radiations opérées,

close au 31 décembre, devra être affichée à la porte des temples et des presbytères, jusqu'au deuxième dimanche de janvier inclusivement. Aucune réclamation ne sera reçue après ce terme, afin qu'il puisse être statué par le conseil presbytéral avant l'époque du scrutin ».

« Le secrétaire du conseil presbytéral est chargé de la tenue des registres, de la garde et de la conservation des archives » (Arr. min. 20 mai 1853, 4).

24. Dans l'Église de la Confession d'Augsbourg, le registre paroissial, révisé en conseil presbytéral, est, en outre, soumis, avant chaque élection triennale, à l'examen et au contrôle du consistoire et de l'inspecteur ecclésiastique. Pour faciliter ce contrôle, tout en évitant le déplacement du registre même, il est de règle que le conseil presbytéral, un mois environ avant les élections, dresse une liste des membres de l'église ayant à ce moment-là droit de suffrage. Cette liste énonce les principales conditions exigées, l'âge, le domicile, etc., et présente, en outre, une colonne d'émargement pour marquer les votants. C'est elle qui est vérifiée par le consistoire et l'inspecteur, et qui sert ensuite, au moment du scrutin. Le Directoire a fait dresser, pour ces listes, des cadres conformes au modèle de registre paroissial fourni en 1852 par M. le Ministre des cultes. Avant de renvoyer les listes vérifiées, l'inspecteur dresse, par consistoire et par paroisse, un tableau contenant séparément le chiffre total exact des électeurs de chaque paroisse et de chacune de ses annexes. Une colonne spéciale y est réservée pour constater la bonne ou la mauvaise tenue des registres. Ce tableau est transmis au Directoire pour ses archives.

B. Inscription au registre.

25. Les membres de l'église jouissant du droit électoral paroissial « sont inscrits sur le registre, sur leur demande »

(Arr. min. 10 sept. 1852, 10). Par quels moyens peut-on les mettre en demeure de se faire inscrire? Tout d'abord par des annonces et invitations faites de temps en temps du haut de la chaire, puis par tels moyens subsidiaires que les consistoires jugeraient à propos d'employer. (V. Circ. min. 10 nov. 1852, § 8.) On s'est souvent demandé si l'inscription peut avoir lieu *d'office;* le Consistoire supérieur de l'Église de la Confession d'Augsbourg, dans sa session de 1853, s'était prononcé pour l'affirmative et avait même exprimé le vœu que le texte de l'arrêté organique fût modifié dans ce sens. Mais M. le Ministre des cultes n'a pas consenti à accueillir cette doctrine et « à faire disparaître du texte du règlement une condition qui a été instituée comme une garantie essentielle contre les dangers d'un suffrage sans limites ». Il s'est borné, en déclarant que des tolérances de la nature de l'inscription d'office ne sauraient être écrites dans la loi, à permettre au Directoire « d'aviser, dans sa sagesse, suivant les circonstances », et d'apporter aux dispositions réglementaires « quelques dérogations prudentes, lorsque, dans la pratique, ces dispositions pourraient demander quelque tempérament » (Déc. min. 8 déc. 1855). Par conséquent, dans l'Église de la Confession d'Augsbourg, comme dans l'Église réformée, la règle est que l'inscription ne soit faite que sur la demande des intéressés; l'inscription d'office n'est qu'une *tolérance,* dont il convient d'user avec d'autant plus de ménagements et de réserve qu'elle peut donner naissance, en pratique, à de graves difficultés. Il nous semble que ce n'est pas trop exiger d'un membre de l'église qui doit être admis à y exercer certains droits, que de vouloir qu'il témoigne expressément de son intérêt pour les affaires de sa paroisse en requérant lui-même son inscription sur le registre paroissial. Si le conseil presbytéral, par l'organe du pasteur, a pris soin de rappeler, chaque année, du haut de la chaire, les dispositions de la loi aux intéressés, il a certainement satisfait à toutes ses obligations; il resterait, d'ailleurs, maître de tenir compte de circonstances exceptionnelles. Le texte de l'arrêté du 10 septembre 1852 nous paraît en parfaite harmonie avec les véritables intérêts et avec la dignité de l'Église, et nous estimons que, là même où le système de l'inscription d'office s'appuie sur d'anciens usages, il convient d'y renoncer autant que possible, bien entendu après avoir dûment averti les fidèles.

c. Radiation.

26. « En cas d'indignité notoire, la radiation ou l'omission du nom est prononcée par le conseil presbytéral au scrutin secret, sans discussion et seulement à l'unanimité des voix. En cas d'appel, les consistoires dans les églises réformées, et, dans celles de la Confession d'Augsbourg, le Directoire décident en dernier ressort. Toute réclamation pour cause d'omission ou de radiation est d'abord adressée au conseil presbytéral. Elle n'est prise en considération que si elle est personnelle, directe, et formulée par écrit » (Arr. min. 10 sept. 1852, 12). Le registre ayant été dressé en 1852, une fois pour toutes, dans toutes les paroisses protestantes de France, et ne pouvant plus être que modifié en suite soit de suppressions de noms, soit de nouvelles inscriptions, il ne peut plus être aujourd'hui question que de *radiation:* le mot *omission* s'appliquait au moment de la confection même des registres paroissiaux.

27. Le Consistoire supérieur, par arrêté du 26 octobre 1854, a déterminé de la manière suivante le sens des mots *indignité notoire:* « Seront considérés comme notoirement indignes, notamment ceux qui vivent en concubinage, ceux qui se livrent à l'ivrognerie, ceux qui, dans les lieux pu-

blics, auront tenu des propos outrageants contre la religion, ceux qui, par une abstention permanente de toute participation aux actes du culte public, auront publiquement témoigné de leur indifférence religieuse. »

28. La radiation pour cause d'indignité notoire ne peut être prononcée que suivant les formes indiquées au n° 26; au contraire, la radiation pour survenance d'une incapacité légale ou réglementaire (n°s 6 à 12) est de droit, du moment que la cause d'incapacité est dûment constatée.

§ 3. *Des élections.*

A. Mesures préparatoires.

29. Le nombre des conseillers presbytéraux d'une paroisse se règle, dans l'Église réformée, d'après celui des pasteurs: cinq pour un pasteur, six pour deux, sept pour trois ou davantage, avec cette seule réserve qu'il n'y aura que quatre membres dans les communes n'ayant que 400 âmes de population totale; dans l'Église de la Confession d'Augsbourg, d'après le chiffre de la population protestante de la paroisse: quatre conseillers pour les paroisses au-dessous de 800 âmes; cinq, de 800 à 1,500; six de 1,500 à 2,000; sept pour les paroisses de 2,000 âmes et au-dessus (Arr. min. 10 sept. 1852, 1). Le consistoire doit donc avant chaque élection s'assurer si, eu égard au nombre des pasteurs ou au chiffre de la population protestante, il y a lieu d'augmenter ou de diminuer le nombre des conseillers; pour ce dernier chiffre, les données des recensements quinquennaux officiels peuvent seules, à notre avis, servir de base à une décision. La délibération prise par le consistoire doit, pour la Confession d'Augsbourg, être approuvée par le Directoire.

30. Le nombre des conseillers à élire ou à renouveler étant déterminé, le consistoire « détermine les localités de la paroisse dans lesquelles, indépendamment du chef-lieu, un scrutin sera ouvert » (Circ. min. 14 sept. 1852). En principe, ces diverses sections électorales votent pour la totalité des membres à élire; « mais la règle pourra souffrir une exception, si l'étendue de la circonscription s'oppose à ce que les électeurs aient une connaissance suffisante des membres de l'église sur lesquels ils ont à porter leur choix, ou si la population protestante (des diverses sections ou de l'une d'elles) est d'importance telle, qu'il y ait lieu de lui assurer une représentation déterminée à l'avance » (Circ. min. 10 nov. 1852, § 9). Les consistoires et, après eux, le Directoire, apprécieront.

31. Le Consistoire dans l'Église réformée, le Directoire dans l'Église de la Confession d'Augsbourg, fixe pour tout son ressort les jours et les heures d'ouverture et de clôture du scrutin. Avis en est donné, par les soins du pasteur, quinze jours au moins à l'avance, aux maires des communes où le vote doit avoir lieu, et les trois dimanches précédents, du haut de la chaire, à la paroisse assemblée (Circ. min. 14 sept. 1852).

B. Du scrutin.

32. « Le vote a lieu sous la présidence d'un pasteur, ou, à défaut, d'un ancien désigné par le conseil presbytéral. Deux électeurs, désignés également par le conseil presbytéral, complètent le bureau. L'un d'eux remplit les fonctions de secrétaire. Les bulletins seront écrits à la main dans le lieu même du vote, soit par l'électeur, soit par un tiers qu'il en chargera. Ils contiendront autant de noms qu'il y aura d'anciens à élire » (Arr. min. 10 sept. 1852, 17 et 18). « Tout bulletin non écrit à la main sera

annulé. Si un nom se trouve répété sur le même bulletin, il ne sera compté que pour un seul vote » (Circ. min. 14 sept. 1852).

33. Le scrutin ayant été déclaré ouvert, il est fait par le secrétaire un appel des électeurs inscrits sur le registre paroissial. Chacun des électeurs présents remet son bulletin plié au président, qui le dépose dans une boîte fermée, placée sur la table du bureau. Les électeurs qui se présentent successivement pendant la durée du scrutin, mais après l'appel, sont admis à voter de même. Au moment de la remise du bulletin, le nom de l'électeur ou bien est consigné, par les membres du bureau, sur une liste ouverte à cet effet, ou bien est marqué par un émargement sur la liste générale (V. n° 24), de telle sorte qu'après la clôture du scrutin, le nombre des bulletins trouvés dans l'urne puisse être contrôlé par le nombre, dûment constaté, des votants. Il va sans dire qu'on ne peut voter ni par procuration, ni par l'entremise d'un tiers.

34. Les membres décédés ou démissionnaires qui n'ont pas été remplacés par voie d'élection complémentaire partielle, le sont, lors du renouvellement triennal, en même temps et par le même scrutin que les membres sortants. Quand, à raison de décès ou de démissions, il y a des membres à élire simultanément pour des périodes différentes, le Directoire a adopté pour règle de considérer comme élus pour la plus longue période ceux qui ont obtenu le plus de suffrages.

35. Quand il y a lieu de procéder en même temps à l'élection de conseillers presbytéraux et de représentants de la paroisse au consistoire, il faut deux scrutins et deux procès-verbaux séparés, que l'élection ait lieu pour cause de renouvellement périodique, de décès ou de démission.

C. **Mesures subséquentes.**

36. « Après la clôture, le scrutin sera immédiatement dépouillé par le bureau, et le procès-verbal, dressé séance tenante, sera envoyé au conseil presbytéral, qui le transmettra au consistoire. S'il y a réclamation ou protestation, il en sera fait mention au procès-verbal, et les pièces à l'appui, y compris les bulletins de vote déclarés nuls ou douteux, y seront annexées » (Circ. min. 14 sept. 1852). « Le consistoire (dans l'Église réformée) statue sur la validité des élections, informe le préfet du résultat et adresse au Ministre des cultes une ampliation du procès-verbal général. Dans les églises de la Confession d'Augsbourg, le consistoire statue sous la réserve de l'approbation du Directoire. (Toutefois, il a été admis depuis 1861 que pour éviter aux consistoires ruraux trois réunions successives à très-bref délai qui pourraient leur devenir fort onéreuses, ils peuvent se décharger sur une commission de sept membres prise dans leur sein et comprenant, outre le président et le secrétaire du corps, deux pasteurs et trois laïques, du soin de vérifier : 1° les registres paroissiaux; 2° les procès-verbaux d'élection; 3° les délibérations portant élection des délégués des conseils presbytéraux au consistoire. Mais « il va sans dire que si cette commission, dont l'intervention est tout officieuse, constatait quelque irrégularité dans les élections, elle devrait en référer immédiatement au consistoire tout entier », qui aurait seul qualité pour statuer valablement [Circ. dir. 12 nov. 1861, R. XVIII, 32]. V. *Commissions consistoriales.*) Les procès-verbaux sont envoyés à l'inspecteur ecclésiastique, qui les transmet au Directoire. Après chaque renouvellement triennal, le Directoire adresse au Ministre un tableau général » (Arr. min. 10 sept. 1852, 19).

37. « Les élections ont lieu au scrutin secret et à la ma-

jorité absolue des suffrages. Si la majorité absolue n'est pas acquise au premier tour de scrutin, une seconde élection a lieu, et, dans ce cas, la majorité relative suffit. S'il y a partage égal de voix entre deux candidats, le plus âgé est déclaré élu. En cas de nomination de deux ou plusieurs parents ou alliés aux degrés prohibés, celui qui a réuni le plus de voix est élu» (*id.*, 15 et 16). Nous estimons qu'en principe le second tour de scrutin ne peut avoir lieu qu'après les délais et les publications prescrits pour le premier. Toutefois, dans de petites paroisses agglomérées, où il était facile de prévenir le corps électoral tout entier, le Directoire a souvent permis que le second tour se fît dès le dimanche suivant.

38. Une fois les élections validées par l'autorité ecclésiastique supérieure, le résultat en est proclamé du haut de la chaire, et le conseil presbytéral est installé, le premier dimanche qui suivra l'approbation, à l'issue du service divin, soit par le président du consistoire ou le pasteur qu'il aura délégué, soit, dans l'Église de la Confession d'Augsbourg, par l'inspecteur ecclésiastique (Circ. min. 14 sept. 1852). Puis le conseil élit son secrétaire, son délégué au consistoire, et, dans l'Église réformée, son trésorier. Sont proclamés de même les représentants de la paroisse au consistoire, et ce dernier corps, à son tour, se constitue, aussitôt que l'autorité compétente a validé les élections de ses diverses catégories de membres, par l'installation des nouveaux élus et la nomination de son président et de son secrétaire. La nomination du président doit être soumise, par la voie hiérarchique, à l'agrément du Ministre des cultes.

Éméritat des pasteurs. — V. *Caisses de prévoyance.*

Employés subalternes des églises. 1. On désigne sous

ce nom générique les organistes, chantres, sacristains, bedeaux, surveillants, et, en général, tous ceux qui, sous la surveillance du conseil presbytéral, servent d'auxiliaires au pasteur dans la célébration des services divins ou pourvoient au maintien de l'ordre dans l'intérieur des édifices consacrés au culte.

2. Ces employés sont nommés par le conseil presbytéral (Arr. min. 10 nov. 1852, 1), et rétribués sur les fonds des caisses d'église (D. 1809, 46, 3°; Régl. de compt. 18 oct. 1864, 17, 2°). Leur traitement est fixé par le conseil au moment de la nomination. Lorsqu'en vertu d'anciennes conventions ou fondations, il consiste en des redevances en nature à payer par les membres de l'église ou en la jouissance de biens ruraux, le conseil presbytéral prend les mesures nécessaires, dans le premier cas, pour assurer la perception régulière des redevances, tout en évitant à l'employé toute démarche personnelle pouvant à la fois compromettre sa dignité et amener des froissements; dans le second cas, pour garantir la conservation des biens : le sacristain, à son entrée en fonctions, doit signer un état détaillé des biens et revenus qui lui sont affectés et reconnaître qu'il en a été mis en jouissance. (V. *Biens des sacristains.*)

3. Les divers emplois subalternes peuvent être cumulés, mais ils sont tous incompatibles avec le mandat de membre d'un conseil presbytéral ou d'un consistoire. (V. *Élections*, n° 15.)

Enregistrement. — V. *Délai pour l'enregistrement.*

Enseignement religieux. Les pasteurs sont tenus (notamment dans l'Église de la Confession d'Augsbourg, par un arrêté directorial du 12 octobre 1852) : 1° de faire chaque année un cours préparatoire à la confirmation, quel que soit le nombre des catéchumènes et lors même qu'aucun d'eux ne pourrait être admis, dès cette année-là, à la confirmation; 2° de faire, chaque dimanche, un service spécialement approprié et destiné à la jeunesse; 3° de donner, pendant toute l'année, et au moins une fois par semaine, au chef-lieu, un enseignement religieux à tous les enfants de la paroisse qui savent lire et écrire, sans qu'en aucun cas ces leçons puissent entraver la tenue de l'école (art. 3 et 13). [V., en outre, *Écoles primaires,* nos 1 à 3.]

Enterrements. — V. *Inhumations.*

Entraves au libre exercice du culte. — V. *Liberté des cultes.*

Entretien des édifices religieux, des biens curiaux. — V. *Édifices religieux*, § 3; *Biens curiaux; Usufruit.*

Époque des séances consistoriales. — V. *Séances consistoriales.*

Érection en cure. — V. *Création de cures.*

Établissements publics et d'utilité publique. 1. On désigne sous ces noms des établissements, des institutions qui ont pour but de pourvoir aux intérêts moraux ou matériels de la société, ou d'une classe de la société, ou du moins à certains de ces intérêts. On appelle plus particulièrement établissements publics ceux qui, créés par l'État, sont administrés par lui ou sous son contrôle direct, et établissements d'utilité publique, ceux qui, fondés par des corporations ou des individus, ont reçu, par un acte exprès du Gouvernement et au vu de leurs statuts et de leurs ressources, le caractère de personnes civiles, aptes à devenir propriétaires et à acquérir par dons ou legs.

2. Sont des établissements publics dans l'administration ecclésiastique protestante : les séminaires, les consistoires (représentés par le corps de même nom), les paroisses ou annexes officiellement reconnues par des actes gouvernementaux généraux ou spéciaux (représentées par le conseil presbytéral), etc. Sont des établissements d'utilité publique : les diverses sociétés de prévoyance pour les pasteurs ou leurs veuves (bien entendu, en tant qu'elles ont été déclarées telles par le Gouvernement), les établissements de diaconesses, etc.

3. Les deux classes d'établissements sont assimilés à des mineurs : ils ne peuvent, notamment, ester en justice, soit en demandant, soit en défendant, qu'après autorisation du conseil de préfecture. Cette autorisation doit être demandée par une délibération motivée, transmise au préfet par la voie hiérarchique (consistoire, inspecteur ecclésiastique ou directoire), avec l'avis des diverses autorités intermédiaires (Ord. roy. 23 mai 1834, R. II, 21) et une feuille de papier timbré d'expédition, de 1 fr. 50 c., en blanc, pour la transcription de l'arrêté du conseil de préfecture qui doit intervenir (R. IV, 71). La délibération même peut être produite sur papier libre.

4. De même, les établissements ecclésiastiques reconnus ne peuvent accepter des dons et legs, acheter ou aliéner des immeubles ou des rentes sur l'État qu'avec l'autorisation du Gouvernement (L. 2 janv. 1817, Ord. 2 avril 1817, L. 24 mai 1826, Ord. 14 janv. 1831). [V. *Acceptation* et *Placement de capitaux*.] Mais, en revanche, ils sont aptes à acquérir moyennant cette autorisation, tandis que les établissements non reconnus ne le sont pas, et qu'en droit toute disposition faite en leur faveur entre-vifs ou par testament est

nulle: ils sont considérés par la loi civile comme n'existant pas (C. Nap., 910, 911).

5. Le conseil municipal est toujours appelé à donner son avis sur les autorisations d'emprunter, d'acquérir, d'échanger, d'aliéner, de plaider ou de transiger, demandées par les administrations préposées à l'entretien des cultes dont les ministres sont salariés par l'État (L. 18 juill. 1837, 21, 5°).

6. Lorsqu'un établissement ecclésiastique demande à être reconnu, le Gouvernement fait procéder à une enquête pour savoir s'il se propose un but d'intérêt général et si, en réalité, il peut être utile. A la demande doivent être joints les statuts, pour être soumis à l'examen du Conseil d'État, en assemblée générale (D. 30 janv. 1852, 13). Le plus souvent on n'accorde l'autorisation qu'à des institutions qui ont déjà fonctionné quelque temps et qui justifient de ressources régulières suffisantes pour assurer leur marche.

7. Le Gouvernement, lorsqu'il reconnaît un établissement, approuve par le même décret les statuts, et il ne peut plus ensuite y être valablement apporté aucune modification qu'avec l'assentiment du Gouvernement.

ÉTAT CIVIL. — V. *Actes de l'état civil; Crimes*, n°s 3 et 4.

ÉTAT DE SITUATION FINANCIÈRE. 1. On désigne sous ce nom un tableau récapitulatif sommaire de l'actif et du passif d'un établissement ou d'une caisse ecclésiastique, de ses revenus et de ses charges.

2. Le tableau de l'actif et du passif doit comprendre, d'une part, le montant, par totaux, des capitaux placés soit en rentes sur l'État, soit sur obligations, etc., des rentes foncières dues à l'établissement, etc., et, pour mémoire, la nature et la superficie des propriétés immobilières; d'autre part, le montant des capitaux dus ou des emprunts effectués, le total des rentes ou redevances dues par l'établisse-

ment, etc. Quand l'état est produit à l'appui d'un projet d'acquisition, par exemple, il est indispensable qu'il présente, à la suite de cette double énumération, une balance indiquant de combien l'actif dépasse le passif.

3. L'état des revenus et charges doit comprendre le total, par chapitre du budget, des diverses recettes et dépenses *ordinaires* de l'établissement, avec une balance.

4. L'état de situation est dressé par le receveur ou trésorier, d'après les livres de comptabilité, et certifié par le président du consistoire ou du conseil d'administration.

Exemption du service militaire. — V. *Séminaires*, n° 30.

Extraits de la matrice cadastrale. Dans le but d'assurer la conservation des biens ecclésiastiques, une circulaire directoriale du 20 mai 1851 (R. VIII, 150) prescrit aux consistoires d'insérer dans tous les baux de biens ruraux une clause obligeant les fermiers à rapporter, un an avant la fin d'un bail de 9 ans, et dès la 9e et la 17e année d'un bail de 18 ans, une nouvelle désignation des biens affermés, délivrée et signée par le maire de la commune où les biens sont situés et portant la désignation, parcelle par parcelle, des biens affermés, avec indication des sections, numéros du cadastre, cantons, contenance métrique, nature, tenants, aboutissants, classes et revenu net. Les maires devront, en outre, constater sur ces états que les biens y désignés sont encore tous inscrits à la matrice cadastrale au nom de l'église, de la fabrique ou de la fondation qui en est propriétaire.

Extraits du registre des délibérations. — V. *Délibérations*.

F

Fabrique. 1. Ce mot se prend dans deux acceptions : dans son sens large, il s'applique à la caisse ecclésiastique qui, dans toute localité ayant un lieu de culte, centralise les recettes et fait face aux dépenses ayant pour objet l'entretien du culte et des édifices religieux, et à l'insuffisance des revenus de laquelle la caisse municipale est tenue de pourvoir. Dans l'administration de l'Église de la Confession d'Augsbourg on emploie de préférence, dans ce sens, le nom de *caisse d'église*, et nous renvoyons à ce mot pour toutes les indications relatives aux fabriques locales. Dans son sens spécial, le mot *fabrique* sert à désigner en Alsace un ensemble de biens provenant le plus souvent d'anciennes dotations princières et dont le signe distinctif est d'appartenir par indivis à plusieurs églises et de ne pourvoir, dans chacune d'elles, qu'à certaines dépenses déterminées d'avance, soit par les titres constitutifs, soit par des usages séculaires. Ces fondations spéciales, qui constituent pour les églises copropriétaires une précieuse ressource supplémentaire, sont encore assez nombreuses dans diverses parties de l'Alsace, quoique la Révolution française ait porté une rude atteinte à leurs revenus. Elles sont administrées directement par le consistoire de la localité où elles ont leur chef-lieu (V. *Biens de fabrique, Biens indivis*) et suivant les règles prescrites par la comptabilité ecclésiastique paroissiale. (V. *Comptabilité*.)

2. Le fait qu'une église est copropriétaire d'une fabrique indivise, ne la dispense pas d'avoir une caisse d'église ou fabrique locale, à raison des recettes et des dépenses afférentes, en général, aux fabriques locales en vertu du décret du 30 décembre 1809. Les fabriques indivises n'ayant jamais à pourvoir qu'à quelques-unes de ces dépenses, leur existence ne rend pas superflue celle d'une caisse d'église, dont, d'après la loi, les attributions et les obligations, très-générales, comprennent l'ensemble du service de l'église, tant le personnel que le matériel. (V., sur les obligations respectives des fabriques indivises et des caisses d'église quant aux lieux de culte ou aux presbytères, *Édifices religieux*, n° 9.)

FACULTÉS DE THÉOLOGIE PROTESTANTE. 1. Les aspirants au saint ministère dans l'une des deux Églises protestantes de France et les aspirants aux grades de bachelier, de licencié ou de docteur en théologie ont à leur disposition deux Facultés, l'une pour la communion réformée à Montauban, l'autre pour les deux communions à Strasbourg. Ils sont également autorisés, en vertu d'une tolérance qui a sa raison d'être dans la loi de Germinal, à faire les études réglementaires à la Faculté de Genève, bien qu'elle ne soit plus un établissement français, mais à charge de prendre leurs grades à Montauban ou à Strasbourg (G. 9, 10; D. 17 mars 1808, 8, et 17 sept. 1808, 6; Arr. min. 8 juill. 1809).

§ 1. *Composition des Facultés.*

2. *Montauban*. La Faculté compte sept chaires, dont cinq de théologie : Théologie dogmatique; morale évangélique; histoire ecclésiastique; critique sacrée et exégèse du Nouveau Testament; hébreu et exégèse de l'Ancien Testament;

et deux de lettres : Littérature latine et grecque, et philosophie.

3. *Strasbourg.* La Faculté compte six chaires de théologie, dont une pour le dogme réformé; les cinq autres sont plus spécialement affectées aux besoins de l'Église de la Confession d'Augsbourg : Dogme selon ladite Confession; morale évangélique; exégèse de l'Ancien et du Nouveau Testament; histoire ecclésiastique; éloquence sacrée. La Faculté de Strasbourg ne donne pas, comme celle de Montauban, l'enseignement philologique préparatoire aux études sacrées. Cette tâche est dévolue à l'une des deux sections du Séminaire annexé à la Faculté; cette section pourvoit, par cinq chaires, à l'enseignement de la philosophie, de la littérature grecque, de la littérature latine, de l'histoire générale et de l'histoire de la philosophie. Quant à la section théologique du Séminaire, elle est appelée à compléter l'enseignement de la Faculté; les professeurs de cette section sont, en général, les titulaires des chaires de la Faculté. Le Séminaire pourvoit, en outre, soit par ses professeurs titulaires, soit par des agrégés, à l'enseignement de l'allemand, de l'hébreu et de la théologie pratique. (V. *Séminaires.*)

4. *Genève.* La Faculté compte cinq chaires: Théologie dogmatique et morale, théologie historique; apologétique, homilétique et théologie pratique; hébreu et exégèse de l'Ancien Testament; critique sacrée et exégèse du Nouveau Testament.

5. Il y a à la tête de chaque Faculté un doyen choisi parmi les professeurs (D. 17 mars 1808, 10).

§ 2. *Nomination des professeurs.*

6. *Communion réformée.* Les professeurs de la Faculté de Montauban et le professeur de dogme réformé à la Fa-

culté de Strasbourg sont nommés par décret impérial, sur la présentation de tous les consistoires réformés de France, dont le Conseil central recueille et transmet au Gouvernement les votes, avec son avis (D. 7). La Faculté et le Conseil académique n'ont ni présentations à faire, ni avis à formuler. On s'en tient aux formalités toutes spéciales indiquées par le décret sur les cultes.

7. *Confession d'Augsbourg.* Les cinq professeurs de la Faculté de Strasbourg, pour la Confession d'Augsbourg, sont nommés par décret impérial, « sur l'avis motivé du Directoire » (D. 11). La Faculté, dans ce cas-là, commence, comme c'est la règle générale pour les autres professeurs de l'enseignement supérieur, par présenter à l'autorité universitaire deux candidats. C'est cette liste de la Faculté qui, au lieu d'être soumise ensuite au Conseil académique, l'est au Directoire. Son avis motivé lui est demandé par le Ministre des cultes, sur le renvoi du Ministre de l'instruction publique.

8. *Genève.* La nomination des professeurs appartient au corps pastoral, qui, depuis Calvin, a conservé le titre de « Compagnie des pasteurs et des professeurs de théologie ». Les nominations sont soumises à la confirmation du Consistoire et du Conseil d'État; mais rien, en fait de grades ou de conditions d'admission, ne limite le choix de la Compagnie; en fait, elle n'a jamais élu que des ecclésiastiques gradués ou non.

9. Les professeurs de théologie des deux Facultés françaises ne sont nommés titulaires qu'autant qu'ils ont 30 ans d'âge et le diplôme de docteur (D. 9 mars 1852, 2). Ceux qui n'ont pas ce diplôme ne peuvent être que chargés de cours.

§ 3. *Études.*

10. Nul n'est admis à prendre une inscription dans une Faculté de théologie protestante qui n'est pas bachelier ès

lettres (Ord. 9 août 1836, 1) et n'a pas subi avec succès un examen d'admission spécial dit *d'ascension en théologie*. Le titre de licencié ès lettres dispense seul de cet examen. Les règlements des Facultés se combinent avec ceux des séminaires de manière à rendre obligatoire, pour tous ceux qui aspirent à suivre les cours théologiques, la fréquentation préalable, pendant un an ou deux, des cours destinés à leur donner l'instruction littéraire, philosophique et philologique indispensable à une étude fructueuse de la théologie. (V. *Séminaires*.)

11. A Genève, où l'enseignement dans la Faculté même dure quatre ans, les étudiants français qui arrivent munis de la recommandation d'un consistoire et des deux diplômes de bachelier ès lettres et de bachelier ès sciences, sont immédiatement immatriculés. Ceux qui sont seulement bacheliers ès lettres passent auparavant une année dans la Faculté des sciences et des lettres et ont à subir ensuite un examen d'admission.

§ 4. *Grades.*

12. « Pour être admis à subir l'examen du *baccalauréat* en théologie, il faut: 1° être âgé de 20 ans; 2° être bachelier dans la Faculté des lettres; 3° avoir fait un cours de trois ans dans une des Facultés de théologie (de Strasbourg ou de Montauban, ou de quatre ans à Genève); on n'obtiendra les lettres de bachelier qu'après avoir soutenu une thèse publique » (D. 17 mars 1808, 27).

13. « Pour subir l'examen de la *licence* en théologie, il faudra produire les lettres de bachelier obtenues depuis un an au moins. On ne peut être licencié dans cette Faculté qu'après avoir subi deux thèses publiques, dont l'une sera nécessairement en latin » (*id.*, 28).

14. « Pour être reçu *docteur* en théologie, on soutiendra une dernière thèse générale » (*id.*).

Fêtes, jours fériés. 1. Les jours fériés consacrés par la loi, et dont le nombre ne peut être augmenté « sans la permission du Gouvernement », sont les dimanches, Noël, l'Ascension, l'Assomption et la Toussaint (L. org. cath., 18 germ. an X, 41, 57; Arr. consul. 29 germ. an X), le premier jour de l'an (Avis C. d'Ét. approuvé le 2C mars 1810), et la fête nationale du 15 août (D. 16 févr. 1852, Constit. 58). Ce n'est pas ici le lieu de s'étendre sur les règles qui président à l'observation du dimanche: elles ne sont pas du domaine de l'administration ecclésiastique. Les Saintes Écritures commandent la sanctification du jour du repos. Le Gouvernement donne l'exemple de l'obéissance à cette loi dans les diverses branches des services publics, mais il ne peut pas faire plus. A part les interdictions fondées sur des raisons d'ordre et de convenance, et qui relèvent de la police, ainsi l'obligation pour les cabaretiers de tenir leurs établissements fermés pendant l'heure des offices, les citoyens sont libres d'observer le repos du dimanche ou de le violer. Comme le disait avec raison une note insérée au *Moniteur universel* du 6 juillet 1854, « c'est là pour chacun une question de libre conscience, qui n'admet ni contrainte, ni intimidation ». (*Contra:* L. 18 nov. 1814, formellement maintenue par la jurisprudence de la Cour de cassation; cfr. Cass. 23-29 juin 1838, 6 déc. 1845, 28 juill. 1855, etc.)

2. L'Église protestante ne célèbre religieusement ni l'Assomption, ni la Toussaint, comme telles. Elle célèbre exclusivement, le 15 août, la fête de l'Empereur. L'Église de la Confession d'Augsbourg a fixé au jour de la Toussaint une fête anniversaire de la Réformation (Arr. dir. 8 oct. 1840,

R. I, 95). [V. *Collectes*, n° 1.] Cette fête tend depuis quelques années à s'introduire également dans l'Église réformée, mais la plupart des consistoires, afin d'éviter toute coïncidence avec la fête catholique de la Toussaint, l'ont fixée au premier *dimanche* de novembre.

3. Indépendamment des fêtes reconnues par la loi civile, l'Église de la Confession d'Augsbourg célèbre, en vertu d'usages séculaires, le lendemain de toutes les grandes fêtes (Noël, Pâques et Pentecôte), le Jeudi-Saint et surtout le Vendredi-Saint, qui est, quant aux services, complétement assimilé à un dimanche de grande fête. Le dernier dimanche de l'année ecclésiastique, c'est-à-dire, du mois de novembre, est consacré à la *Fête des moissons et vendanges*. Plusieurs consistoires célèbrent, en outre, chaque année, une fête biblique et de missions, alternativement dans l'une des églises de leur circonscription, mais ces fêtes n'ont rien ni de réglementaire, ni d'officiel, et il a été expressément reconnu que les pasteurs d'un même ressort consistorial ne sont pas astreints à y prendre part; elles se célèbrent généralement le dimanche.

4. L'Église réformée, de son côté, célèbre dans plusieurs de ses consistoires, des fêtes spéciales de prière et de repentance; mais l'institution, consacrée, là où elle est en vigueur, par d'anciens et respectables usages, n'est ni générale, ni obligatoire. La fête a presque toujours lieu un dimanche ou jour férié. (Cfr. *Discipline*, ch. x, 3, 4.)

Fondations. 1. On entend sous ce nom, dans l'administration ecclésiastique, tout fonds donné ou légué pour l'entretien du culte ou de ses ministres, pour faciliter à des jeunes gens pauvres l'étude de la théologie, ou pour tel autre but analogue. Nulle fondation ne peut être acceptée, ni produire effet, qu'avec l'autorisation du Gouvernement

(L. org. cath. 18 germ. an X, 73, et prot., 8). [V. *Acceptation de dons et legs*, n° 2.]

2. On connaît spécialement, sous le nom de *fondations protestantes*, les quinze ou vingt fondations d'importance diverse, constituées autrefois pour l'entretien de l'Université protestante de Strasbourg, de ses professeurs et de ses élèves, du Gymnase, de la Bibliothèque et des divers bâtiments de l'Université, et que les articles organiques du 30 floréal an XI ont affectées au Séminaire protestant de la même ville. (V. *Séminaire*.)

3. A défaut de statuts particuliers, régulièrement approuvés, les fondations sont administrées par le conseil presbytéral ou le consistoire préposé à l'église dont elles dépendent et soumises aux règles générales de la comptabilité ecclésiastique (V. *Comptabilité*), sous le contrôle du Directoire. (Cfr. Arr. 30 flor. an XI, 4; Règl. org. 18 oct. 1864, tit. IV, R. XX, 128.) « Lorsque l'emploi des revenus est déterminé par les titres, les recettes et les dépenses sont effectuées sans budget, conformément aux prescriptions des donateurs ou testateurs » (Règl. org., 33).

Forêts. 1. Quelques églises possèdent des forêts à titre de biens curiaux ou de biens de fabrique. Les frais qu'elles occasionnent et les revenus qu'elles produisent se répartissent suivant les principes généraux en matière d'usufruit ou de comptabilité ecclésiastique. Le pasteur usufruitier, notamment, est tenu, quant aux coupes, de se conformer à l'aménagement ou à l'usage constant (C. Nap., 590-593); il supporte les contributions et les frais d'exploitation ou de garde, comme pour les autres biens curiaux. (V. *Usufruit*, n° 9.)

2. Les bois des établissements publics ne sont soumis au régime forestier que lorsqu'ils sont reconnus susceptibles

d'aménagement ou d'une exploitation régulière par l'autorité administrative, sur la proposition de l'administration forestière et d'après l'avis des administrateurs de ces établissements (C. For., 90). Ils ne peuvent être défrichés sans une autorisation spéciale du Gouvernement. Nous renvoyons, du reste, pour les détails, au Code forestier et au *Dictionnaire de l'administration française* de M. Block, v° FORÊTS.

FORMAT DES PIÈCES ADMINISTRATIVES. — V. *Correspondance*, n° 4; *Délibérations*, n° 4.

FRAIS D'ADMINISTRATION. On désigne, sous ce nom générique, toutes les menues dépenses inhérentes à l'administration d'un établissement public: les fournitures de bureau, les frais de copie, les ports de lettres, les frais de commissionnaire, le timbre des pièces soumises à cette formalité, l'abonnement au *Recueil officiel des actes* de l'autorité supérieure dont relève l'établissement, l'achat des cadres, registres ou formulaires prescrits, etc. On y comprend aussi, parfois, les frais des tournées ou des voyages effectués dans l'intérêt de l'établissement, et les frais de perception.

FRAIS D'ASSISTANCE A LA SAINTE CÈNE. — V. *Assistant à la sainte Cène*, n° 3.

FRAIS D'ASSISTANCE AUX SÉANCES DES CONSEILS PRESBYTÉRAUX, DES CONSISTOIRES ET DES ASSEMBLÉES D'INSPECTION. La jurisprudence constante du Consistoire général et du Directoire est de n'admettre aucune indemnité à raison de cette assistance et des dépenses qu'elle peut imposer aux membres des corps ecclésiastiques. Les fonctions d'ancien sont purement honorifiques et doivent rester absolument gratuites. D'ailleurs, depuis une quinzaine d'années, la question n'a plus même été soulevée, et le Directoire n'a plus eu à appliquer les règlements pris par le Consistoire général dans plusieurs de ses dernières sessions notamment (1844 et 1851).

Frais de culte. 1. Les frais de culte, qui figurent, d'après l'article 37 du décret du 30 décembre 1809, au premier rang des charges des fabriques locales ou caisses d'église, comprennent, aux termes du même article, « les ornements, les vases sacrés, le linge, le luminaire, le pain (ou les hosties), le vin, l'encens, le payement des vicaires (dans la mesure où, d'après les règlements et les usages de l'Église protestante, il incombe aux caisses paroissiales; le payement des assistants à la sainte Cène), des sacristains, chantres, organistes, sonneurs, suisses, bedeaux et autres employés au service de l'église, selon la convenance et les besoins des lieux. »

2. Le chauffage des églises, là où il est usité, le balayage de l'église et l'entretien des vases sacrés, l'achat et l'entretien des Saintes Écritures, des livres liturgiques et des livres de cantiques nécessaires à la célébration des services, la confection et la réparation des diverses pièces du costume pastoral (V. *Costume*), rentrent également dans les frais de culte.

3. Aucune dépense pour frais de culte, si minime qu'elle soit, ne peut être mise à la charge des caisses spéciales dites *d'aumônes*. Les caisses d'église ou fabriques locales peuvent et doivent seules y faire face (Règl. org. de compt. 18 oct. 1864, 34), parce qu'à elles aussi sont exclusivement attribuées les recettes prévues par la loi, pour pourvoir à ces frais (D. 1809, 36, 46; Règl. org. 1864, 14, 17).

FRAIS D'EXAMEN DU BACCALAURÉAT ÈS LETTRES. — V. *Baccalauréat ès lettres.*

FRAIS D'INSTALLATION. En principe, ces frais sont à la charge du pasteur nouvellement installé. Toutefois, sur délibérations spéciales du conseil presbytéral et du consistoire, le Directoire approuve, s'il y a lieu et dans la mesure où le permettent les ressources de la caisse d'église, les allocations proposées pour décharger les pasteurs d'une partie de ces frais (Déc. Consist. gén. 9 oct. 1844, R. III, 120).

FRANCHISE DE CORRESPONDANCE. 1. «La correspondance des fonctionnaires publics, exclusivement relative au service de l'État, est admise à circuler en franchise par la poste» (Ord. roy. 17 nov. 1844, 1). L'exercice de ce droit n'appartient qu'aux fonctionnaires auxquels il a été expressément accordé et sous les conditions générales ou spéciales que nous allons énumérer (*id.*, 2).

§ 1. *Objet de la franchise.*

2. La «correspondance», admise à la franchise, comprend non-seulement les lettres proprement dites, mais les délibérations des corps constitués, les budgets et comptes avec pièces à l'appui, en général tous les documents dont la production intéresse directement un service public ou bien est requise par les règlements organiques de ce service. A ce titre, le *Recueil officiel des actes du Consistoire supérieur et du Directoire* est assimilé à la correspondance de service proprement dite, en tant qu'il est adressé à des fonctionnaires de l'Église de la Confession d'Augsbourg.

3. « Il est défendu de comprendre dans les dépêches expédiées en franchise, des lettres, papiers et objets quelconques étrangers au service de l'État » (*id.*, 3).

§ 2. *Fonctionnaires jouissant de la franchise.*

4. Sont admis à correspondre en franchise, les fonctionnaires de l'ordre ecclésiastique ci-après désignés:

Dans l'Église réformée, les présidents des consistoires, avec les doyens des Facultés de théologie de Strasbourg et de Montauban (Décis. min. Fin. 8 mai 1850); avec les inspecteurs des écoles primaires du département, avec les pasteurs des églises réformées et les préfets de leur circonscription consistoriale (Ord. 1844); avec le président du Conseil central; — les pasteurs, avec le président de leur consistoire et le président du Conseil central; avec le préfet, le recteur, l'inspecteur d'académie et les inspecteurs des écoles primaires de leur département; avec le sous-préfet de leur arrondissement, avec les maires et les délégués cantonaux ou communaux de leur circonscription paroissiale (Ord. 1844, Décis. min. Fin. 31 oct. 1849, etc.).

Dans l'Église de la Confession d'Augsbourg, le président du Directoire, avec tous les inspecteurs ecclésiastiques, les présidents de consistoire, les pasteurs (Ord. 1844) et les aumôniers du ressort de son administration; avec les préfets des départements, les sous-préfets et procureurs impériaux des arrondissements, les recteurs des académies, les maires des communes, tant de France que d'Algérie, où il existe des églises de la Confession d'Augsbourg (Décis. min. 5 sept. 1851); — les inspecteurs ecclésiastiques, avec le président du Directoire, avec tous les présidents des consistoires de la Confession d'Augsbourg de France et avec les pasteurs de leur inspection (Ord. 1844); spécialement, l'inspecteur de Paris, avec les pasteurs de la Confession d'Augsbourg en Algérie (Décis. min. 25 mai 1859); — les présidents de consistoire, avec le président du Directoire, avec tous les inspecteurs ecclésiastiques, avec les pasteurs de leur consistoriale (Ord. 1844); avec les doyens des deux Facultés de théologie de Strasbourg et de Montauban (Décis. min. 8 mai 1850); avec les préfets, l'inspecteur d'académie et les inspecteurs primaires de leur département; avec le sous-préfet de leur arrondissement (Ord. 1844);— les pasteurs, avec le président du Directoire, avec l'inspecteur ecclésiastique et le président du consistoire auquel ils ressortissent; avec le préfet, l'inspecteur d'académie et les inspecteurs des écoles primaires de leur département, avec le sous-préfet de leur arrondissement (Ord. 1844). Toutefois, il peut être opportun de rappeler ici que, d'après les règlements hiérarchiques de cette Église, les pasteurs ne doivent engager une correspondance officielle directe avec les fonctionnaires de l'ordre civil que dans des cas exceptionnels; la règle générale est que leur correspondance (V. *ce mot*) suive la voie hiérarchique. (Cfr. Circ. dir. 13 mars 1860, R. XVI, 39.)

5. Le Ministre des cultes jouit de la franchise illimitée tant pour les lettres qu'il expédie, que pour celles qu'il reçoit (Ord. 1844). Par une décision du Ministre des finances du 9 mai 1848, la franchise attribuée au Ministre des cultes a été concédée au directeur de l'administration des cultes, qui, en conséquence, « reçoit en franchise toutes les lettres qui lui sont adressées, et, par son contre-seing, opère la franchise à l'égard des doyens des Facultés de théologie et des pasteurs et présidents des consistoires des deux communions protestantes » (Circ. min. Cultes, 31 mai 1850).

§ 3. *Conditions de la franchise.*

6. Pour qu'une correspondance *de service* entre *fonctionnaires jouissant de la franchise* soit exempte de taxe, il faut, indépendamment de cette double condition intrinsèque, qu'elle satisfasse à certaines conditions extrinsèques, minutieusement réglées, tant en vue d'une prompte et facile vérification du contenu, que de la constatation des qualités de l'expéditeur et du destinataire; ces conditions sont relatives au mode de fermeture et au contre-seing.

A. Mode de fermeture.

7. En principe, toutes les pièces destinées à circuler en franchise doivent être simplement pliées en deux ou en quatre, sans nulle fermeture intérieure (Ord. 1844, 26), et closes au moyen de deux bandes croisées à angle droit. La largeur des bandes ne doit pas excéder le tiers de la surface des lettres ou paquets (Ord. 1844, 25), et, de plus, elles ne doivent adhérer entre elles qu'au verso de la dépêche, à l'endroit où elle est cachetée (Circ. min. 11 août 1852). Du reste, il est loisible à l'envoyeur de lier ses paquets, indépendamment des bandes, par une ficelle placée extérieurement, nouée par une simple boucle et facile à détacher si les besoins de la vérification l'exigent (Ord. 1844, 26).

8. Certains fonctionnaires d'un rang élevé sont, en outre, autorisés à correspondre par lettres fermées. Les différents ministres jouissent de ce droit, d'une manière illimitée, tant pour les lettres qu'ils reçoivent, que pour celles qu'ils expédient. Pour la plupart des autres fonctionnaires admis à expédier leur correspondance sous cette forme, le droit n'existe qu'en cas de *nécessité de fermer*, indiquée sur la lettre même au-dessus du contre-seing. Il est restreint, dans l'administration des cultes protestants, au président

du Directoire, à l'égard des préfets, des inspecteurs ecclésiastiques, des présidents de consistoire et des pasteurs de la Confession d'Augsbourg (Décis. min. Fin. 5 sept. 1851); les préfets ont seuls la réciprocité; d'après la jurisprudence actuelle de l'administration des postes, les autres fonctionnaires ne peuvent répondre en franchise que *sous bandes*, même à une lettre fermée du président du Directoire.

B. Contre-seing.

9. «Le contre-seing consiste dans la désignation des fonctions de l'envoyeur, suivie de sa signature; la désignation des fonctions peut être imprimée sur l'adresse, ou indiquée par un timbre», mais la signature doit être de la main même du fonctionnaire qui a qualité pour la donner (Ord. 1844, 13).

10. «Aucun fonctionnaire n'a le droit de déléguer à d'autres personnes le contre-seing qui lui est attribué..... Lorsqu'un fonctionnaire sera hors d'état de remplir ses fonctions par absence, maladie, ou pour toute autre cause légitime, le fonctionnaire qui le remplacera par intérim contre-signera les dépêches à sa place; mais en contre-signant chaque dépêche, il énoncera qu'il remplit par intérim les fonctions auxquelles le contre-seing est attribué», le tout à peine de taxation de la dépêche irrégulièrement contresignée (Ord. 1844, 16).

11. Il va sans dire que l'adresse doit mentionner expressément le titre du fonctionnaire avec qui l'envoyeur correspond et a le droit de correspondre en franchise.

§ 4. *Contraventions aux règles sur la franchise.*

12. «Dans le cas de suspicion de fraude (V. n° 3), ou d'omission d'une seule des formalités prescrites» par l'or-

donnance organique, dont nous venons de résumer les principales dispositions, « les préposés des postes sont autorisés à taxer en totalité les dépêches, ou à exiger que le contenu de celles de ces dépêches qui seront revêtues d'un contre-seing quelconque, soit vérifié en leur présence par les fonctionnaires auxquels elles seront adressées, ou, en cas d'empêchement de ces fonctionnaires, par leurs fondés de pouvoirs. — Si de la vérification..... il résulte qu'il y a fraude, les préposés des postes en dresseront..... un procès-verbal dont ils enverront un double au directeur de l'administration des postes, » etc. (Ord. 1844, 4, 5).

13. Pour les autres dispositions concernant, relativement à la franchise, certains points spéciaux et d'une très-rare application dans l'administration ecclésiastique, nous devons renvoyer au texte même de l'ordonnance de 1844 (Bull. 1844, 2e partie, p. 757, et R. III, 147).

G

GENÈVE (Faculté de théologie). [V. *Facultés.*] En 1828, le comité français de cette ville a autorisé le consistoire réformé de Strasbourg à lui recommander tous les ans, pour les bourses dont il dispose, deux bacheliers en théologie alsaciens appartenant à la communion réformée ou, à défaut, à la communion luthérienne et disposés à passer une année à l'Académie de Genève pour s'exercer à la prédication française. La délibération du consistoire, prise chaque année dans sa séance ordinaire du mois d'août, doit être adressée au secrétaire du comité français, appuyée d'un avis favorable de la Faculté de théologie et d'un engagement du postulant de se soumettre à la discipline de l'Académie et à l'autorité du comité français.

En outre, tous les consistoires réformés de France sont admis à présenter des candidats ou bénéficiaires pour la bourse qui aide à faire à Genève les études théologiques : nulle demande n'est prise en considération que si elle est appuyée par l'un d'eux.

GESTION. — V. *Caisse d'aumônes*, *Caisse d'église*, *Comptabilité*, *Fabrique*, *Receveurs*, etc.

GRATUITÉ DE FONCTIONS. 1. Les fonctions de membre laïque d'un conseil presbytéral, d'un consistoire, d'une assemblée d'inspection ou d'un synode, du Conseil central ou du Consistoire supérieur, sont essentiellement gratuites et ne peuvent donner lieu à aucune rémunération, sous quelque forme et à quelque titre que ce soit. (V. *Frais d'assistance aux séances.*)

2. Les fonctions pastorales sont aussi gratuites, dans ce sens que le pasteur ne peut réclamer aucune rémunération des fidèles auxquels il prête son ministère, mais il va sans dire qu'il est autorisé à accepter celles que, se conformant à l'usage, les fidèles lui offrent librement comme un témoignage de leur reconnaissance. (Cfr. L. org. cath. 18 germ. an X, 5.)

3. Sont encore gratuites : 1° les fonctions de secrétaire des conseils presbytéraux et des consistoires; 2° les fonctions de receveur des aumônes, qu'elles soient remplies par le receveur d'église ou par un receveur spécial : le Directoire admet qu'à raison même de leur gratuité, les fonctions de receveur des aumônes sont compatibles avec celles de membre titulaire du conseil presbytéral (Régl. org. de compt. 18 oct. 1864, 35); 3° les fonctions de membre d'une *commission consistoriale*, même permanente. (V. *ce mot.*)

GYMNASE PROTESTANT DE STRASBOURG.

§ 1. *Historique, caractère légal de l'établissement.*

1. Cette antique et illustre école, qui tient une si belle place dans les fastes du protestantisme alsacien et qui subsiste encore, après trois siècles et demi d'existence, plus prospère et plus considérée que jamais, a été fondée en 1538, sous les auspices du Magistrat de la ville libre impé-

riale de Strasbourg, pour préparer la jeunesse aux études supérieures par une solide instruction religieuse et littéraire, et par une éducation virile. Ce que l'on ignore même assez généralement, c'est qu'elle a été le berceau de la florissante Université protestante qui s'est perpétuée dans le Séminaire protestant de Strasbourg. Le Gymnase n'ayant pas le droit de conférer des grades, les élèves qui y aspiraient, étaient tenus de quitter la ville pour aller les prendre dans quelque université allemande ou étrangère. Frappé de cet inconvénient, le Magistrat, sur la proposition de l'illustre Jean Sturm de Sleide, premier recteur de la Haute-École, intervint auprès de l'Empereur pour faire ériger cet établissement en une académie apte à créer des maîtres ès arts et des bacheliers en philosophie. Maximilien II y consentit par un acte donné à Augsbourg, le 30 mai 1566. Cinquante-cinq ans plus tard, l'empereur Ferdinand II confirma et étendit ce privilége en mettant l'Académie au rang des universités, c'est-à-dire des corporations pouvant conférer tous les grades, y compris le doctorat. Malgré ces deux actes souverains, ou plutôt à cause même de ces actes qui n'ont fait que développer successivement une même institution, le Gymnase et l'Université n'ont cessé de former un seul corps; ou, pour parler plus exactement, le Gymnase n'a cessé d'être une annexe de l'Université protestante, une sorte d'école préparatoire, placée sous sa direction immédiate. Tous les biens affectés soit à l'instruction secondaire, soit à l'instruction supérieure, les diverses fondations de Saint-Thomas, de Saint-Guillaume, de la Haute-École, etc., ont été administrés, jusqu'à la Révolution, par l'Université et le sont, depuis, par le Séminaire, qui est le successeur de l'ancienne Université strasbourgeoise; cette situation a été définitivement confirmée par les articles organiques du 30 floréal an XI. C'est la fondation dite *de la*

Haute-École qui est spécialement affectée à l'entretien du Gymnase protestant.

2. Au reste, depuis le commencement du siècle, le caractère légal du Gymnase a plusieurs fois changé: il a été considéré successivement comme une école secondaire *ecclésiastique* (petit Séminaire protestant, D. 28 août 1803), puis comme une école secondaire *mixte*, de plein exercice (Ord. roy. 1828).

3. Aujourd'hui, en suite de la loi de 1850, qui proclame la liberté d'enseignement, et du décret organique de 1852, sur les cultes protestants, qui subordonne le Gymnase, en même temps que le Séminaire, au Directoire et, par suite, à l'administration des cultes, l'établissement a été définitivement constitué comme établissement d'instruction secondaire *libre*, administré par le Séminaire de Strasbourg, ou son délégué, sous le contrôle de l'autorité supérieure ecclésiastique. Le Gouvernement n'intervient plus que pour la confirmation de la nomination des professeurs et l'inspection à laquelle la loi de 1850 soumet même les établissements libres, au double point de vue tant de la morale, de l'hygiène et de la salubrité, que du respect dû à la Constitution et aux lois (art. 21).

§ 2. *Organisation du Gymnase.*

4. Le Gymnase, à la suite d'un incendie qui a dévoré l'ancien couvent des Dominicains en 1860, a été réinstallé sur le même emplacement dans de vastes et spacieux bâtiments, spécialement construits en vue de ses besoins, et il a été complétement réorganisé. Il reçoit aujourd'hui à la fois des élèves internes et des externes, donne un enseignement secondaire complet, de façon à préparer ses élèves soit au baccalauréat ès lettres, soit au baccalauréat ès

sciences, et renferme, en outre, des classes spéciales pour l'enseignement industriel et commercial.

5. Conformément à une tradition séculaire, pour le maintien de laquelle militent de puissantes raisons de service (le Séminaire étant l'administrateur légal des fondations afférentes au Gymnase), c'est un des professeurs du Séminaire (autrefois de l'Université protestante), qui est *directeur* du Gymnase. Le directeur est assisté, 1° par un *vice-directeur* résidant dans l'établissement, et chargé tant de la *direction de l'internat*, que d'une série d'autres attributions réglées par des arrêtés du Séminaire, du Directoire, et du Consistoire supérieur; 2° par une *commission consultative*, comprenant, outre le directeur et le vice-directeur, membres de droit, deux professeurs du Séminaire et trois laïques pris en dehors de ce corps; ces cinq membres sont nommés pour trois ans par le Directoire sur la proposition du Séminaire et indéfiniment rééligibles.

§ 3. *Nomination des directeurs et du personnel enseignant.*

6. Le directeur, le vice-directeur et les professeurs titulaires de l'établissement sont nommés, sur la proposition du Séminaire, par un arrêté du Directoire, soumis à la confirmation de l'Empereur (D. 11). Les professeurs agrégés sont nommés par le Séminaire sous l'approbation du Directoire. Les maîtres répétiteurs et les surveillants sont nommés par le directeur, sur la proposition du vice-directeur.

7. L'un des objets spéciaux du Gymnase étant la préparation aux études théologiques, et un certain nombre de professeurs et de répétiteurs étant toujours pris dans le personnel ecclésiastique de la Confession d'Augsbourg, le Directoire assimile en général, au point de vue du rang d'ancienneté, les services rendus au Gymnase, avec son au-

torisation ou sur sa nomination, aux services ecclésiastiques proprement dits.

8. Nul ne peut être nommé professeur de l'une des classes de la division inférieure: 8e, 7e, 6e et 5e, s'il n'est pourvu du diplôme de bachelier ès lettres. Pour les professeurs qui aspirent à enseigner dans les classes de la division supérieure, le diplôme de licencié ès lettres ou ès sciences est exigé (Arr. Consist. sup. 27 oct. 1856, R. XIV, 80).

§ 4. *Caisse de retraite pour les professeurs.*

9. Les professeurs ordinaires et titulaires du Gymnase ont droit à une pension de retraite, 1° lorsqu'ils ont 60 ans accomplis et 30 ans de service, 2° lorsque, après 10 ans de service, ils sont atteints d'une infirmité les rendant incapables d'exercer leurs fonctions. Ils subissent, à cet effet, une retenue de 5 p. 100 tant sur leur traitement fixe que sur l'éventuel. Les pensions sont calculées par soixantième du traitement tant fixe qu'éventuel pour chaque année de service, sans pouvoir jamais dépasser les deux tiers de ce traitement. (Cfr. Règl. Consist. sup. 27 oct. 1856, R. XIV, 81.)

§ 5. *Bourses pour les élèves.*

10. Il existe, sous l'administration supérieure du Séminaire, une série de petites fondations dont le revenu est affecté par les testateurs à des bourses au profit d'élèves du Gymnase ou, du moins, d'élèves de certaines classes de cet établissement. Ces bourses sont accordées, sur la demande des parents, par la commission administrative de chaque fondation. En outre, l'administration même du Gymnase accorde, chaque année, à un nombre déterminé

d'élèves, un dégrèvement, total ou partiel, de la rétribution scolaire, lequel équivaut à une bourse de pareille somme. Ces diverses facilités ne sont accordées aujourd'hui qu'à des élèves externes. Mais il s'est constitué à Strasbourg, lors de la fête de l'inauguration des nouveaux bâtiments du Gymnase, une *Société des anciens élèves et des amis* de l'établissement, qui arrivera sans doute à étendre le même bienfait à l'internat; elle a déjà accordé quelques allocations à cet effet et les étendra dans la mesure de ses ressources.

H

Hôpitaux civils. 1. Les hôpitaux et hospices peuvent avoir des aumôniers protestants en titre (V. *Aumôniers*), si le nombre habituel des malades protestants en rend la nomination nécessaire. A défaut d'aumônier titulaire, les pasteurs et ministres des communes où sont situés ces établissements charitables, sont accrédités, et sont seuls accrédités, pour donner les secours spirituels aux malades de leur culte; ils ont leur libre entrée dans l'hospice « à la condition de se conduire avec réserve, de ne soulever aucune polémique religieuse, et de se conformer rigoureusement au principe d'après lequel les ministres des différents cultes doivent exclusivement remplir leurs fonctions auprès de leurs coreligionnaires » (Circ. min. Int. 9 nov. 1846, R. iv, 169).

2. Afin de leur faciliter l'exercice de ce droit et, en même temps, « de prévenir les abus qui pourraient résulter... tant de visites fréquentes et inutiles, que de l'espèce d'enquête que les ministres seraient obligés de faire auprès des sœurs hospitalières pour connaître le culte de chaque malade et les numéros des lits occupés par ceux qui appartiendraient à leur religion », il est recommandé aux directeurs des maisons hospitalières d'indiquer, « sur le registre des entrées », à côté du nom de chaque malade admis, sa

religion et le numéro de la salle et du lit (même Circ.). [V. *Aumôniers*, n° 5.]

3. S'il y a dans la ville plusieurs pasteurs et ministres de la même communion, un règlement consistorial intérieur détermine ordinairement celui d'entre eux qui devra plus particulièrement visiter les malades protestants dans chaque établissement de la circonscription; dans l'Église de la Confession d'Augsbourg, le Directoire homologue le règlement proposé par le consistoire (D. 11, Arr. min. 10 nov. 1852, 8).

4. « Un malade a toujours le droit d'appeler un ministre de sa religion, et ce vœu doit être immédiatement transmis au ministre désigné ou, à défaut de désignation, à l'un des ministres qui exercent dans la localité » (Circ. min. Int. précitée).

5. « Il peut arriver qu'un malade désire communiquer avec un ministre d'un autre culte que le sien. Dans ce cas, il doit en être référé à l'administrateur de service, afin qu'il s'assure préalablement, auprès du malade lui-même, que celui-ci agit en pleine liberté et ne cède à aucune suggestion. Il est formellement interdit de contraindre les personnes admises dans les hospices à suivre les pratiques ou à entendre l'enseignement d'une croyance religieuse à laquelle elles seraient étrangères » (*id.*).

6. « Les mêmes principes s'appliquent aux livres de piété » (*id.*).

HÔPITAUX MILITAIRES. 1. Pour le mode de désignation de l'ecclésiastique protestant admis à donner ses soins religieux aux malades d'un hôpital militaire, voy. *Aumôniers*, n° 3.

2. Le ministre, dûment autorisé, est tenu de faire ses visites aux heures fixées par le sous-intendant chargé de la surveillance administrative de l'hôpital; toutefois, « dans

le cas où un malade en danger de mort, et déclaré tel par l'officier de santé traitant, témoignerait, à toute autre heure, le désir de s'entretenir avec le ministre de son culte, l'officier comptable déférerait immédiatement à ce vœu, sauf à en informer le sous-intendant militaire » (Circ. min. Guerre, 26 nov. 1846, *Moniteur de l'armée* du 25 déc. 1846, R. IV, 150).

3. « Chacun des ministres non catholiques autorisés ne communique qu'avec ses coreligionnaires, dont les noms et le placement lui sont indiqués sur sa demande », d'après un registre spécial qui doit être tenu au bureau des entrées de chaque hôpital militaire et où sont inscrits les militaires non catholiques, avec désignation de la communion à laquelle ils appartiennent. « Toutefois, en ce qui touche les deux cultes chrétiens, lorsqu'il n'y aura, dans la localité, qu'un pasteur, soit de la Confession d'Augsbourg, soit réformé, ce pasteur pourra exercer son ministère auprès des malades de l'une et de l'autre communion, s'il est pourvu de l'autorisation requise » (*id.*).

4. Le pasteur ne peut avoir avec les malades que des entretiens individuels, à peine d'être, de plein droit, privé de la faculté d'exercer son ministère religieux dans l'hôpital (*id.*).

5. « Si un militaire malade demande à communiquer avec un ministre de sa religion, autre que celui dont l'admission a été dûment autorisée, il en est rendu compte au sous-intendant, qui satisfait à cette demande, à moins qu'il n'ait des motifs sérieux pour s'y refuser, auquel cas il en rend compte à l'intendant militaire, qui prononce définitivement. » Sauf le cas d'urgence, cette autorisation exceptionnelle donnée par le sous-intendant « doit être renouvelée à chaque visite » (*id.*).

Hypothèques. 1. Les inscriptions prises au profit des fabriques ou caisses d'église, qui jouissent, en cas d'insuffisance de leurs revenus, d'un recours contre les caisses communales, ne peuvent être radiées que sur un arrêté du préfet, en conseil de préfecture, par analogie avec les dispositions de la loi de 1837 et de l'ordonnance royale du 15 juillet 1840 en matière d'inscriptions au profit des communes, et conformément aux prescriptions de l'article 60 du décret du 30 décembre 1809.

2. Les délibérations des conseils presbytéraux, à fin de radiation ou de mainlevée, doivent: 1° constater que la caisse intéressée a été remboursée en principal, intérêts et frais, ou bien qu'il ne sera fait usage de l'autorisation qu'après ce remboursement intégral; 2° mentionner la date de l'inscription, le numéro et la page du volume qui la relate (R. XIX, 8).

3. Nous nous bornerons à rappeler ici qu'une inscription hypothécaire ne produit effet que pendant dix années à compter du jour où elle a été prise, et qu'il est prudent de la renouveler *dans le cours* de la dixième année, si l'on ne veut pas s'exposer, pour avoir attendu jusqu'au dernier jour, à ce que, par l'effet d'un accident ou d'un oubli momentané, le renouvellement soit tardif et la première inscription irrévocablement périmée, notamment au point de vue du rang qu'elle assurait à l'église intéressée par rapport aux autres créanciers. Si le renouvellement n'est pas effectué avant l'expiration des dix ans, il ne vaut que comme une nouvelle inscription, que priment toutes celles qui auraient été prises ou renouvelées en temps utile antérieurement.

I

Incompatibilités. — V. *Élections*, nos 13 à 20, p. 133.

Indemnité de logement. — V. *Logement des pasteurs.*

Indemnité pour amélioration des immeubles soumis a usufruit. L'usufruitier ou l'usager ne peut prétendre de ce chef à aucune indemnité (C. Nap., 599). [V. *Usufruit*, n° 15.]

Indemnité pour assistance a la sainte Cène, aux séances consistoriales, etc.—V. *Assistant* et *Frais d'assistance.*

Indemnités pour desserte de cures vacantes. — V. *Cures vacantes*, nos 2 et 4.

Indivis (Biens), fabriques indivises. — V. *Biens indivis.*

Inhumations. 1. Il ne peut être procédé à nulle inhumation sans l'autorisation préalable de l'officier de l'état civil (C. Nap., 77; C. P., 358). Le pasteur qui procéderait à l'enlèvement du corps, sans cette autorisation préalable, serait passible des peines portées par l'article 471, n° 15, du Code pénal, c'est-à-dire, d'une amende de 1 à 5 fr.; il a été jugé à maintes reprises que l'article 358 du même Code ne s'applique qu'aux personnes « ayant intérêt à l'inhumation », et n'est applicable ni au ministre du culte, ni au fossoyeur (Cass. 27 janv. 1832, 7 mai 1842, 12 oct. 1850). Au surplus, le fait constituerait un cas d'abus, qui ne peut être poursuivi à l'égard du ministre officiant qu'après l'autorisation du Conseil d'État (Cass. 29 déc. 1842).

2. Le ministre d'un culte, requis de procéder « à l'inhumation d'un corps », ne peut, « sous quelque prétexte que ce soit, refuser son ministère » (D. 23 prair. an XII, 19), bien entendu lorsque le décédé est de son culte et meurt dans sa circonscription paroissiale. (V. *Actes casuels.*) Le refus donne ouverture à un appel comme d'abus (L. org. cath. 18 germ. an X, 6; Décis. min. 18 pluv. an XIII). « En cas de refus, l'autorité civile, soit d'office, soit sur la réquisition de la famille, commettra un autre ministre du même culte pour remplir ces fonctions » (D. et art. cités).

3. Le convoi, ou transport du corps de la maison du défunt à l'église et de l'église au cimetière, est un acte purement civil, qui intéresse essentiellement la police; l'assistance du clergé n'en change en rien le caractère. C'est donc à l'administration de le diriger et de pourvoir aux mesures d'ordre, de police et de précautions à observer à l'occasion du transport des corps (Décis. min. 15 brum. an XI).

4. Il est loisible aux familles de régler la dépense des cérémonies funèbres « selon leurs moyens et facultés; mais hors de l'enceinte des églises et des lieux de sépulture, les cérémonies religieuses ne seront permises que dans les communes où l'on ne professe qu'un culte, conformément à l'article 45 de la loi du 18 germinal an X » (D. 23 prair. an XIII, 18).

5. « Les frais et rétribution à payer aux ministres des cultes et autres individus attachés aux églises et temples,

tant pour leur assistance aux convois que pour les services requis par les familles, seront réglés par le Gouvernement, sur l'avis... des consistoires et des préfets, et sur la proposition... du Ministre des cultes. Il ne sera rien alloué pour leur assistance à l'inhumation des individus inscrits aux rôles des indigents» (D. cité, 20). Dans l'Église protestante, le ministère des pasteurs n'est pas tarifé, et il est loisible aux fidèles de le rémunérer dans la mesure où ils le jugent convenable ou même de ne le point rémunérer du tout.

6. Les conseils presbytéraux ou consistoires jouissent du droit exclusif de «fournir (soit directement, soit par l'entremise d'un concessionnaire et d'après l'approbation des autorités civiles sous la surveillance desquelles ils sont placés à cet égard) les voitures, tentures, ornements, et de faire généralement toutes les fournitures quelconques nécessaires pour les enterrements et pour la décence ou la pompe des funérailles» (D. cité, 22), mais «le mode le plus convenable pour le transport des corps sera réglé suivant les localités, par les maires, sauf l'approbation des préfets» (*id.* 21). Il est interdit d'établir aucun dépositoire dans l'enceinte des villes (D. 18 mai 1806, 13).

7. L'autorité ecclésiastique locale dressera «des tarifs et des tableaux gradués par classe», et les soumettra à l'approbation du Gouvernement, après avis de l'autorité municipale et du préfet (Avis C. d'Ét. 10 août 1841). La concession de son droit à un entrepreneur doit avoir lieu aux enchères (D. 18 mai 1806, 7). Dans les grandes villes, tous les conseils presbytéraux et consistoires (le décret dit même, sans distinction de culte, «toutes les fabriques») doivent se réunir pour ne former qu'une entreprise (*id.*, 8).

8. «Le transport des morts indigents sera fait décemment et gratuitement» (*id.*, 11); «si l'église est tendue pour recevoir un convoi funèbre et qu'on présente ensuite le

corps d'un indigent, il est défendu de détendre jusqu'à ce que le service de ce mort soit fini » (*id.*, 5); « l'indigence sera constatée par un certificat de la municipalité » (*id.*, 4).

9. Les droits que les églises sont autorisées à percevoir et ce qui leur revient sur le produit des frais d'inhumation figurent parmi les recettes ordinaires des fabriques ou caisses d'église (D. 23 prair. an XII, 23; D. 30 déc. 1809, 36, 10°; Régl. org. de compt. 18 oct. 1864, 14, 9°, R. xx, 124).

10. V. *Cimetière*.

Inscriptions hypothécaires. — V. *Hypothèques*.

Inspecteurs ecclésiastiques (titulaires, intérimaires, adjoints ou honoraires). — V. *Introduction*, p. 17.

Inspecteurs laïques. — V. *Introduction*, p. 19.

Inspections. — V. *Introduction*, p. 9.

Installation. 1. On désigne sous ce nom l'acte par lequel une personne nommée à un emploi public est officiellement mise en possession de ses fonctions. Il consiste généralement en la lecture de l'arrêté ou du décret de nomination faite par l'un des supérieurs hiérarchiques du nouveau titulaire en présence de ses collègues ou de ses subordonnés, et en la déclaration solennelle qu'il est, en conséquence, investi des fonctions spécifiées en l'acte de nomination et invité à les remplir conformément aux lois et aux règlements.

2. Les pasteurs sont installés dans l'Église réformée par le consistoire, ou par les anciens ou pasteurs délégués par lui à cet effet (Circ. min. 29 oct. 1832); dans l'Église de la Confession d'Augsbourg, par l'inspecteur ecclésiastique, sur l'autorisation du Directoire. Dans les deux cas, l'installation

doit être constatée par un procès-verbal, qui est transmis par la voie hiérarchique au préfet du département pour servir à la formation des états de payement (*id.*), ainsi qu'au Ministre des cultes. Ce procès-verbal doit être en *triple* expédition : pour la Confession d'Augsbourg, la troisième reste dans les archives du Directoire ; dans l'Église réformée, la deuxième et la troisième expédition sont déposées dans les archives du conseil presbytéral et du consistoire : on n'en envoie point au Ministre directement.

3. Le traitement des pasteurs court du jour de la confirmation de leur nomination par le Gouvernement, mais à la condition que l'installation ait eu lieu dans le mois de la date du décret. Si elle est postérieure, le traitement ne court que du jour même de l'installation (D. 15 germ. an XII, Circ. min. 29 oct. 1832, 5 sept. 1840 ; Régl. min. sur la compt. des cultes, 31 déc. 1841, 213).

4. L'usage constant est que l'installation des pasteurs ait lieu le dimanche, au principal service du matin et en présence de la communauté assemblée. Il ne peut être dérogé à cette règle que dans des cas graves et exceptionnels.

5. L'installation des autres fonctionnaires et dignitaires ecclésiastiques, ne donnant pas matière à décompte, n'est pas soumise aux règles strictes et aux formalités que nous venons d'indiquer. Pour les conseils presbytéraux et consistoires, leur installation, en suite de leur renouvellement périodique, « a lieu à l'issue du service divin », le dimanche qui suit la validation des opérations électorales, et par le ministère soit du président du consistoire ou de son délégué, soit de l'inspecteur ecclésiastique (Circ. min. 14 sept. 1852, 8°). [V. *Élections*, n° 38.] Les membres du Consistoire supérieur sont installés, à la première séance de cette assemblée qui suit leur nomination ou leur élection, après lecture du décret de nomination pour les membres choisis

par le Gouvernement, après vérification de leurs pouvoirs pour les députés laïques des inspections.

INSTITUTEURS COMMUNAUX. — V. *Écoles primaires.*

INSTRUCTION RELIGIEUSE. — V. *Écoles primaires*, nos 1 et 2; *Enseignement religieux.*

J

JARDINS. 1. Les communes où le culte protestant est exercé sont autorisées à procurer au pasteur un jardin (D. 5 mai 1806, 1). L'usage de ce jardin est soumis aux mêmes règles que celui des biens curiaux. (V. *Usufruit.*)

2. Les jardins attenants aux presbytères participent de l'exemption d'impôt foncier et de taxe de mainmorte accordée par la loi aux presbytères (L. 3 frim. an VII, 105; D. 11 août 1808). Les jardins non attenants sont assimilés aux *biens curiaux* proprement dits. (V. *ce mot.*)

L

LAÏQUE. — V. *Élections*, n° 14.

LEGS. 1. V. le mot *Acceptation* pour les formalités à remplir en matière d'acceptation de legs faits à des établissements ecclésiastiques publics ou d'utilité publique, aux églises, consistoires, séminaires, etc.

2. Les ministres du culte qui auront assisté une personne pendant la maladie dont elle meurt, ne pourront profiter des dispositions testamentaires ou entre-vifs qu'elle aurait faites en leur faveur pendant le cours de cette maladie (C. Nap., 909). [V. *Pasteurs*, n° 18.]

LIBERTÉ DES CULTES, LIBERTÉ RELIGIEUSE, LIBRE EXERCICE DU CULTE. 1. La liberté de conscience et le libre exercice du culte sont inscrits au frontispice de la Constitution française, « qui reconnaît et garantit les grands principes proclamés en 1789 ». (Cfr. art. 1 et 6.) La déclaration des droits de l'homme porte, en effet, dans son article 10: « Nul ne doit être inquiété pour ses opinions, même religieuses, pourvu que leur manifestation ne trouble pas l'ordre public établi par la loi. » Quant à ce dernier point, la loi, précisément dans un intérêt d'ordre public, subordonne les réunions religieuses à une autorisation soit permanente, soit temporaire de l'administration (C. P., art. 291), mais en donnant aux intéressés les garanties d'un examen sérieux et impartial (D. 19 mars 1859). Nous revoyons pour cette partie de la question aux mots: *Ouverture de nouveaux oratoires protestants*. Nous n'examinerons ici que les garanties que la loi donne au libre exercice du culte protestant: 1° dans l'intérieur de ses temples et en la personne de ses ministres; 2° dans ses rapports avec le culte de la majorité des Français.

§ 1. *Entraves au libre exercice des cultes.*

2. « Tout particulier qui, par des voies de fait ou des menaces, aura contraint ou empêché une ou plusieurs personnes d'exercer l'un des cultes autorisés, d'assister à l'exercice de ce culte, de célébrer certaines fêtes, d'observer certains jours de repos,... sera puni pour ce seul fait d'une amende de 16 à 200 fr. et d'un emprisonnement de six jours à deux mois » (C. P., 260).

3. « Ceux qui auront empêché, retardé ou interrompu les exercices d'un culte par des troubles ou désordres causés dans le temple ou autre lieu destiné ou servant actuellement à ces exercices, seront punis d'une amende de 16 à 300 fr. et d'un emprisonnement de quinze jours à six mois » (*id.*, 261).

4. « Toute personne qui aura, par paroles ou gestes, outragé les objets d'un culte dans les lieux destinés ou servant actuellement à son exercice, ou les ministres de ce culte dans leurs fonctions, sera punie d'une amende de 16 à 500 fr. et d'un emprisonnement de quinze jours à six mois » (*id.*, 262).

5. « Quiconque aura frappé le ministre d'un culte dans ses fonctions sera puni de la dégradation civique » (C. P., 263).

« L'outrage fait publiquement, d'une manière quelconque, à raison de leurs fonctions ou de leur qualité, soit à..., soit à un ministre... de l'une des religions dont l'établissement est légalement reconnu en France, sera puni d'un emprisonnement de quinze jours à deux ans et d'une amende de 100 à 4,000 fr... L'outrage fait à un ministre... dans l'exercice même de ses fonctions, sera puni... d'un emprisonnement de trois mois à cinq ans, et d'une amende de 300 à 6,000 fr. » (L. 25 mars 1822, 6). Il a été jugé, au surplus, que les outrages publics envers les ministres du culte, à raison de leurs fonctions ou de leur qualité, ne peuvent être poursuivis par le ministère public que sur la plainte préalable du ministre du culte offensé (Cass. 10 janv. 1833, 25 juin 1846).

§ 2. *Garanties données à la liberté de conscience des protestants par rapport aux autres cultes.*

6. « Aucune cérémonie religieuse n'aura lieu hors des édifices consacrés au culte catholique, dans les villes où il y a des temples destinés à différents cultes » (L. org. cath. 18 germ. an X, 45). D'après la jurisprudence constante de l'administration civile supérieure, cette disposition ne s'applique qu'aux communes où il y a une église *consistoriale* reconnue par le Gouvernement, ou, en d'autres termes, aux localités chefs-lieux de consistoire (Circ. min. 30 germ. an XI, 21 niv. an XI, 11 sept. 1810, 6 mai 1831), à l'exclusion des localités qui n'ont qu'un oratoire ou une église paroissiale (Décis. min. 27 mai 1842; cfr. Arr. C. d'Ét. 30 juin 1843). Cette jurisprudence, qui, en fait, peut donner lieu à certaines anomalies dans les parties de l'empire où la population protestante est agglomérée et se trouve parfois en forte majorité dans de simples chefs-lieux de pa-

roisse, est, il faut le reconnaître, en parfaite harmonie avec la loi de germinal sur les cultes protestants, laquelle, en réalité, ne reconnaissait d'autres églises protestantes que les églises *consistoriales* et considérait les autres comme de simples « églises de commodité », ainsi que les appelle Portalis dans une lettre du 14 prairial an XI (VUILLEFROY, p. 100, note *a*). Mais, aujourd'hui que le décret organique de 1852 a comblé cette lacune regrettable de la loi de l'an X et a donné une existence officielle et légale non plus seulement au consistoire, mais bien à la paroisse (D. 1), on peut se demander si l'interprétation qu'a reçue l'article 45 susmentionné avant le décret de 1852, est encore strictement juridique après. Grâce à la bonne harmonie et aux sentiments de mutuel support qui règnent aujourd'hui généralement entre les protestants et les catholiques, la question ne paraît plus avoir été soulevée, et nous sommes loin de nous en plaindre; mais elle ne nous semble plus aujourd'hui pouvoir être tenue pour résolue par la série de décisions anciennes dont nous avons donné les dates.

7. Les cérémonies religieuses auxquelles se rapporte l'article 45 de la loi de germinal sont, notamment, les processions, les plantations de croix, le transport du viatique, les cérémonies funèbres, etc. Toutefois, quant à ces dernières, il est à remarquer que les cimetières sont assimilés aux édifices consacrés au culte et que les cérémonies d'usage peuvent y être pratiquées publiquement par chaque culte comme dans ces édifices eux-mêmes (D. 23 prair. an XII, 18).

8. Dans les localités où des cérémonies religieuses catholiques peuvent avoir lieu en dehors des édifices consacrés au culte, les protestants ne sont pas tenus de tapisser l'extérieur de leurs maisons (Cass. 20 nov. 1818).

9. « Dans les communes où les différents cultes reconnus sont professés publiquement, les écoles séparées seront établies pour les enfants appartenant à ces différents cultes », sauf le cas où le conseil départemental, « à raison des circonstances et provisoirement », autorise les communes « à établir ou à conserver des écoles primaires dans lesquelles seront admis des enfants... appartenant aux différents cultes reconnus » (L. 15 mars 1850, 36, 15; 14 juin 1854, 10). [V. *Écoles primaires*, nos 1 à 3 et 5.] Des représentants des cultes protestants sont appelés par la loi à siéger au conseil impérial de l'instruction publique, dans les conseils académiques et dans les conseils départementaux des départements où il existe une église légalement établie (L. 15 mars 1850; D. 9 mars 1852, 5; L. 15 juin 1854, 3 et 5), et à faire partie, lorsqu'il y a des candidats de leur communion, des commissions d'examen pour le brevet de capacité des instituteurs ou institutrices (L. 1850, 46).

10. « Les curés ne se permettront, dans leurs instructions, aucune inculpation directe ou indirecte, soit contre les personnes, soit contre les autres cultes reconnus dans l'État » (L. org. cath. 18 germ. an X, 52). « Ils éviteront, dans leurs prédications, toute polémique irritante; ils s'abstiendront de toute démarche qui tendrait à rendre plus profonde la séparation entre les deux parties de la population française » (Dép. min. 21 mars 1843). Ces prescriptions s'appliquent, bien entendu, par réciprocité, aux ministres du culte protestant.

11. Quant aux autres dispositions législatives ou réglementaires destinées à garantir aux protestants la liberté de conscience et de culte, nous renvoyons aux articles spéciaux de ce Dictionnaire, et spécialement, à part les mots déjà cités, aux mots *Cimetière*, *Hôpitaux civils*, *Hôpitaux militaires*, etc.

LITURGIE, LIVRES LITURGIQUES. 1. Le principe fondamental de la législation en cette matière est que nul changement ne peut être apporté aux ouvrages servant au culte ou à l'instruction religieuse sans l'autorisation préalable de l'autorité supérieure (G. IV, V). Dans l'Église réformée, chaque consistoire a le devoir de veiller « au maintien de la liturgie » (Arr. min. 20 mai 1853, 6). Dans l'Église de la Confession d'Augsbourg, le Consistoire supérieur « approuve les livres et formulaires liturgiques » (D. 10), et nulle réimpression ne peut en être effectuée qu'avec son autorisation (Arr. Consist. sup. 22 oct. 1858, R. XV, 43).

2. La liturgie légalement introduite dans l'Église réformée de France est la liturgie de Genève.

3. Dans l'Église de la Confession d'Augsbourg, on a vainement essayé d'introduire une liturgie unique et on a fini par autoriser l'usage des principales liturgies qui, depuis la Réformation, étaient restées employées dans les diverses parties du ressort, c'est-à-dire, pour la langue française, la liturgie de Montbéliard, édition Ch. Cuvier (R. XV, 42), et, pour la langue allemande, les six liturgies de Strasbourg, de Hanau, de Nassau-Saarbrück, du Wurtemberg, de Munich et du Palatinat, ainsi que l'*Essai de liturgie* édité par le libraire C. F. Schmidt, de Strasbourg (R. XV, 41).

4. Une fois l'une des liturgies ci-dessus énumérées introduite dans une paroisse, elle ne peut être remplacée par l'une des autres qu'en suite d'une délibération du conseil presbytéral, approuvée par le consistoire et par le Directoire.

LOGEMENT DES PASTEURS. 1. Les communes doivent aux pasteurs un presbytère ou un logement convenable, ou tout au moins une indemnité de logement; elles sont autorisées, en outre, à leur procurer un jardin (L. 18 germ., cath., 72; D. 5 mai 1806; D. 30 déc. 1809, 92; L. 18 juill. 1837, 30, § 13). Elles accomplissent strictement leur obligation par l'allocation d'une simple indemnité; cependant, d'après un avis du Conseil d'État du 10 juin 1835 (VUILLEFROY, p. 454), « des motifs de convenance doivent engager les communes à chercher les moyens d'acquérir un presbytère, qui présente au curé une habitation plus décente et moins susceptible de changement ». Le montant de l'indemnité est fixé par le préfet sur l'avis des corps intéressés (Ord. roy. 7 août 1842, 1).

2. Lorsque deux ou plusieurs communes sont réunies pour le culte, elles contribuent toutes à l'indemnité de logement, dans une proportion qu'il appartient au préfet de déterminer souverainement, après avoir pris l'avis des conseils municipaux intéressés et de l'autorité ecclésiastique compétente (Ord. roy. 7 août 1842, 2), soit d'après le principe général posé par la loi du 14 février 1810, quant au clergé catholique, c'est-à-dire, au centime le franc des contributions respectives de ces communes, soit « en tenant compte du chiffre de la population protestante comparé à celui de la population catholique et en combinant, suivant les circonstances, les différentes bases d'appréciation » (Circ. min. Cultes, 1er sept. 1842, R. II, 61). Si l'une d'elles achète un presbytère, et si les autres se refusent à contribuer à cette acquisition, elles doivent donner, tous les ans, à la première commune, leur part proportionnelle de l'indemnité de logement due au pasteur (Avis C. d'Ét. 30 mai 1833, 31 mai 1833, 10 juill. 1835).

3. Lorsque deux ou plusieurs pasteurs résident dans une même commune et que leur service est borné à cette commune, « une indemnité égale est due à chacun d'eux » (même Ord., 5, 6). « Si les pasteurs résidant dans une même commune sont appelés, par leur titre, à desservir

cette commune et les communes circonvoisines, l'indemnité payée, tant par la commune de la résidence que par les autres, est répartie entre eux par portions égales. Si, parmi plusieurs pasteurs résidant dans une même commune, le service de l'un d'eux est spécialement affecté à la commune de leur résidence, et si le service de l'autre ou des autres pasteurs est affecté aux communes circonvoisines, l'indemnité est due, au premier, par la commune de la résidence et, aux autres, par les communes de leur circonscription » (*id.*, 7, 8).

4. L'indemnité est due à dater du jour de l'installation (même Ord., 1).

5. Pour les règles à suivre quand le pasteur est logé dans un presbytère, nous renvoyons à l'article *Édifices religieux*.

M

Maisons centrales de détention. 1. « Tout condamné, à son entrée dans la maison centrale, est tenu de déclarer à quelle religion il appartient. L'administration suppléera au défaut de cette déclaration ou en vérifiera l'exactitude. — Si le culte du condamné n'a pas de ministre dans la maison centrale, il sera, aussitôt que possible, transféré dans l'une de celles où ce culte sera exercé. — Tout condamné est tenu d'assister aux exercices de son culte » (Arr. min. Int. 6 mai 1839, 1-3).

2. Un condamné ne peut assister aux exercices et communiquer avec un ministre d'un culte autre que le sien que « s'il le demande en cas de maladie grave », ou si le directeur y consent après avoir « acquis la conviction que la demande est sérieuse » (*id.*, 4-6).

3. Les aumôniers des maisons centrales sont nommés, sur la proposition de l'autorité ecclésiastique compétente, par le Ministre de l'intérieur; ils sont classés parmi les *employés* de ces établissements et subordonnés au directeur quant au temporel de leurs fonctions. S'ils sont internes, leur traitement est de 1,200, 1,500 ou 1,800 fr., suivant qu'ils sont de 3e, de 2e ou de 1re classe; s'ils sont externes, un arrêté ministériel spécial règle leur traitement;

ils ne peuvent être promus à une classe supérieure qu'au bout de deux ans de service (Ord. roy. 17 déc. 1844, 1, 3, 9-11).

4. L'aumônier est tenu de célébrer un service divin, les dimanches et fêtes, et de faire aux détenus une instruction religieuse, une fois par semaine au moins, aux heures fixées par le règlement de la maison ou de concert avec le directeur (Règl. gén. 30 oct. 1841, 50, 54; Règl. 5 oct. 1831); il n'a de relations administratives qu'avec le chef de la maison.

5. La police de l'oratoire est dans les attributions du directeur; avec son agrément, l'aumônier choisit, parmi les détenus, le sacristain et autres servants (Règl. de 1831).

6. « L'aumônier visite les infirmeries et les cachots toutes les fois qu'il le juge convenable, et se rend auprès des malades qui le font demander. On l'informe de chaque décès » (même Règl.). [V. *Aumôniers.*]

Mariages. — V. *Actes casuels*, *Bénédiction nuptiale*, *Crimes et délits*, etc.

Matériel des paroisses. 1. On comprend sous ce nom générique : 1° les bâtiments appartenant aux paroisses et le mobilier qui les garnit (pour les églises : la chaire, l'autel, les siéges, les orgues, les vases sacrés, les cloches, les livres liturgiques, le costume pastoral, les draps de chaire, d'autel ou mortuaires, etc. ; pour les presbytères : les poêles, les armoires, etc.); 2° les biens ruraux; 3° les archives paroissiales ; 4° la bibliothèque paroissiale.

2. Le pasteur et le conseil presbytéral ont à en tenir un état, et à veiller à sa conservation. Dans l'Église de la Confession d'Augsbourg, ils doivent tenir, à cet effet, un re-

gistre divisé en quatre parties correspondant aux rubriques susindiquées, et y inscrire chaque objet sous un numéro d'ordre, avec son prix d'achat ou sa valeur (Circ. dir. 29 janv. 1856, R. xii, 191).

Missionnaires. — V. *Chaire* (Cession de la), n° 6.

Mobilier. — V. *Matériel*.

N

Nominations de.... — V. l'article relatif à chaque ordre de fonctionnaires.

O

OUVERTURE DE NOUVEAUX ORATOIRES PROTESTANTS.

1. « Notre législation, disent les Ministres de l'intérieur et des cultes, dans un rapport adressé à l'Empereur, le 19 mars 1859 (R. xv, 170; *Bull. des lois*, 11e série, t. XIII, p. 583), soumet à la condition de l'autorisation préalable du Gouvernement l'établissement de tout nouveau lieu de culte sur le territoire français.... Aujourd'hui, comme toujours, un consistoire, dans sa circonscription, ne peut, pas plus qu'un évêque dans son diocèse, créer par sa seule volonté un oratoire ou nouveau lieu de culte. L'article 4 du décret du 26 mars 1852, rattachant *administrativement* au consistoire le plus voisin les protestants des localités où il n'y a pas de pasteur institué, n'a dérogé en rien à cette règle essentielle de la police des cultes..... On peut résumer notre législation en disant qu'elle a créé la liberté absolue de conscience, mais qu'elle n'a pas admis la liberté illimitée de l'exercice public des cultes. » En d'autres termes, les réunions religieuses périodiques ou à jours fixes tombent, comme toutes autres réunions analogues de plus de vingt personnes, sous le coup de l'article 291 du Code pénal : elles ne peuvent se former qu'avec l'agrément du Gouvernement et sous les conditions fixées par l'autorité publique, à peine de dissolution immédiate et d'amende, tant contre ceux qui les président, que contre ceux qui ont fourni le local (C. P., 291-294). « L'Empereur, continue le rapport cité plus haut, mû par les sentiments les plus justes et les plus sincères, a pensé qu'il fallait multiplier les garanties d'attention et d'impartialité dans l'examen des demandes d'autorisation de nouveaux lieux de culte. En matière religieuse, surtout, les susceptibilités sont vives, et les citoyens sont facilement entraînés à suspecter l'autorité, quel que soit son désir de solutions équitables. » Il a, en conséquence, prescrit à ses ministres de chercher

« de nouvelles garanties ». Le résultat de cette étude a été le décret du 19 mars 1859.

2. D'après ce décret (art. 1 et 2), « l'autorisation pour l'ouverture de nouveaux temples, chapelles ou oratoires, destinés à l'exercice public des cultes protestants organisés par la loi du 18 germinal an X, sera, sur la demande des consistoires, donnée par l'Empereur, en son Conseil d'État, sur le rapport du Ministre des cultes. Les préfets continueront de donner les autorisations pour l'exercice public temporaire des mêmes cultes; en cas de difficulté, il sera statué par l'Empereur, en son Conseil d'État. »

3. La révocation de l'autorisation est subordonnée aux mêmes formes que l'autorisation elle-même. Quand l'Empereur a accordé l'autorisation, les ministres compétents ne peuvent, en cas d'urgence, et pour cause d'inexécution des conditions ou de sûreté publique, qu'en *suspendre provisoirement* l'effet. La suspension cessera de plein droit au bout de trois mois, si, dans ce délai, la révocation n'a été définitivement prononcée par décret (art. 4).

4. L'autorisation est nécessaire pour ouvrir un nouveau lieu de culte, même dans une commune déjà régulièrement et officiellement *annexée* à une paroisse, mais qui jusqu'alors était dépourvue d'oratoire protestant sur son propre territoire.

5. Une réunion religieuse spontanée ou un service accidentel, tel qu'un baptême, un mariage ou un enterrement, n'exige point d'autorisation préalable, au point de vue de la police des cultes (cfr. C. d'Ét. 30 mars 1846; Cass. 12 avril 1838 et 7 janv. 1848); la loi ne s'applique qu'aux associations plus ou moins permanentes ou régulières. (V. *Associations religieuses*.)

P

Paroisse. 1. « Il y a une paroisse partout où l'État rétribue un ou plusieurs pasteurs » (D. 1), ou, pour parler plus exactement, car il existe des paroisses officielles dont les pasteurs sont intégralement payés sur le revenu de biens ecclésiastiques, partout où l'État a créé ou officiellement reconnu une ou plusieurs places de pasteur en titre, soit qu'il rétribue ceux qui les occupent, soit qu'il laisse leur traitement à la charge de caisses ou de fondations ecclésiastiques (G. vii). L'existence d'une paroisse n'est subordonnée à aucune condition légale quant au chiffre de la population protestante qui la compose. (V. *Création de cures.*) Le chiffre de la population *totale* du chef-lieu sert seulement à déterminer la classe de la paroisse et par suite le traitement du titulaire: les pasteurs de Paris sont hors classe. D'après l'article 2 de l'arrêté du 15 germinal an XII, les pasteurs des villes de 30,000 âmes et au-dessus sont de 1re classe (2,100 fr.); ceux des villes de 5,000 âmes et au-dessus sont de 2e classe (1,900 fr.); tous les autres sont de 3e (1,600 fr.). (V. *Traitement des pasteurs.*)

2. Quant aux obligations des communes envers les paroisses et aux relations des diverses sections d'une même paroisse entre elles, V. *Annexes*, *Caisses d'église*, *Cime-*

tières, *Circonscriptions ecclésiastiques*, *Édifices religieux*, *Élections*, nos 29 et 30; *Logement des pasteurs*, *Ouverture de nouveaux oratoires*, n° 4.

PARTAGE DES VOIX DANS LES CORPS ECCLÉSIASTIQUES. 1. Dans l'Église réformée, «en cas de partage dans les délibérations des conseils presbytéraux ou des consistoires, le président a voix prépondérante» (Arr. min. 20 mai 1853, 10). Il n'existe point de texte analogue pour les conseils presbytéraux et consistoires de la Confession d'Augsbourg, et la jurisprudence ancienne du Directoire était contraire à cette prérogative du président (Décis. dir. 14 avril 1830, R. II, 82). Toutefois en présence des dispositions de l'arrêté de 1853, et les motifs de décider dans ce sens étant les mêmes dans un cas que dans l'autre, nous estimons que le président d'un corps ecclésiastique luthérien aurait également aujourd'hui voix prépondérante en cas de partage.

2. La question a été expressément tranchée en faveur du président du Consistoire supérieur et du Directoire par une décision ministérielle du 31 août 1859 (R. XVI, 18).

PASTEURS. 1. Titre générique de tous les ministres du culte protestant qui sont préposés à une paroisse officiellement reconnue par l'État et dont la nomination, faite par l'autorité ecclésiastique compétente, a été sanctionnée par le Chef de l'État.

§ 1. *Nomination des pasteurs* (conditions et mode).

2. Pour être nommé pasteur de l'une des deux Églises protestantes reconnues en France, il faut: 1° être Français (G. I): les étrangers ne peuvent être nommés qu'à titre provisoire; 2° avoir été reçu bachelier en théologie par l'une

des Facultés de France (G. xii, Circ. min. Int. 30 mai 1820); 3° avoir été consacré au saint ministère, ce qui présuppose, à moins de dispense, l'âge de 25 ans révolus (Circ. min. Cultes, 29 oct. 1832). [V. *Consécration au saint ministère.*] Des règlements spéciaux à l'Église de la Confession d'Augsbourg et auxquels il est loisible à l'autorité supérieure de cette Église d'apporter des dérogations lorsque les circonstances l'exigent, imposent, de plus, aux candidats à une place de pasteur l'obligation: 1° de justifier d'un stage d'une année au moins en qualité de vicaire (Décis. Consist. sup. 25 oct. 1854, R. xii, 120); 2° de justifier qu'ils se sont fait recevoir membres de la Société de l'Éméritat des pasteurs et de l'une des sociétés fondées à Strasbourg et à Bouxwiller au profit des veuves de pasteurs (Décis. Consist. sup. 24 oct. 1855, R. xiii, 130) [V. *Caisses de prévoyance*]; 3° s'ils sont déjà pasteurs titulaires, de ne demander leur nomination à une autre paroisse qu'au bout de trois ans d'exercice dans la précédente (Arr. dir. 9 mars 1813, R. i, 172), soit comme pasteurs, soit comme vicaires (Décis. dir. 30 juill. 1823, R. ii, 164); certains consistoires réformés imposent la même condition aux pasteurs nouvellement nommés dans leur ressort.

3. Les pasteurs sont nommés: dans l'Église réformée, par le consistoire, sur une liste de trois candidats dressée par le conseil presbytéral suivant l'ordre alphabétique (D. 5; Arr. min. 20 mai 1853, 1, 7); dans l'Église de la Confession d'Augsbourg, par le Directoire, au vu d'un double rapport présenté par l'inspecteur ecclésiastique de la circonscription tant sur les besoins de la paroisse à pourvoir que sur les candidats qui se sont fait inscrire au Directoire pour y être nommés et dont le Directoire lui a communiqué les noms et les états de service (D. 11; Arr. min. 10 nov. 1852, ch. iii; Décis. min. Cultes, 14 avril 1864).

4. L'arrêté ministériel organique du 10 novembre 1852 prescrit les mesures suivantes en matière de nomination de pasteurs de la Confession d'Augsbourg: 1° publication de la vacance et fixation d'un délai aux candidats pour se présenter directement au Directoire; 2° interdiction aux candidats de prêcher dans la cure vacante, et à la paroisse, au conseil presbytéral et au consistoire « de chercher, par pétitionnement, délibération ou tout autre acte officiel, à attirer sur un candidat la préférence du Directoire »; 3° communication à l'inspecteur ecclésiastique, de la liste des candidats et demande d'un avis motivé tant sur les besoins de la paroisse, que sur les candidats eux-mêmes; 4° nomination par le Directoire, dans le mois qui suit l'expiration du délai fixé aux aspirants pour se présenter; 5° éviter, autant que possible, de réunir, parmi les pasteurs d'un même consistoire, des ascendants, des frères ou des alliés au même degré.

5. L'élection faite, le consistoire ou le Directoire transmet son arrêté au Ministre des cultes, par l'entremise du préfet du département où s'est produite la vacance (Circ. min. 8 flor. an XI et 25 avril 1806), et avec les pièces justifiant de l'accomplissement des trois conditions légales spécifiées au n° 2, c'est-à-dire, l'acte de naissance du pasteur nommé, son diplôme de bachelier en théologie et son certificat d'ordination. L'envoi de ces pièces est inutile quand l'élu est déjà pasteur titulaire en France, mais, en revanche, pour les pasteurs réformés, il peut être utile de produire, subsidiairement, leur acte d'acceptation et, au besoin, un document constatant, de la part du consistoire qu'ils quittent, la réserve ou l'abandon du droit que l'article 3 du décret du 10 brumaire an XIV lui donne, de retenir, pendant six mois, dans son ancienne paroisse, le pasteur démissionnaire qui ne serait pas remplacé avant

ce terme. (V. ci-dessous n° 10.) La nomination ne vaut qu'après approbation par le Souverain (G. XXVI, XXXIV). Au décret de confirmation succède l'installation officielle. (V. *ce mot.*)

6. Tous les pasteurs d'une même église ou d'une même consistoriale sont égaux entre eux, quelle que soit la classe à laquelle ils appartiennent, et sauf les dignités de président de consistoire ou d'inspecteur ecclésiastique dont ils peuvent se trouver revêtus. Dans les cas où l'ancienneté relative confère certaines prérogatives, ils prennent rang entre eux du jour de leur nomination dans l'église ou la consistoriale (D. 4 mai 1807, cité par DE BRAY, *Annales admin.*, p. 164, comme approuvant un arrêté directorial conforme; *Discipline,* ch. I, XVI; Décis. dir. diverses, R. I, 183, II, 163-165). [V. *Présidence.*]

§ 2. *Fonctions.*

7. Le pasteur est exclusivement chargé dans sa paroisse : 1° de tenir les services religieux des dimanches et fêtes, conformément à l'*Agende* et à la *Liturgie* officielles; le nombre de ces services et leur répartition entre les diverses sections de la paroisse ayant des lieux de culte, sont réglés par l'usage local ou par des délibérations du conseil presbytéral homologuées par l'autorité ecclésiastique supérieure; il ne peut y être apporté aucune modification qu'en cette dernière forme; 2° de donner l'instruction religieuse à la jeunesse (V. *Enseignement religieux*); 3° d'administrer les sacrements, de procéder à tous les actes casuels, de visiter les malades, etc. (V. *Actes casuels*); 4° de tenir, pour sa paroisse, les registres de baptême, de confirmation, de mariage et d'enterrements, en se réglant d'après les formules prescrites; toutefois, il est bien entendu que

ces registres n'ont qu'une valeur ecclésiastique (R. II, 167; *Discipline*, XI, 18 et 19; XIII, 27); 5° de tenir un registre général des membres de sa paroisse, indiquant leur lieu de naissance, leur âge, leur état civil, etc. (Circ. dir. 18 nov. 1856, R. XIII, 165).

8. Le pasteur est le président de droit du conseil presbytéral; les pasteurs, seuls, peuvent être élus à la présidence du consistoire (D. 1, 3; Arr. min. 10 sept. 1852, 6). En sa qualité de président, le pasteur convoque le corps, dirige ses délibérations et pourvoit à leur exécution, de concert avec le secrétaire; il a, en outre, des devoirs personnels spéciaux, quant à l'administration des biens de l'Église. (V. *Comptabilité ecclésiastique*, § 2.)

§ 3. *Prérogatives.*

9. Le pasteur a droit à un traitement de l'État (V. *Traitement*) et à un logement ou à une indemnité de logement (V. *Logement*). S'il existe dans la paroisse des biens curiaux, il en a l'usufruit (V. *Biens curiaux*), sauf décompte sur son traitement légal (G. VII).

10. S'il concourt à la desserte intérimaire d'une cure vacante, ou s'il a un vicaire ou suffragant, ou si, par suite de maladie ou d'infirmités, il se trouve momentanément dans un état de pénurie dûment constaté, il peut se pourvoir auprès du Gouvernement en obtention d'une indemnité ou d'un secours personnel. (V. *Cures vacantes*, 2 et 3; *Secours du Gouvernement.*) Sa veuve peut également s'adresser au Gouvernement pour demander une subvention: le budget des cultes met, chaque année, une certaine somme à la disposition du Ministre pour ces divers objets.

11. Le pasteur est exempté de droit du service militaire et du service de la garde nationale (L. 21 mars 1832, 14;

cfr. R. II, 123 et suiv.; L. 22 mars 1831, 12). Il y a incompatibilité entre ses fonctions et celles de juré (L. 4 juin 1853, 3; C. Inst. crim., 383). Il est dispensé de la tutelle, à moins qu'il ne l'ait acceptée postérieurement à sa nomination (C. Nap., 427, 431, 432; Avis C. d'Ét. 4-20 nov. 1806).

12. Le pasteur a le droit de porter, dans l'exercice de son ministère, certains insignes dont l'usurpation tombe sous le coup de l'article 259 du Code pénal. (V. *Costume.*) Le même Code, dans ses articles 260 à 264, le protége spécialement et dans les mêmes circonstances contre toute entrave ou voie de fait. (V. *Liberté des cultes*, nos 2-5.)

13. Il jouit, en matière d'instruction publique, d'une série de prérogatives indiquées aux articles *Écoles primaires*, nos 1-3, et *Liberté des cultes*, n° 9.

14. Il correspond en franchise avec toute une série de fonctionnaires. (V. *Franchise.*)

§ 4. *Obligations restrictives.*

15. Le pasteur est tenu de résider au lieu déterminé par les décrets ou arrêtés généraux ou spéciaux sur la matière; il ne peut s'absenter de sa résidence que moyennant un congé. (V. *Congés.*)

16. Il ne peut être membre du conseil municipal de la commune où il exerce son ministère, à moins que, pour ses fonctions ou son traitement, il n'ait aucun rapport avec elle; l'incompatibilité ne l'atteint qu'en tant que fonctionnaire recevant directement ou indirectement une allocation du budget municipal (L. 5 mai 1855, 10; Arr. C. d'Ét. 14 juill. 1847, 23 juin 1849, 16 mars 1850). Il ne peut non plus être ni maire, ni adjoint (L. 5 mai 1855, 5). S'il est élu membre du Corps législatif, il sera réputé dé-

missionnaire de ses fonctions de pasteur par le seul fait de son admission dans cette assemblée (D. 2 févr. 1852, 29).

17. Le pasteur, à raison même de ses fonctions, est astreint par la loi civile à une série de devoirs et de prescriptions professionnels, en matière d'actes de l'état civil, de correspondance avec les autorités étrangères, de secret, etc. Nous renvoyons, sur ces points, aux articles *Appel comme d'abus* et *Crimes, délits et contraventions.*

18. Le ministre du culte qui a assisté une personne pendant la maladie dont elle meurt, ne peut profiter des dispositions entre-vifs ou testamentaires qu'elle aurait faites en sa faveur pendant le cours de cette maladie (C. Nap., 909).

19. D'après un décret du 10 brumaire an XIV, les pasteurs protestants ne peuvent «quitter leurs églises pour exercer leur ministère dans une autre, ni donner leur démission, sans en avoir prévenu leur consistoire, six mois d'avance, dans l'une de ses assemblées ordinaires». Les consistoires ont à adresser, sans délai, au Ministre des cultes, une expédition de la délibération qu'ils auront prise à ce sujet (art. 2). Par analogie, «les pasteurs peuvent encore, après leur démission, rester en exercice et être payés pendant six mois, s'il n'est pas pourvu dans ce temps à leur remplacement» (Circ. min. Int. 6 déc. 1817). Le décret de brumaire an XIV n'a jamais été appliqué dans l'Église de la Confession d'Augsbourg, dont l'organisation plus centralisée n'en rend pas nécessaires les dispositions tutélaires, et un certain nombre de consistoires réformés ont renoncé à s'en prévaloir, à la condition que les pasteurs élus dans leur ressort prennent l'engagement d'y rester en fonctions pendant trois ans au moins. (V. n° 2, 3°.)

20. Les pasteurs ne doivent faire dans l'église aucune

publication étrangère à l'exercice du culte, si ce n'est celles qu'ordonnerait le Gouvernement par l'entremise de leur autorité hiérarchique (L. org. cath. 18 germ. an X, 53). Ils sont tenus de prier, « dans la récitation de leurs offices », pour la prospérité de l'Empire français et pour l'Empereur (G. III).

§ 5. *Décès des pasteurs.*

21. Le décès d'un pasteur doit être immédiatement notifié au président du Consistoire réformé ou au Directoire et, par lui, au préfet et au Ministre. Le traitement court jusqu'au jour du décès inclusivement. (V. *Traitement, Usufruit*, § 4.)

Pasteur-adjoint. — V. *Ecclésiastiques auxiliaires.*

Pensionnat de Saint-Guillaume. — V. *Séminaire.*

Péricopes. On désigne sous ce nom, dans l'administration de l'Église de la Confession d'Augsbourg, les fragments des saintes Écritures dont les pasteurs doivent faire la base de leurs sermons suivant un cycle déterminé à l'avance par l'autorité supérieure.

Permutation des pasteurs. La permutation de deux pasteurs est autorisée ou ordonnée, dans l'Église de la Confession d'Augsbourg, par des arrêtés directoriaux, sous réserve de la sanction du Chef de l'État (D. 11). Dans l'Église réformée, les permutations ne sont pas autorisées, à raison même des formes auxquelles y est subordonnée la nomination des pasteurs.

PIÈCES JUSTIFICATIVES. 1. On désigne sous ce nom les bordereaux, mandats ou quittances produits à l'appui des différents articles de recette ou de dépense d'un compte.

2. A l'appui des recettes, il convient de produire, pour chaque article comprenant diverses recettes de même nature, un bordereau certifié par le président ou par un membre laïque du corps administrateur; par exemple, pour le produit de la location des biens ruraux, pour le revenu des capitaux hypothécaires, pour le montant de chaque catégorie de collectes, etc.

3. Chaque article de dépense doit être justifié par un état détaillé de la fourniture faite, visé et ordonnancé par le président du corps administrateur, et par une quittance de la partie prenante elle-même. Pour les aumônes, il suffit d'un bordereau certifié par le pasteur.

4. Les diverses pièces produites, tant à l'appui de la recette que de la dépense, portent un numéro d'une seule et même série, lequel est reproduit sur le compte en marge de l'article qu'elles concernent. Il est de règle de les classer d'après leur numéro, de manière que le n° 1, correspondant au premier article de la recette, frappe le premier les regards, et de les relier avec un cordon, de telle sorte qu'on puisse les feuilleter sans risquer d'en égarer aucune.

5. Le Règlement organique sur la comptabilité, du 18 octobre 1864, article 70, prescrit de joindre au compte, comme pièce justificative, un état sommaire des propriétés foncières, des rentes et des créances mobilières qui composent l'actif des églises. Cet état indique, pour les rentes foncières et les créances, la nature des titres, leur date et celle des inscriptions hypothécaires prises pour leur conservation; pour les rentes sur l'État, la date, la série et le numéro des inscriptions, et pour les immeubles, la date, la durée et le produit des baux. Il mentionne les procé-

dures qui peuvent être entamées et la situation où elles se trouvent.

PLACEMENT DE CAPITAUX. 1. Les capitaux appartenant à des établissements ecclésiastiques ne peuvent être placés, en principe, qu'en rentes sur l'État (Arg., Ord. roy. 14 janv. 1831, 1 et 2). Un texte de loi formel a autorisé, depuis, au même titre, les placements en lettres de gage du Crédit foncier de France (D. org. 28 févr. 1852, 46), et un usage constant, qui est couvert, tout au moins, par le consentement tacite du Gouvernement, admet en outre les placements hypothécaires. Tous autres placements en valeurs mobilières, publiques ou industrielles, en fonds d'État étrangers, en obligations de chemins de fer, et, *à fortiori*, les placements chirographaires, fussent-ils simplement provisoires et temporaires, sont rigoureusement interdits à tous les établissements ecclésiastiques. Les fonds disponibles des fabriques et caisses d'église ne peuvent être déposés à titre provisoire que dans les caisses d'épargne ou au Trésor public; ce dernier mode de placement, *avec intérêt*, a été spécialement autorisé pour les fabriques ou caisses d'église de la Confession d'Augsbourg par une décision du Ministre des finances du 22 octobre 1844, sous la réserve, pour les comptables, de se conformer, en matière de retraits, aux instructions générales sur la matière, c'est-à-dire, de se faire délivrer un mandat de remboursement par le président du Directoire ou par le président de leur consistoire, suivant que la somme est supérieure ou inférieure à 300 fr. Nous renvoyons, pour les détails et la forme du mandat, au *Recueil officiel des actes du Directoire*, t. III, p. 142-145.

§ 1. *Placements en rentes sur l'État ou en lettres de gage du Crédit foncier.*

2. Ces deux placements, dont le second est assimilé au premier et subordonné aux mêmes formalités, ne peuvent être effectués qu'après l'autorisation du Gouvernement. Jusqu'à ces derniers temps, cette autorisation était accordée par décret impérial, quelle que fût la provenance des fonds à placer, ce qui entraînait souvent de fort longs délais. Pour y remédier, le décret du 13 avril 1861, article 4, 2°, a concédé aux préfets le droit d'autoriser sans limitation de chiffre tous les placements qui, ne se rattachant pas à un accroissement du patrimoine de l'établissement, ne constituent, en réalité, qu'un virement de fonds, c'est-à-dire, les placements de fonds provenant du remboursement de capitaux précédemment placés différemment, ou du rachat de rentes foncières, ou, enfin, par assimilation, de reliquats de comptes successivement accumulés.

3. Toute délibération du corps administrateur d'une caisse ecclésiastique, à fin d'autorisation de placement, doit donc mentionner, non-seulement le chiffre exact des fonds à placer et la personne morale qui en est propriétaire, mais encore la provenance des fonds, puisque c'est cette provenance qui détermine la compétence de l'autorité chargée de statuer. Lorsque les fonds proviennent d'économies accumulées, il est utile de joindre à la délibération un état de situation constatant qu'ils sont réellement disponibles. Le dossier est transmis, par l'entremise des autorités ecclésiastiques hiérarchiques, au préfet, qui, ou bien statue lui-même, ou bien renvoie au Ministre des cultes pour saisir le Conseil d'État et provoquer un décret. Les titres sont inscrits au nom du corps qui est l'administrateur légal des

fonds à placer, avec mention de la qualité en laquelle il agit, c'est-à-dire, de la personne morale qu'il représente: par exemple, *Le conseil presbytéral de la paroisse de l'église de la Confession d'Augsbourg* (ou *réformée*) *de....*, *administrateur de la caisse d'église* (ou *des biens curiaux*) *de.....* (s'il y a lieu, *annexe de ladite paroisse*).

§ 2. *Placements hypothécaires.*

4. Ce mode de placement a fait, de la part du Directoire, l'objet de deux instructions très-détaillées, du 20 mai 1851 (R. VIII, 146) et du 28 juillet 1857 (R. XIII, 188), dont nous ne pouvons reproduire ici que la substance. Il est recommandé aux comptables de prendre, avant même de faire préparer le projet d'obligation, les renseignements les plus minutieux sur la moralité et la solvabilité des débiteurs proposés, ainsi que sur la valeur réelle du gage hypothécaire et les titres de propriété y relatifs. Si ce premier examen est satisfaisant et qu'en général le placement se présente dans d'avantageuses conditions, le receveur fait dresser par le notaire un projet d'acte sur papier libre, destiné à recevoir l'approbation de l'autorité ecclésiastique compétente et à être ensuite, sur l'autorisation du Directoire, passé en la forme authentique.

5. A ce projet d'acte doivent être jointes, pour être mises sous les yeux du Directoire, les pièces suivantes: 1° un état descriptif des biens à hypothéquer, par extrait, dûment certifié, de la matrice cadastrale; 2° un état hypothécaire (V., pour les différentes hypothèses, R. XIII, 189); 3° un extrait du registre des transcriptions, constatant que l'emprunteur n'a vendu aucun des immeubles qu'il offre en garantie; 4° un certificat constatant que les biens ne sont grevés d'aucune hypothèque légale; 5° des renseignements

précis tant sur la valeur des biens, que sur l'état civil et la moralité des emprunteurs, soit dans le corps de la délibération du corps bailleur des fonds, soit sous forme de certificats séparés. Si le gage offert consiste en une maison, le receveur doit vérifier si elle est dûment assurée contre l'incendie.

6. Le dossier doit être examiné successivement par le corps administrateur légal de la caisse bailleresse et par les corps auxquels il est subordonné, et faire de sa part l'objet d'une délibération très-motivée, dont un extrait y est joint.

7. Si le Directoire, au vu de l'ensemble des pièces, estime que le placement peut être effectué, il prend, pour autoriser la passation de l'acte en la forme authentique, un arrêté qui y est ensuite annexé.

8. Les règlements permettaient autrefois qu'au lieu de soumettre à l'autorité supérieure l'obligation en *projet*, on lui présentât une *copie* sur papier libre de l'acte déjà notarié, mais préalablement à l'enregistrement. (V. *Délai pour l'enregistrement.*) Ce mode de procéder, qui offrait, en pratique, des inconvénients sérieux dont l'autre est exempt, est aujourd'hui tombé en désuétude, et le Directoire l'a même expressément interdit pour les obligations hypothécaires (R. XIII, 191).

9. Une fois le projet approuvé, la prudence exige qu'avant de délivrer les fonds, le comptable se fasse délivrer un état hypothécaire supplémentaire, afin de s'assurer que les biens offerts en gage n'ont été grevés d'aucune nouvelle inscription entre le moment où l'opération a été engagée et celui où elle s'effectue.

10. Les placements hypothécaires exigent, pendant toute leur durée, une grande vigilance de la part des corps bailleurs de fonds et de leur receveur. Ils ont : à pourvoir, en temps utile, au renouvellement des inscriptions hypothécaires, qui se périment par dix ans ; à s'assurer, de dix en

dix ans, à l'aide d'extraits des transcriptions, que les biens hypothéqués sont encore la propriété du débiteur; à réclamer, au bout de 28 ans, un titre nouvel de la créance (C. Nap., 2263); lorsque le gage comprend des immeubles assurés contre l'incendie, à s'enquérir si la subrogation au profit de l'établissement ecclésiastique a été signifiée à la compagnie, si les primes annuelles sont régulièrement acquittées, et si les polices sont renouvelées après leur expiration.

Police intérieure des églises. — V. *Édifices religieux*, § 4.

Pompes funèbres. — V. *Inhumations*, nos 3 à 9.

Prédication. — V. *Chaire* (Cession de la), *Crimes*, § 1, *B*; *Péricopes*, *Pasteurs*, n° 7.

Première communion. — V. *Confirmation.*

Presbytères. — V. *Édifices religieux*, *Logement des pasteurs.*

Préséances. Le décret organique du 24 messidor an XII (art. 1) assigne aux présidents des consistoires un rang personnel immédiatement après les maires et les commandants de place titulaires ou majors généraux de la marine. Les autres corps et fonctionnaires ecclésiastiques ne sont pas compris par la loi dans l'ordre des préséances; mais lors des cérémonies et présentations à l'Empereur, ceux qui résident à Paris sont habituellement placés dans l'ordre suivant: immédiatement après l'archevêque de Paris, son clergé et le Chapitre de Saint-Denis (lesquels suivent la Cour impériale de Paris), et avant les préfets, prennent rang le Conseil central des églises réformées, le consistoire de l'église réformée de Paris, le président du Consistoire supérieur et du Directoire de l'Église de la Confession d'Augsbourg, le consistoire de la Confession d'Augsbourg de Paris et le Consistoire central des israélites.

PRÉSIDENCE DES CORPS ECCLÉSIASTIQUES. 1. A l'exception du Conseil central des églises réformées, du Directoire et du Consistoire supérieur de la Confession d'Augsbourg, dont la présidence est réservée à des laïques (G. XLI), tous les corps ecclésiastiques des deux Églises protestantes reconnues en France sont présidés, de droit, par des ecclésiastiques : les assemblées d'inspection par l'inspecteur ecclésiastique (G. XXXIX, Arr. min. org. 10 nov. 1852, 15) ; les consistoires, par un pasteur élu par eux (D. 3); les conseils presbytéraux, par le pasteur ou le plus ancien des pasteurs de la paroisse (Arr. min. 10 sept. 1852, 6).

2. La présidence des conseils presbytéraux est réglée par la loi elle-même, elle est de droit pour le pasteur ou le plus ancien des pasteurs. Celle des consistoires est élective; le président est élu par le corps après chaque renouvellement triennal, et son titre est soumis à l'agrément du Ministre des cultes. Les inspecteurs ecclésiastiques, nommés par décret impérial sur la présentation du Directoire, sont présidents de droit de leur inspection. Quant aux présidents du Conseil central et du Consistoire supérieur, ils sont nommés directement par le Chef de l'État.

3. En cas d'empêchement temporaire, le président du Consistoire supérieur et du Directoire est suppléé par le membre laïque nommé par le Gouvernement (Décis. min. 18 août 1859); le président du consistoire, par le doyen des pasteurs; celui du conseil presbytéral, par le doyen des pasteurs, et, à défaut, des laïques (Arr. min. 10 sept. 1852,

6). Dans les églises de la Confession d'Augsbourg, le Directoire peut, sur la demande du conseil presbytéral ou du consistoire, nommer le président. Le président du Directoire, ou un membre délégué à cet effet, peut présider les séances des conseils presbytéraux et des consistoires; l'inspecteur ecclésiastique jouit de la même prérogative pour ceux des corps de son ressort dont il n'est pas membre; ils n'ont tous, dans ce cas spécial, que voix consultative (*id.;* Arr. min. 10 nov. 1852, 15; Circ. dir. 28 sept. 1852, R. x, 21).

4. Les présidents, aux divers échelons de la hiérarchie, ont pour attributions principales de convoquer les corps qu'ils président; d'arrêter l'ordre du jour des séances, sauf le droit qu'a chaque membre d'y faire porter, avec l'agrément du corps, tel objet qu'il juge opportun de mettre en discussion; de diriger les délibérations et au besoin de les terminer, grâce à leur voix prépondérante (V. *Partage des voix*); enfin, de pourvoir, de concert avec le secrétaire, à l'exécution des mesures prises, ainsi que, d'une manière générale, à l'application des divers règlements sur l'administration spirituelle et temporelle des églises. Dans l'Église réformée, ce sont eux qui, à la fin de chaque trimestre, ont à adresser au préfet, en double expédition, l'état des sommes à payer aux pasteurs de leur consistoriale, et, à la fin de chaque semestre, au ministre, le tableau des consécrations au ministère évangélique; pour la Confession d'Augsbourg, ce double travail se fait dans les bureaux du Directoire pour l'ensemble du personnel de l'Église (Arr. min. 10 sept. 1852, 7, 8, 13; 10 nov. 1852, 15). [V. *Comptabilité ecclésiastique,* § 2; *Délibération; Franchise,* etc.]

5. Les présidents des consistoires ont, d'après les lois et règlements sur les préséances, un rang personnel dans les cérémonies publiques, après les maires et les commandants de place (D. 24 mess. an XII). [V. *Préséances.*]

6. Lorsqu'ils ont atteint l'âge de 70 ans, ou qu'ils se trouvent empêchés par des infirmités, le Gouvernement peut, après avis du consistoire, leur conférer le titre de président honoraire, et le consistoire fait un nouveau choix (D. 3).

PRIÈRES PUBLIQUES. 1. Les pasteurs et les ministres des diverses communions protestantes prieront et feront prier, dans la récitation de leurs offices, pour la prospérité de l'empire français et pour l'Empereur (G. III).

2. La formule adoptée par le consistoire réformé de Paris et pour la plupart des autres consistoires de la même communion est la suivante: « Nous t'adressons particulièrement nos vœux pour l'Empereur, répands sur lui tes bénédictions; dirige ses vues et ses entreprises, et fais que sous son gouvernement nous voyions régner, dans notre patrie, la religion chrétienne, la paix et la prospérité. »

3. Dans l'Église de la Confession d'Augsbourg, le Directoire a prescrit la formule française: « Protége, Seigneur, l'empire français! Protége et bénis l'Empereur Napoléon! » et la formule allemande: « *Gott, beschütze und segne das französische Reich, und unsern Kaiser Napoleon!* » (R. X, 67.)

PRIX. — V. *Séminaires*, n° 27.

PROCÈS. — V. *Établissements publics*, n° 3.

PROCESSIONS. — V. *Liberté des cultes*, n°s 6 et 7.

PROCÈS-VERBAUX DES SÉANCES DE CORPS ECCLÉSIASTIQUES. — V. *Délibérations*, *Séances*.

PROFESSEURS DES FACULTÉS DE THÉOLOGIE, DU GYMNASE, DU SÉMINAIRE. — V. *ces mots*.

Propriété des édifices religieux, des biens des protestants. — V. *Biens des protestants, Édifices religieux*, § 1.

Protestants disséminés. « Les protestants des localités où le Gouvernement n'a pas encore institué de pasteur seront rattachés administrativement au consistoire le plus voisin » (D. 4). La promesse contenue en cet article a été réalisée six mois après par un décret impérial du 10 novembre 1852, qui fixe, au point de vue des protestants des deux communions disséminés dans les diverses parties de la France, les circonscriptions des consistoires réformés et de la Confession d'Augsbourg. Le décret est inséré *in extenso* au *Bulletin des lois*, série XI, t. II de 1853, p. 204, et, pour la partie concernant la Confession d'Augsbourg, au *Recueil officiel des actes du Directoire*, t. X, p. 52. (V. *Circonscriptions ecclésiastiques*.)

Q

Quêtes. 1. L'article 36 du décret du 30 décembre 1809 sur les fabriques d'église, et, après lui, les divers règlements sur la comptabilité ecclésiastique comprennent, parmi les revenus ordinaires des caisses d'église ou fabriques locales, le produit des quêtes faites pour frais de culte pendant ou après les services divins. D'autre part, un usage immémorial et universel consacre, dans les églises protestantes, des quêtes au profit des pauvres de la paroisse (Arr. min. 10 nov. 1852, 3; 20 mai 1853, 1). Il se fait donc des quêtes dans toutes les églises, et la destination en est déterminée soit par l'usage local, soit par un règlement de l'autorité ecclésiastique; le produit des quêtes pour frais de culte est versé dans la caisse d'église; le produit des quêtes à destination charitable fait l'objet d'une comptabilité spéciale, tantôt annexée pour ordre à celle de la quête d'église, tantôt distincte. (V. *Caisses d'aumônes, Caisses d'église*, nos 3, 2° et 6°.) Dans les localités où il ne se fait qu'une seule espèce de quête à destination mixte, c'est-à-dire dont le conseil presbytéral est libre d'affecter à son gré le montant aux frais de culte ou aux dépenses de charité, le Directoire, afin de sauvegarder chacun de ces deux intérêts, a prescrit aux conseils presbytéraux de rechercher dans quelle proportion l'usage local les a conduits dans les dix ou vingt dernières années à pourvoir, soit à l'un, soit à l'autre, et de poser pour l'avenir les bases d'une ventilation du produit total (Circ. dir. 18 oct. et 20 déc. 1864, R. xx, 120 et 181). Cette mesure est aujourd'hui en vigueur dans toutes les églises dont les collectes n'ont pas une affectation unique et qui, à raison de l'insuffisance de leurs ressources, peuvent être tenues de justifier vis-à-vis des municipalités de l'emploi de tous les revenus ecclésiastiques affectés par le décret de 1809 aux frais de culte. Sur le produit total, le conseil presbytéral verse régulièrement une partie aliquote, déterminée une fois pour toutes, dans la caisse d'église et réserve le reste aux aumônes. Dans les églises, au contraire, qui ont des ressources propres suffisantes ou qui reçoivent des municipalités un concours purement bénévole, la ventilation ne se fait point : l'intégralité des quêtes à destination mixte est versée dans la caisse d'église, et le conseil presbytéral fait chaque année, suivant les besoins, la part des pauvres et celle de l'église.

2. Toutes les quêtes doivent être perçues à la porte de l'église, à l'issue du service divin, au moyen de troncs ou de sachets; des instructions directoriales interdisent expressément l'usage des bourses à grelots, que dans certaines paroisses on faisait circuler pendant le service, ainsi que le dépôt des offrandes sur l'autel, lors de la célébration de la sainte Cène (Circ. dir. 29 nov. 1843, R. II, 176).

3. Le produit du sachet est constaté, à l'issue de chaque service, par l'ecclésiastique qui a fonctionné, contradictoirement avec l'un des membres du conseil presbytéral; inscrit sur un carnet tenu à cet effet et certifié par la signature des deux mêmes personnes (Circ. dir. 15 mars 1853, R. x, 83); au besoin, l'intervention de l'une d'elles suffit aujourd'hui (Régl. org. sur la compt. 18 oct. 1864, 36).

4. V. *Collectes*.

R

Rachat de rentes. — V. *Rentes en nature.*

Radiation de la liste des électeurs. — V. *Élections*, nos 26-28.

Rang des pasteurs. — V. *Pasteurs*, n° 6.

Réception des catéchumènes. — V. *Confirmation*, n° 3.

Recettes. — V. *Caisses d'aumônes, Caisses d'église, Comptabilité ecclésiastique*, etc.

Recettes ordinaires ou extraordinaires. — V. *Dépenses ordinaires.*

Receveurs des caisses et établissements ecclésiastiques. 1. Dans l'Église réformée, les deniers des églises sont gérés par un trésorier, choisi par le conseil presbytéral parmi ses membres laïques (Arr. min. 20 mai 1853, 3), et dont les fonctions sont gratuites. Dans l'Église de la Confession d'Augsbourg, où beaucoup de paroisses et de consistoires possèdent des biens dont la gestion est plus laborieuse, le système de receveurs rétribués et cautionnés a prévalu dans la législation et dans l'usage. Ces receveurs, conformément au principe général, ne peuvent siéger comme membres titulaires dans les corps qui les payent et envers qui ils sont responsables. Le Directoire ne déroge à cette règle, par analogie avec les dispositions spéciales à l'Église réformée, que pour les receveurs dont la gestion est entièrement gratuite, et notamment pour les receveurs d'aumônes (Circ. dir. 26 nov. 1867, R. XXIII, 167).

2. En principe, dans la même église, « la gestion des biens et revenus de toutes les paroisses faisant partie d'un même consistoire est confiée à un seul receveur (*receveur consistorial*) nommé par le Directoire, sur la proposition du consistoire. Ce receveur est tenu de fournir un cautionnement dont l'importance sera fixée par le Directoire » (Arr. min. 10 nov. 1852, 9), en même temps que le taux et la nature de ses émoluments. Ce receveur gère également les biens et revenus curiaux, moyennant une indemnité à débattre entre lui et le pasteur usager, sauf recours au consistoire et au Directoire (Arr. Consist. sup. 22 oct. 1855, R. XIII, 73). [V. *Biens curiaux.*]

3. Toutefois, l'expérience a démontré que l'institution des receveurs consistoriaux, excellente dans tous les ressorts où la gestion est considérable ou compliquée, peut présenter plus d'inconvénients que d'avantages dans ceux où les paroisses n'ont des recettes à recouvrer et des dépenses à effectuer que sur place. Aussi le *Règlement organique sur la comptabilité ecclésiastique* du 18 octobre 1864 porte-t-il dans ses articles 53, 57 et 58 : « Lorsque l'éloignement ou d'autres motifs s'opposent à ce qu'un même receveur soit chargé de la gestion de toutes les caisses d'église d'un même consistoire, un receveur spécial est nommé pour une ou plusieurs de ces églises; il prend le titre de *rece-*

veur d'église, peut recevoir une rétribution consistant, soit en un traitement fixe, soit en remises proportionnelles, et, dans ce cas, si l'importance de la gestion le conseille, être astreint à fournir un cautionnement. » Les receveurs d'église sont nommés, et le taux de leur traitement et de leur cautionnement est déterminé par un arrêté directorial sur la proposition des corps intéressés, ou bien par une délibération de ces corps, sous réserve de l'approbation du Directoire (Cfr. même Règl., 55). Les *receveurs d'aumônes*, dans les églises qui en ont un spécial, sont nommés en la même forme (*id.*, 35), mais leurs fonctions sont essentiellement gratuites. (V. *Caisses d'aumônes*.)

4. Pour les fonctions des receveurs, voy. *Comptabilité ecclésiastique*, nos 11 à 14.

5. En cas de mutation, il est rendu compte de l'exercice ou des exercices courants par le receveur sortant ou ses représentants au receveur nouvellement nommé. Ce compte est rédigé en la forme des comptes de gestion, en présence du président ou du membre, à ce délégué, du consistoire; il engage la responsabilité du receveur qui l'a reçu. Ce compte est soumis à l'examen du conseil presbytéral et du consistoire, puis à l'approbation du Directoire, et ce n'est qu'après son entier apurement qu'il est délivré au comptable sortant ou à ses représentants un certificat de quitus à l'effet de remboursement ou de mainlevée du cautionnement (Règl. org. de compt. 18 oct. 1864, 8-11, 66).

Recueil officiel des actes du Consistoire supérieur et du Directoire. Cette publication, commencée en 1840 pour tenir lieu des circulaires isolées que l'autorité ecclésiastique supérieure envoyait aux divers corps du ressort de son administration et qui couraient risque de s'égarer, paraît à des époques indéterminées, suivant les besoins du service, par feuilles, demi-feuilles ou quarts de feuille, qui forment au bout de l'année un volume in-4° de 200 pages. Le Directoire y insère les actes de l'autorité publique concernant l'Église de la Confession d'Augsbourg, les procès-verbaux des sessions et les arrêtés du Consistoire supérieur, ses propres arrêtés relatifs au personnel, les diverses instructions générales qu'il a à porter à la connaissance des corps et des fonctionnaires de son ressort, enfin le compte des collectes d'intérêt général dont il a la gestion ou la surveillance. Le *Recueil officiel* est assimilé, par les règlements postaux, à la correspondance de service et circule en franchise sous la même forme et aux mêmes conditions (Décis. min. Fin. 11 févr. 1828; Dir. gén. Postes, 15 déc. 1855, 16 mai 1856). Il comprend actuellement (1868) 23 volumes.

Refus de la sainte Cène ou d'inhumation. — V. *Appel comme d'abus*, 2.

Registre paroissial. — V. *Élections*, nos 21-28.

Registre des actes pastoraux. — V. *Pasteurs*, n° 7.

Renouvellement des corps ecclésiastiques. — V. *Introduction*, p. 4, 7 et 20; *Élections*.

Rentes en nature. 1. Un certain nombre d'églises d'Alsace ont encore parmi leurs revenus ordinaires d'anciennes rentes foncières en nature.

2. Ces rentes sont aujourd'hui « meubles par destination de la loi » (C. Nap., 529); elles ne sont plus un droit de propriété ou de copropriété, mais de simples créances hypothécaires soumises à l'inscription et susceptibles d'être purgées par la transcription et par la purge des hypothèques (Cass. 29 juin 1813, 25 août 1829).

3. Elles sont essentiellement rachetables (C. Nap., 530); d'après la loi du 18 décembre 1790, titre III, 2, « celles en argent, sur le pied du denier vingt, et celles en nature de grains, volailles, denrées, fruits de récolte, service d'hommes, chevaux ou autres bêtes de somme et de voitures, au denier vingt-cinq de leur produit annuel ». Il est bien entendu que c'est la rente *brute* qui doit être, suivant les cas, multipliée par 20 ou 25, et non la rente *nette*, c'est-à-dire la rente diminuée, en vertu de la loi du 23 novembre 1790, d'un cinquième au profit de l'État, à titre de contribution foncière. Au moment du rachat ou de l'extinction définitive de la dette, le débiteur ne peut pas argumenter de la déduction qu'il était obligé de faire subir au créancier au profit de l'État, pour ne lui payer que les quatre cinquièmes de ce qu'il doit, en réalité, et pour bénéficier personnellement de la différence.

4. « Après vingt-huit ans de la date du dernier titre, le débiteur d'une rente peut être contraint à fournir à ses frais un titre nouvel à son créancier ou à ses ayants cause » (C. Nap., 2263), et il est prudent de le réclamer de lui.

5. Les arrérages des rentes foncières se prescrivent par cinq ans (C. Nap., 2277).

RENTES SUR L'ÉTAT. — V. *Placement de capitaux.*

RÉPARATIONS AUX ÉDIFICES RELIGIEUX (églises, presbytères, etc.). — V. *Édifices religieux*, § 3.

REPRÉSENTANTS DES PAROISSES. — V. *Introduction*, p. 6.

RÉSIDENCE DES PASTEURS. — V. *Congés, Pasteurs*, n° 15.

RETRAITE DES INSPECTEURS. V. *Introduction*, p. 19.

RETRAITE DES PASTEURS. — V. *Caisses de prévoyance.*

RÉUNIONS RELIGIEUSES ILLICITES. — V. *Associations religieuses, Ouvertures de nouveaux oratoires protestants,* n°s 1 et 5.

RÉVÉLATION DE SECRETS. — V. *Crimes*, etc., n° 8.

ROBES D'ÉGLISE. — V. *Costume.*

S

Sacristains. — V. *Employés subalternes des églises.*

Sainte Cène. — V. *Appel comme d'abus*, n° 2; *Assistant; Confirmation des catéchumènes.*

Séances des conseils presbytéraux et des consistoires.

§ 1. *Époque.*

1. Les conseils presbytéraux et les consistoires sont convoqués par leurs présidents au chef-lieu de leurs circonscriptions respectives, en séances ordinaires, au moins une fois par trimestre. Ils peuvent être convoqués extraordinairement, suivant les besoins du service et sur la demande motivée de deux membres, pour les conseils presbytéraux; de trois membres ou d'un conseil presbytéral pour les consistoires. Tout ancien ou délégué laïque qui, sans motifs agréés, aura manqué à trois séances consécutives, sera réputé démissionnaire (Arr. min. 10 sept. 1852, 7); il en serait de même du pasteur qui refuserait d'assister aux séances (Décis. min. 19 mai 1831, R. II, 85).

2. Dans l'Église de la Confession d'Augsbourg, à raison des communications que le Directoire peut avoir à faire aux consistoires, soit d'office, soit comme intermédiaire régulier entre eux et l'administration civile, l'époque des séances consistoriales a été déterminée d'avance de concert avec ces corps, et le jour précis doit en être notifié au Directoire, en même temps qu'aux membres, afin qu'il puisse transmettre en temps utile à leur président les affaires sur lesquelles ils ont à délibérer (Circ. dir. 3 déc. 1861, R. XVIII, 36; 19 juill. 1864, XX, 106; 1er mai 1866, XXII, 114).

§ 2. *Ordre du jour.*

V. *Délibérations*, n° 2.

§ 3. *Local et frais des séances.*

3. La loi ne précise rien sur le local où doivent se tenir les séances des corps ecclésiastiques. En général, ces corps se réunissent dans le presbytère de leur président ou dans une dépendance de l'église, parfois dans l'une des salles de la mairie ou dans le prétoire de la justice de paix, lorsqu'à défaut d'autre local assez vaste et convenable, l'administration civile consent à mettre l'une de ces pièces à leur disposition. C'est au bureau à s'enquérir d'un lieu de réunion approprié; il lui est seulement recommandé de le choisir en harmonie avec le caractère sérieux d'une assemblée ecclésiastique; on devra éviter, à ce titre, de convoquer un consistoire dans une salle d'auberge.

4. Les frais de séances, frais de bureau et de commissionnaire, chauffage, éclairage et, s'il y a lieu, loyer de la salle, sont à la charge de l'église ou des églises que représente le corps dont il s'agit. Dans certains consistoires les diverses églises fournissent une contribution fixe qui se

centralise en une caisse spéciale, dite *des frais généraux du consistoire*, gérée par le receveur consistorial, et chargée de faire face à toutes les dépenses d'intérêt collectif.

5. Il n'est pas loisible aux consistoires de comprendre parmi les frais des séances, des indemnités à allouer aux membres laïques demeurant hors du chef-lieu, à titre d'indemnités de déplacement. Le mandat de membre d'un consistoire est essentiellement gratuit et honorifique; il n'ouvre de droit à aucune rémunération, quel qu'en soit le nom, sur les fonds des églises. Il n'y aurait d'exception que dans le cas où il existerait une fondation, un legs spécial, ayant cette affectation.

§ 4. *Procès-verbal.*

6. Le procès-verbal des séances est rédigé par le secrétaire, sous réserve de son adoption par le corps en sa prochaine réunion. Dans le cas où il est impossible de charger un des membres laïques de le rédiger, un pasteur peut être adjoint, comme *secrétaire rédacteur*, à celui des laïques qui a le titre de secrétaire; mais ce dernier a seul qualité pour signer (G. XXI; Décis. dir. 1er avril 1818, R. II, 86; Arr. min. 10 sept. 1852, 6; 20 mai 1853, 4 et 8). «Tous les membres présents signent au registre des délibérations, et leurs noms sont rapportés en tête des extraits du procès-verbal, lesquels sont signés par le président et le secrétaire» (Arr. min. 10 sept. 1852, 8). [V. *Délibérations*, nos 3-6.]

SECOURS DES COMMUNES AUX FABRIQUES OU CAISSES D'ÉGLISE. — V. *Caisses d'église*, nos 3-6; *Édifices religieux*, nos 2-10.

SECOURS DU GOUVERNEMENT. 1. Le budget de l'État met, chaque année, à la disposition du Ministre des cultes des crédits : 1° pour venir au secours des pasteurs et de leurs veuves; 2° pour contribuer aux travaux des édifices des cultes protestants. (V. *Cures vacantes.*)

§ 1. *Secours aux pasteurs et à leurs veuves.*

2. Cette première catégorie de secours se subdivise en trois rubriques : 1° secours aux pasteurs assistés de vicaires, soit à raison de leurs infirmités, soit à raison de l'étendue de leur circonscription paroissiale; 2° secours à d'anciens pasteurs; 3° secours aux veuves de pasteurs. Le caractère générique de ces allocations est qu'elles constituent, non une pension pour ceux qui les réclament et les obtiennent, mais bien une subvention essentiellement bénévole et annuelle, de la nécessité de laquelle il faut justifier à chaque nouvelle demande. (V. Lettre min. Cultes, R. III, 73.)

3. Les pièces à produire sont : 1° une pétition de la personne intéressée, pasteur, ancien pasteur ou veuve; 2° une délibération, très-motivée et très-explicite, du consistoire dont relève le pétitionnaire, sur les diverses circonstances de famille, de fortune ou de position extérieure, qui militent en faveur de l'allocation du secours. Ces renseignements doivent être fournis chaque fois à nouveau, en tenant compte et des modifications qui, d'une année à l'autre, peuvent s'être produites dans la situation du pasteur ou de la veuve, et de cette considération que, le crédit dont dispose le Ministre des cultes étant très-restreint eu égard aux besoins, toute indication inexacte peut préjudicier à d'autres pétitionnaires plus réellement nécessiteux (Circ. dir. 18 nov. 1856, R. XIII, 167; 4 août 1868, R. XXIV, 122).

4. Les demandes doivent parvenir au Ministre des cultes, par l'intermédiaire du préfet du département de la résidence de l'impétrant, avant le quatrième ou le neuvième

mois de l'exercice (Circ. min. 26 mai 1853). Dans la Confession d'Augsbourg, elles sont centralisées, au mois de janvier de chaque année, par le Directoire, qui dresse trois séries d'états de propositions, et ajoute ses observations à celles des consistoires. Les préfets, à leur tour, contrôlent les indications fournies par l'autorité ecclésiastique, et le Ministre statue aux mois de juin et de novembre. Les secours sont, en effet, demandés pour l'année entière, mais accordés en deux fois par semestre. Les pétitionnaires qui les ont obtenus pour le premier semestre, les obtiennent, de plein droit, pour le second, sauf les cas de décès ou de mutation, lesquels doivent être immédiatement notifiés au Gouvernement par la voie hiérarchique.

5. Quand la personne qui a obtenu un secours meurt avant la délivrance du mandat y relatif, la décision ministérielle qui l'allouait devient nulle de plein droit, et il en faut une nouvelle pour que les héritiers puissent bénéficier du secours en tout ou en partie; au contraire, le montant du secours est acquis aux héritiers, si le mandat a été délivré antérieurement au décès (Règl. min. gén. sur la compt. des cultes, 31 déc. 1841, 198).

§ 2. *Secours pour travaux à des édifices religieux.*

6. Les demandes ne sont susceptibles d'être accueillies qu'autant qu'elles sont formées avant tout commencement d'exécution et que les plans et devis sont présentés à l'approbation du Gouvernement en même temps que la demande de secours. Il faut, de plus, justifier par des budgets et des états de situation, que les diverses caisses locales, ecclésiastiques ou civiles, sont hors d'état de faire face à toute la dépense et qu'il est impossible de suppléer efficacement à leur concours par les souscriptions volontaires des fidèles

(Circ. min. Cultes, 28 janv. 1839, R. I, 70). L'initiative de la demande appartient au corps à qui incombent les travaux; mais, que ce soit le conseil presbytéral ou le conseil municipal qui, par une délibération motivée, appelle le premier le concours du Gouvernement, l'autre de ces corps doit toujours appuyer la démarche par une délibération subsidiaire. Nous renvoyons, pour les détails, à l'article *Édifices religieux*, nos 9 et suiv.

SECRÉTAIRES DES CORPS ECCLÉSIASTIQUES. Les secrétaires des conseils presbytéraux et des consistoires sont élus, après chaque renouvellement triennal, parmi les membres laïques de ces corps. Ils sont chargés de la rédaction des procès-verbaux des séances, de la tenue des registres, de la garde et de la conservation des archives. Ils signent avec le président tous les actes qui émanent de ces corps (Arr. min. 10 sept. 1852, 6 et 8; 20 mai 1853, 4 et 8). Leurs fonctions sont essentiellement gratuites. (V. *Introduction*, p. 5 et 7; *Archives*, *Délibérations*, n° 6; *Séances*, n° 6.)

SÉMINAIRES PROTESTANTS. 1. Les articles organiques, développés et complétés par des actes législatifs postérieurs, ont prescrit l'établissement de séminaires protestants. destinés, à l'instar des grands séminaires catholiques, à préparer les futurs ministres des deux Églises protestantes de France. Ces séminaires sont placés à côté des deux Facultés de théologie protestante, à Montauban et à Strasbourg; seulement ils relèvent du ministère des cultes, tandis que les Facultés dépendent du ministère de l'instruction publique. Ils ont avec la Faculté des rapports et des liens nombreux, mais ils ne lui sont subordonnés d'aucune façon: leur directeur correspond directement avec le Ministre. Nous indiquerons brièvement pour les deux établissements les règles de leur organisation et de leur administration, ainsi que les prérogatives et les obligations attachées à la qualité d'élève d'un séminaire protestant.

§ 1. *Montauban* (Communion réformée).

2. Le Séminaire de Montauban a été créé, il y a une vingtaine d'années, par le Gouvernement, sur l'initiative de la Faculté : l'État pourvoit, en tant que besoin, à son entretien.

Direction. 3. Le Séminaire est dirigé : 1° par un *directeur* choisi, par le Ministre des cultes, parmi les professeurs de la Faculté; 2° par une *commission administrative*, qui s'occupe des questions économiques et qui comprend le secrétaire général de la préfecture, président, le doyen de la Faculté et le directeur du Séminaire, membres de droit; 3° par une *commission de patronage*, spécialement chargée des questions disciplinaires, composée, en ce moment, de 7 membres, nommés par le Ministre, et présidée par le directeur (Arr. min. Cultes, 5 déc. 1866).

Professeurs. 4. A part l'enseignement théologique, qui est donné par les professeurs de la Faculté, il a été organisé tout récemment par le Ministre un enseignement qui est donné par des professeurs étrangers à la Faculté et qui consiste en des conférences sur la physique, la botanique, l'hygiène, les principes du droit, les moralistes latins, la littérature française, l'art oratoire et la musique. Ces conférences sont respectivement obligatoires pour certaines séries d'étudiants internes; elles sont facultatives pour les étudiants externes.

Élèves. 5. Pour être admis au Séminaire, il faut être inscrit sur les registres de la Faculté.

6. Tout élève doit passer deux années dans la section

préparatoire à la théologie; il ne peut entrer en théologie qu'après avoir satisfait à un examen dit *d'ascension*. Toutefois il est loisible de se présenter à cet examen au bout de la première année d'études préparatoires. En cas de succès, on est admis, dès ce moment, en théologie.

7. Tous les examens sont faits par la Faculté; il ne s'en fait point dans l'intérieur du Séminaire.

8. Chaque élève est placé sous le patronage d'un des membres de la commission de patronage et sous la surveillance générale du directeur. La commission se réunit tous les mois en séance ordinaire et connaît de tous les faits qui intéressent le travail et la conduite des élèves.

9. Les mesures disciplinaires suivantes peuvent être prononcées contre les élèves : 1° l'avertissement par le directeur, sauf à rendre compte à la commission; 2° la censure, par la commission réunie; 3° la privation, temporaire ou définitive, de la bourse ou demi-bourse par le Ministre, sur la proposition de la commission (V. n° 34); 4° l'exclusion du Séminaire. La perte définitive de la bourse ou demibourse entraîne l'exclusion du Séminaire et réciproquement.

10. Les heures de sortie et de rentrée des élèves internes sont déterminées par l'autorité; toute infraction expose à une privation de sortie qui ne peut excéder huit jours, et, en cas de récidive, à l'exclusion du Séminaire, sauf recours au Ministre.

11. Il est interdit aux étudiants : 1° de faire loger leurs parents ou amis dans le Séminaire ou de leur y faire prendre leurs repas; 2° de se former en réunion délibérante, d'agir ou d'écrire en nom collectif.

12. Les diverses dispositions rappelées aux n°s 8 à 11 sont extraites d'un arrêté ministériel du 30 octobre 1867.

§ 2. *Strasbourg* (Communion de la Confession d'Augsbourg).

13. Le 30 floréal an XI, le premier Consul a approuvé l'établissement à Strasbourg, pour les protestants de la Confession d'Augsbourg, de l'une des académies déterminées par l'article 9 de la loi du 8 germinal an X; les articles organiques de cette Académie, pour laquelle le nom de Séminaire ne tarda pas à prévaloir en pratique, sont ainsi conçus: « I. Il y aura à Strasbourg une des académies protestantes déterminées par l'article 9 du titre Ier des articles organiques sur les cultes protestants de la Confession d'Augsbourg. — II. Les fondations de l'Académie, du Gymnase, des Bourses, Bibliothèques et Bâtiments de l'ancienne Académie seront affectées à cette Académie. — III. Les charges dont ces fondations étaient grevées précédemment continueront à être acquittées. — IV. L'Académie sera subordonnée au Directoire du consistoire général de Strasbourg. — V. Les professeurs de l'Académie seront réduits et fixés au nombre de dix après les deux premières vacances. — VI. Le président du Consistoire général est directeur-né de l'Académie et participera, en cette qualité, aux revenus de la fondation de Saint-Thomas. » Suivent deux articles relatifs à la nomination des professeurs et modifiés depuis, tant à raison de la législation sur les grands séminaires catholiques qu'en suite des dispositions du décret organique du 26 mars 1852, sur ce point spécial.

A. Le Séminaire protestant considéré comme administrateur des fondations protestantes.

14. En vertu de l'article 2 du décret du 30 floréal an XI, le Séminaire, c'est-à-dire ses dix professeurs titulaires, sous

la présidence du président du Directoire, administre les diverses fondations qui existaient avant la Révolution au profit de l'ancienne Université protestante et pourvoit aux diverses charges dont elles étaient grevées. Ces fondations sont de deux natures : les unes, connues sous le nom de *grandes fondations*, sont administrées directement et exclusivement par le Séminaire ; ce sont : 1° la fondation de *Saint-Thomas*, qui pourvoit à l'entretien de tous les bâtiments et presbytères dépendants de l'ancienne collégiale de ce nom, au traitement de tous les professeurs et du directeur-né du Séminaire, au traitement (à la décharge de l'État) de trois des pasteurs de Strasbourg et à une série d'autres dépenses d'intérêt collectif pour les établissements d'instruction protestants; 2° la fondation de *Saint-Guillaume*, dont les revenus sont affectés à l'entretien de l'internat du Séminaire, ou pensionnat de Saint-Guillaume; 3° et 4° les fondations de la *haute-école* et du *corps des pensions*, auxquelles incombent les frais d'administration et d'entretien du Gymnase (bâtiments, professeurs, direction); 5° la fondation *Hoppé*, spécialement affectée à l'entretien de la bibliothèque du Séminaire. Les autres, connues sous le nom de *petites fondations*, sont au nombre de treize et administrées par le Séminaire, avec l'assistance de commissions spéciales généralement instituées par les testateurs; elles ont exclusivement pour but l'allocation de bourses à des élèves du Gymnase ou à des étudiants en théologie, en droit ou en médecine (ces deux dernières Facultés étaient représentées, comme celles de théologie et de philosophie, dans l'ancienne Université); les principales sont les fondations *Schenckbecher*, *Schmutz*, *Goll*, *Frid*, *Reisseissen*, *Marc Otto*, etc.

15. Le Séminaire, au point de vue de cette administration, peut être très-exactement assimilé à un consistoire; il

est soumis aux mêmes règles de gestion et de contrôle et jouit des mêmes attributions. Son receveur lui présente chaque année, pour chaque fondation, le budget et le compte; une commission, dite *des finances*, soumet les pièces à un premier examen; puis le Séminaire délibère en corps, et sa délibération n'est valable qu'après approbation du Directoire. Le Consistoire supérieur exerce sur cette comptabilité la même surveillance que sur celle des églises. Nulle dépense ne peut être faite qu'après due approbation, en les formes prescrites pour les conseils presbytéraux et consistoires. (V. *Budgets, Comptabilité ecclésiastique, Comptes, Receveurs*, etc.) On trouvera les détails les plus précis sur l'administration financière du Séminaire dans le remarquable rapport présenté au Consistoire supérieur, en 1864, par M. Küss, l'un de ses membres, au nom de la commission de comptabilité de cette haute assemblée (R. xx, 135).

B. Le Séminaire protestant considéré comme établissement d'instruction.

Professeurs. 16. Le Séminaire comprend dix professeurs titulaires et un certain nombre de professeurs extraordinaires ou agrégés, qui sont nommés, sur sa proposition, par le Directoire (D. 11). Aucun grade universitaire n'est exigé des professeurs. Leur enseignement comprend la théologie, — il complète, sur ce point, celui de la Faculté, — l'histoire générale, la littérature grecque, la littérature latine, la philosophie, l'histoire de la philosophie, les langues hébraïque et allemande, etc.

Élèves. 17. Pour être admis comme élève du Séminaire, il faut produire les pièces suivantes : 1° acte de naissance; 2° certificat d'assiduité et de bonne conduite, délivré par le chef de l'établissement où l'on a fait ses études préliminaires; 3° délibération du consistoire constatant la moralité de l'impétrant; 4° diplôme de bachelier ès lettres (D. 9 avril 1809, 1); les jeunes gens qui ne sont pas pourvus de ce grade ne peuvent être inscrits qu'à titre provisoire et en suite d'un examen d'admission; 5° si l'on est mineur, consentement des parents ou du tuteur à ce qu'on se voue au ministère ecclésiastique.

18. Tout élève du Séminaire doit passer, au moins, une année dans la section philologique ou préparatoire; il n'est admis dans la section théologique qu'après avoir satisfait à un examen, dit *d'ascension*, dont dispense seul le diplôme de licencié ès lettres. (V. *Facultés*, n° 10.)

19. Les études, dans la section théologique, comprennent trois années; les élèves subissent, de six en six mois, des examens sur les cours professés pendant le semestre, et, à la fin du cycle triennal, un examen général, connu sous le nom d'examen *pro ministerio*. (V. *Candidats au saint ministère*.) Quant aux grades, la collation en est réservée à la Faculté; mais les règlements du Séminaire même astreignent les élèves parvenus au terme de leurs études à prendre sans délai le grade de bachelier ou à demander une dispense, à peine d'être considérés et signalés à l'autorité militaire comme ayant renoncé à la carrière théologique (Arr. Sémin. app. Dir. 13 mars 1839, R. I, 146). [V. ci-dessous, n° 30.]

20. Chaque élève est placé sous le patronage spécial de l'un des professeurs. Tous les six mois, les professeurs se réunissent en commission et arrêtent, sur la conduite et les progrès de l'élève, des notes qui sont adressées à ses parents et à son consistoire.

21. Les élèves dont la conduite ou la tenue laisserait à désirer sont passibles de peines disciplinaires prononcées,

suivant leur gravité, par le Séminaire ou par le Directoire.

22. Ils sont astreints à se loger soit au pensionnat de Saint-Guillaume, soit, tout au moins, dans une maison agréée par le Séminaire; les boursiers n'ont pas le choix. (V. ci-dessous, n°s 24 à 26 et 32 à 40.)

23. Nous renvoyons, sur les six derniers numéros, au *Règlement sur la discipline et les études du Séminaire*, arrêté en séance du Consistoire supérieur du 23 octobre 1855 (R. XIV, 75). [V. en outre, *Autorisation de monter en chaire*, *Consécration*, etc.]

Pensionnat de Saint-Guillaume. 24. Au Séminaire est annexé un *internat*, dont le séjour est obligatoire pour les élèves boursiers (Ord. roy. 13 févr. 1838, R. I, 164) et facultatif pour les autres. Cet internat est installé dans les bâtiments mêmes où se font les cours du Séminaire et de la Faculté.

25. L'internat a un directeur et un sous-directeur, nommés tous deux par le Directoire, sur la proposition du Séminaire. Ils sont assistés d'une *commission consultative*, composée, sous la présidence d'un professeur du Séminaire, de trois membres ecclésiastiques et de trois membres laïques, nommés en la même forme que les directeurs (Arr. Consist. sup. 24 oct. 1853, R. XI, 75).

26. Les dépenses sont couvertes : 1° par le revenu des biens de la fondation de Saint-Guillaume, qui donne son nom à l'établissement; 2° par une prestation servie par la ville de Strasbourg en vertu d'une ancienne convention; 3° par une collecte spéciale, dite *Studiensteuer*, qui, depuis un temps immémorial, se fait chaque année dans les diverses paroisses de l'Église de la Confession d'Augsbourg au profit de l'internat (V. Arr. dir. 1809, 1816, 1820, 1824, etc.); 4° par les pensions payées par les élèves, ou, à leur décharge, par le Gouvernement ou diverses fondations particulières (Marc Otto, Hartlieb-Kurtzlieb, Goll, etc.).

Prix. 27. Diverses fondations spéciales ont pour objet la création de prix périodiques décernés au concours (Schübler, Spener, Kreiss, etc.). La plus importante est celle de M. Schmutz, qui permet de décerner tous les trois ans un prix de 3,000 fr. à l'élève en cours d'études, ou les ayant achevées depuis moins de trois ans, qui fournit le meilleur travail sur un sujet de théologie ou d'histoire ecclésiastique proposé par le Séminaire.

§ 3. *Dispositions communes aux élèves des deux Séminaires.*

28. Les élèves des séminaires protestants jouissent, en vertu des lois et règlements, de plusieurs prérogatives importantes : 1° dispense des frais du baccalauréat ès lettres; 2° exemption du service militaire; 3° collation de bourses.

Dispense des frais de l'examen du baccalauréat ès lettres. 29. Sur la justification de leur inscription sur les registres du Séminaire et de leur vocation ecclésiastique, ils sont dispensés de ces frais, et, s'ils en ont fait l'avance, ils en obtiennent le remboursement, pourvu qu'ils se pourvoient avant la clôture de l'exercice pendant lequel ils avaient effectué le versement. (V. *Baccalauréat ès lettres.*)

Exemption du service militaire. 30. Les séminaristes sont exemptés du service militaire (L. 21 mars 1832, 14), à charge de justifier, par un certificat du doyen de la Faculté de théologie, visé par le préfet pour légalisation de la signature, qu'ils se destinent au ministère du culte et qu'ils sont en cours d'études, et sous la condition d'être consacrés dans le délai d'un an après leur 25e année révolue ou la date de la dispense d'âge qu'ils auront obtenue. Faute par eux de satisfaire à cette condition, ils seraient tenus d'accomplir le temps de service militaire prescrit par la loi. Pour assurer l'exécution de ces dispositions, les préfets tiennent un état exact des jeunes élèves du culte auquel il a été accordé provisoirement des dispenses de service militaire et s'enquièrent chaque année, auprès de l'autorité ecclésiastique, de la position des dispensés. De leur côté, les élèves qui renoncent au saint ministère sont tenus, à peine d'être poursuivis comme insoumis, « d'en faire la déclaration au maire de la commune dans l'année où ils auront cessé leurs études, et de retirer expédition de leur déclaration » (même loi). Enfin, en cas, soit de renonciation bénévole, soit de radiation disciplinaire, l'autorité ecclésiastique est également tenue de notifier tout de suite au préfet du département au contingent duquel les élèves appartiendraient, les noms de ceux qui cessent d'avoir droit à la dispense (Circ. min. Cultes, 19 juin 1832).

31. Les séminaristes exemptés du service militaire à ce titre et qui sont considérés comme ayant satisfait à l'appel, sont également exempts du service de la garde nationale mobile. Ceux, au contraire, que le sort a laissés en dehors du contingent, ou qui ont été dispensés pour l'une des raisons de famille indiquées à l'article 13 (3° à 7°) de la loi de 1832, « font partie, en principe, de la garde nationale mobile; ils ont donc à invoquer le bénéfice des articles 4, 14 et 16 de la loi du 1er février 1868, combinés avec l'article 14 de la loi de 1832, qui chargent les conseils de révision de dispenser de ce service les élèves des grands séminaires, régulièrement autorisés à continuer leurs études ecclésiastiques » (Circ. min. Cultes, 25 févr. 1868).

Bourses. 32. Le Gouvernement a créé, au profit des élèves en théologie protestante, 30 bourses de 400 fr. et 60 demi-bourses de 200 fr., qui se répartissent de la manière suivante entre les deux communions : *élèves réformés*, 14 bourses et 28 demi-bourses à Montauban, 4 bourses et 8 demi-bourses à

Strasbourg; *élèves de la Confession d'Augsbourg*, 12 bourses et 24 demi-bourses à Strasbourg (Ord. roy. 31 juill. 1821).

33. Les bourses sont réservées aux élèves en cours d'études théologiques proprement dites (Circ. min. Int. 27 avril 1820); pour les demi-bourses, par lesquelles on doit toujours débuter, cette règle est moins strictement appliquée. La jouissance cesse de plein droit à l'expiration de la troisième année d'inscription des titulaires en théologie, le 30 juin ou le 31 décembre, suivant qu'ils auront été admis en théologie dans le deuxième ou dans le premier semestre de leur première année. En conséquence, les présentations doivent être faites dans le courant des mois de mai et de novembre de chaque année (Arr. min. Cultes, 2 nov. 1846). Le payement court de la date du décret impérial qui nomme aux bourses vacantes (Ord. roy. 2 nov. 1835), ou, si le décret est antérieur à la vacance effective de la bourse, du jour où cesse le droit du précédent titulaire.

34. Un élève qui quitterait temporairement la Faculté pour autre cause que maladie perdrait la bourse dont il est titulaire (Décis. min. 16 déc. 1857). La bourse ou demi-bourse peut aussi être temporairement retirée « à l'élève qui, par suite d'examens refusés, aura perdu deux inscriptions, ou dont l'examen aura été ajourné par mesure disciplinaire; elle est retirée définitivement lorsque l'élève échoue une seconde fois aux mêmes examens ». (V. n° 9.) [Arr. min. Cultes, 5 déc. 1866.] En revanche, le Ministre se réserve d'accorder, s'il y a lieu et sur demande motivée, une prolongation d'un semestre aux élèves qui n'auraient pas terminé leurs cours d'études dans les délais indiqués au numéro précédent (Arr. min. Cultes, 2 nov. 1846).

35. Les aspirants à une bourse ou à une demi-bourse doivent produire trois pièces : 1° leur diplôme de bachelier

ès lettres ou un certificat en tenant lieu (Circ. min. Int. 27 avril 1820); 2° une délibération du consistoire auquel ils appartiennent, attestant leur vocation ecclésiastique et donnant les renseignements nécessaires sur « la profession et le nombre d'enfants des père et mère »; 3° « un extrait certifié des contributions que payent les père et mère, le bienfait ne devant profiter qu'à ceux dont les parents sont dans l'impossibilité de supporter les frais qu'entraînent les études théologiques » (Circ. min. Int. 24 août 1821). Ces pièces doivent parvenir au Ministre des cultes, par l'entremise du préfet du département de l'impétrant (Circ. min. Int. 18 sept. 1823), mais elles peuvent être envoyées par le consistoire qui a délibéré, soit directement au préfet, soit à la Faculté, qui, dans ce cas, les joint à ses propositions. Dans l'Église de la Confession d'Augsbourg, la règle est qu'elles soient adressées au Directoire, qui les transmet au Séminaire (Circ. dir. 7 août 1846, R. IV, 37).

36. Le droit de présentation appartient, à Montauban, à la Faculté; à Strasbourg, au Séminaire pour les élèves de la Confession d'Augsbourg, et au consistoire de l'Église réformée pour les élèves de cette communion. Ces corps dressent, dans le courant des mois de mai et de novembre, en vue des bourses ou demi-bourses qui deviendront vacantes à la fin du semestre, un état général des jeunes gens qui aspirent à cette faveur et l'envoient au Ministre, par l'entremise du préfet (et du Directoire, pour la Confession d'Augsbourg).

37. Les mandats de payement sont délivrés par le préfet, au vu d'un état dressé à la fin de chaque trimestre par le directeur du Séminaire, ou par le président du consistoire réformé de Strasbourg, suivant les catégories de boursiers, en double expédition, dont l'une sur papier timbré.

38. Indépendamment des bourses impériales, les élèves

du Séminaire de Strasbourg jouissent de bourses ou de subventions prélevées sur les revenus de diverses fondations ayant cette affectation spéciale et sur le produit des collectes faites en leur faveur dans les églises du ressort (voy. n° 26); l'importance de ces subventions est déterminée pour chacun d'eux par le Séminaire au prorata de leurs besoins. Le produit de toutes ces bourses ou subventions est versé directement à la recette du Séminaire au crédit du compte de chaque pensionnaire, et porté en déduction du prix de la pension. Si l'élève, ayant achevé ses études, quitte l'internat avant d'être arrivé au terme de la jouissance de sa bourse, il lui est tenu compte de ce qui peut lui rester personnellement dû de ce chef.

39. Le Conseil général du département de Tarn-et-Garonne a fondé au Séminaire de Montauban huit demi-bourses pour les élèves de ce département.

40. Tous les boursiers et demi-boursiers, quelle que soit la provenance de la bourse, sont astreints à loger au Séminaire (Ord. roy. 13 févr. 1838), tant à Montauban qu'à Strasbourg.

SÉPULTURE. — V. *Cimetières, Inhumations.*

SIMULTANÉUM. 1. D'après l'article 46 de la loi organique du 18 germinal an X sur le culte catholique, le même temple ne doit être consacré qu'à un seul culte. Toutefois ce principe est encore soumis, surtout dans l'Est de la France, à d'assez nombreuses dérogations: les catholiques et les protestants célèbrent leurs offices dans le même édifice, et l'usage local ou des règlements exprès y déterminent leurs droits respectifs.

2. « Le maintien du *statu quo* est, relativement à l'usage du simultanéum et à la manière dont il se pratique, le prin-

cipe auquel s'attache le Gouvernement» (Dép. min. Cultes, 16 mai 1843, R. II, 131). En conséquence, « aucun changement, aucune modification dans l'usage du simultanéum et dans la disposition intérieure des églises mixtes ne seront entrepris, sans que la demande en ait été adressée par les curés ou desservants à l'archevêque ou à l'évêque diocésain et par les pasteurs protestants au Directoire de la Confession d'Augsbourg, ou à leurs consistoires respectifs, pour le culte réformé : l'archevêque ou l'évêque, le Directoire ou les consistoires, transmettront ces demandes au préfet, qui devra en référer au Ministre des cultes pour être définitivement ordonné par le Ministre ce qu'il appartiendra, après une instruction préalable dans laquelle auront été provoqués les observations ou contredits de l'archevêque, de l'évêque, du Directoire ou du consistoire, suivant les cas » (Arr. min. Cultes, 22 avril 1843, R. II, 129).

SOCIÉTÉS DE L'ÉMÉRITAT, DE SECOURS, etc. — V. *Caisses de prévoyance.*

SUBVENTIONS. — V. *Secours.*

SUFFRAGANTS. — V. *Ecclésiastiques auxiliaires.*

SUFFRAGE PAROISSIAL. — V. *Élections.*

SUPPLÉMENTS DE TRAITEMENT. — V. *Traitement*, n° 9.

SURVEILLANCE DES ÉDIFICES RELIGIEUX. — V. *Édifices religieux*, § 4; *Employés subalternes des églises.*

SYNODES. — V. *Introduction*, p. 9.

T

Temples. — V. *Édifices religieux, Simultanéum.*

Timbre. « Aux termes du décret du 4 messidor an XIII (R. ii, 127), les dépositaires des registres et minutes d'actes concernant l'administration temporelle et extérieure des hospices, fabriques d'église, chapitres des églises, et de tous autres établissements publics sont tenus de communiquer ces actes et registres, sans déplacement, à toute réquisition, aux préposés de l'enregistrement, afin que ceux-ci puissent s'assurer de l'exécution des lois sur l'enregistrement et le timbre. Un autre décret, du 30 décembre 1809, a exempté du timbre les registres des fabriques; mais il a été reconnu, par une décision du 12 mars 1827, que les actes des fabriques de la nature de ceux désignés dans l'article 78 de la loi du 15 mai 1818 (actes translatifs de propriété ou de jouissance; adjudications ou marchés; cautionnements relatifs à ces actes), le double des comptes des trésoriers de ces établissements et les quittances à l'appui, lorsqu'elles excèdent dix francs, ont continué à être assujettis au timbre. Par conséquent, le décret du 4 messidor an XIII n'a pas cessé d'être en vigueur relativement à ces actes et pièces de comptabilité. Mais, par des considérations particulières, M. le Ministre de l'instruction publique et des cultes a demandé que les vérifications qu'autorise le décret du 4 messidor an XIII, fussent suspendues à l'égard tant des grands et petits séminaires que des fabriques, et S. Exc. le Ministre des finances a adhéré à cette demande par décision du 16 septembre 1858. En conséquence, les préposés s'abstiendront, jusqu'à nouvel ordre, de faire les vérifications dont il s'agit dans les établissements placés sous la surveillance et l'autorité des évêques» (Instr. aux préposés de l'adm. de l'enregistrement, 28 sept. 1858, n° 2231). Nous estimons que, conformément à l'assimilation généralement admise en matière de comptabilité ecclésiastique, les établissements placés sous la surveillance et l'autorité des consistoires protestants et du Directoire sont fondés à se prévaloir de la même décision.

Traitement pastoral.

§ 1. *Taux et fixation du traitement.*

1. «Le traitement des pasteurs des églises protestantes est réglé d'après la population des communes dans lesquelles ils exerceront leur ministère» (Arr. consul. 15 germ. an XII, 1). Ils se divisent, à ce point de vue, en trois classes (non compris ceux de Paris, qui sont hors classe), suivant que le chef-lieu de leur paroisse compte une population totale de plus de 30,000 habitants, de plus de 5,000, ou de moins de 5,000; les premiers touchent, par an, 2,100 fr., les seconds 1,900 fr., les troisièmes 1,600 fr. (même Arr., mod. Ord. roy. 22 mars 1827, 12 oct. 1842; D. 20 oct. 1863).

2. Le traitement des pasteurs court du jour où le Chef de l'État a confirmé leur nomination (même Arr., 4), si leur

installation a lieu dans le délai d'un mois à partir de la confirmation; sinon, il ne court que du jour de l'installation (Circ. min. 29 oct. 1832 et 5 sept. 1840; Règl. min. sur la compt. des cultes, 31 déc. 1841, 213). Aussi le procès-verbal de l'installation doit-il être adressé au préfet chargé de mandater le traitement. (V. *Installation.*)

3. « Est imputée sur le traitement des pasteurs, la portion applicable à leur rétribution, du revenu des biens dont la loi a conservé la propriété aux églises protestantes dans les départements du Doubs, du Bas-Rhin, du Haut-Rhin et des Vosges (G. VII). Aucun traitement n'est payé quand le taux en est égal ou inférieur au revenu conservé. L'évaluation du revenu des biens curiaux et de fabriques, ainsi que la fixation de la part applicable aux traitements, sont arrêtées par le Ministre, sur la proposition des préfets, et sur l'avis du Directoire de la Confession d'Augsbourg et des consistoires réformés » (même Règl. min., 214).

§ 2. *Mode de payement.*

4. « Le traitement des pasteurs est insaisissable » (Arr. consul. 18 nivôse an XI, 1; 15 germ. an XII, 6). Il ne peut être acquitté que sur leur quittance personnelle (Instr. min. Cultes, 1806; DEBRAY, *Annales admin.*, p. 149).

5. Il est payable par trimestre, sur un mandat de payement délivré par le préfet, visé par le trésorier-payeur général du département, et dont le montant peut être perçu à la caisse soit de ce comptable, soit de tout percepteur des contributions directes. Tout mandat non acquitté avant le 31 octobre de la seconde année de l'exercice est périmé, et l'ecclésiastique retardataire ne pourrait en obtenir le montant que grâce à un réordonnancement, et au prix de

très-longues formalités. En matière de traitement, le mois est toujours censé de 30 jours, et le trimestre de 90.

6. Les mandats sont délivrés par le préfet au vu d'un état qui lui est transmis, le dernier jour du trimestre, par les présidents de consistoire, dans l'Église réformée; par le Directoire, dans l'Église de la Confession d'Augsbourg. Cet état, suivant l'usage local, indique, à chaque trimestre, soit la liste complète des ayants droit du ressort et du département, ainsi que des sommes respectives qui leur reviennent, soit, tout simplement, les changements qui peuvent être survenus dans le personnel et les décomptes auxquels ils donnent lieu, s'en référant pour le surplus aux états précédents. Il est toujours dressé sur papier libre, en double expédition, et signé, dans l'Église réformée, par le président et le secrétaire du consistoire; dans l'Église de la Confession d'Augsbourg, par le président du Directoire.

7. En cas de perte d'un mandat, il faut, pour en obtenir un duplicata, adresser au préfet, par la voie hiérarchique (ecclésiastique), une déclaration sur papier timbré ainsi conçue: « Je soussigné (nom, prénoms et qualités) déclare avoir perdu le mandat qui m'a été délivré, sur l'ordonnance de S. Exc. M. le Ministre des cultes, par M. le préfet d. . . . le . . . . 18 , de la somme de . . . fr., formant le montant de mon traitement du trimestre 18 , et demande qu'il m'en soit délivré un autre pour duplicata, me soumettant à rapporter le premier s'il venait à se retrouver, et, dans le cas où il aurait été payé par toute autre caisse du Gouvernement que par celle du trésorier-payeur général, à en réintégrer le montant au Trésor public. A... le....» (et la signature). A cette pièce doit être joint un certificat du percepteur de la résidence, et du trésorier-payeur général, constatant qu'ils n'ont point acquitté le mandat adiré.

8. En cas de décès d'un pasteur, la portion de son trai-

tement échue depuis le commencement du trimestre jusqu'au jour du décès est mandatée au nom de ses héritiers, à charge par eux de justifier de leurs droits, mais payable à la caisse du trésorier général seulement.

§ 3. *Supplément de traitement.*

9. Les communes sont autorisées à accorder aux pasteurs des suppléments de traitement; l'article 2 du décret du 5 mai 1806 porte: «Les suppléments de traitement qu'il y aurait lieu d'accorder aux ministres du culte protestant,.... seront également à la charge des communes, lorsque la nécessité de venir au secours des églises sera constatée.» — «Ces suppléments, en général, ne devraient pas excéder la moitié du traitement qui leur est assigné sur les fonds de l'État» (Circ. min. Int. 18 mai 1818).

§ 4. *Transactions entre un pasteur et son successeur au sujet du traitement attaché aux fonctions.*

10. Il est interdit, soit à un consistoire qui a à pourvoir à une vacance, soit à un pasteur qui songerait à se démettre de ses fonctions, de poser aux aspirants à la place, la condition préalable qu'ils renoncent à une partie de leurs émoluments au profit de la veuve ou des enfants de leur prédécesseur, ou au profit de ce prédécesseur lui-même. Le traitement attaché à une place de pasteur ne peut être grevé d'aucune charge, même du consentement du nouveau titulaire: «si de semblables arrangements n'étaient pas sévèrement proscrits, ils dégénéreraient bientôt en un trafic, le plus condamnable de tous, celui du ministère religieux» (Circ. min. Cultes, 21 déc. 1839, R. I, 183).

U

Usufruit des biens curiaux. 1. Dans les paroisses où il existe des biens-fonds ou des rentes affectés au traitement des ministres du culte (G. vii), les pasteurs ont, à l'égard de ces biens et de ces rentes, les droits et les obligations que le Code Napoléon, expliqué et modifié par un décret spécial du 6 novembre 1813, attache à la qualité d'usufruitiers (D. 6 nov. 1813, 6); il en est de même, sauf les modifications que nous indiquerons (V. n° 13), de leur presbytère et du jardin y attenant.

2. Ils les gèrent, suivant les circonstances, par eux-mêmes ou, plus généralement, par l'entremise du receveur consistorial (V. *Biens curiaux*), sous la surveillance du conseil presbytéral (même D., 1; Arr. min. Cultes, 10 nov. 1852, 1).

§ 1. *Conditions générales de l'usufruit.*

3. Le pasteur usufruitier doit jouir des biens en bon père de famille, les entretenir avec soin et s'opposer à toute usurpation ou détérioration (même D., 7); il était même autrefois tenu de souscrire, au moment de sa prise de possession, une promesse formelle dans ce sens, par-devant le juge de paix; mais cette formalité est tombée en désuétude, parce qu'elle était dépourvue de toute sanction spéciale.

4. « Sont défendus aux titulaires et déclarés nuls toutes aliénations, échanges, stipulations d'hypothèques, concessions de servitudes et, en général, toutes dispositions opérant un changement dans la nature desdits biens, ou une diminution dans leurs produits », à moins que ces actes ne soient *autorisés par le Gouvernement en la forme accoutumée* (*ibid.*, 8), de l'avis des divers corps ecclésiastiques préposés à la conservation des biens.

5. Les titulaires, à moins d'y avoir été expressément autorisés, *ne doivent pas faire des baux de plus de neuf années*; s'il en a été fait, ces baux n'engagent le successeur que jusqu'à l'expiration de la période de neuf ans, commencée à l'époque de son entrée en fonctions (*ibid.*, 9; C. Nap., 1429). « Il *est défendu de stipuler des pots-de-vin* pour les baux des biens ecclésiastiques. Le successeur d'un titulaire qui aura pris un pot-de-vin aura la faculté de demander l'annulation du bail à compter de son entrée en jouissance, ou d'exercer son recours en indemnité, soit contre les héritiers ou représentants du titulaire, soit contre le fermier » (même D., 10).

6. « Les poursuites à fin de recouvrement des revenus seront faites par les titulaires à leurs frais et risques; ils ne pourront, néanmoins, soit plaider en demandant ou en défendant, soit même se désister, lorsqu'il s'agira de droits fonciers de la cure, sans l'autorisation du conseil de préfecture, auquel sera renvoyé l'avis du conseil de fabrique », c'est-à-dire du conseil presbytéral, du consistoire et du Directoire (*id.*, 14). Les frais des procès sont à la charge des cures; s'il y a des fonds disponibles, on les y emploie; sinon, le titulaire en fait l'avance jusqu'à concurrence du tiers du revenu curial, et, pour le surplus, se pourvoit auprès du Gouvernement en autorisation de contracter un emprunt ou d'aliéner une parcelle de terre; en

tout cas, il serait suppléé par le Trésor public à ce qui manquerait pour que le revenu restant au pasteur égalât le taux légal de son traitement (*id.*, 15 et 13).

§ 2. *Droits de l'usufruitier.*

7. « L'usufruitier a le droit de jouir de toute espèce de fruits, soit naturels, soit industriels, soit civils, que peut produire l'objet dont il a l'usufruit » (C. Nap., 582), c'est-à-dire du produit spontané de la terre, du produit et du croît des animaux, des fruits obtenus par culture, des loyers des maisons, des intérêts des sommes exigibles, des arrérages des rentes et du prix des baux à ferme (*id.*, 583, 584).

8. L'usufruitier ou ses héritiers ont droit « aux revenus de l'année courante » jusqu'au jour où l'usufruit a pris fin; le nouveau titulaire y a droit depuis le jour de la confirmation de sa nomination, pourvu qu'il soit installé dans le mois qui suit (D. 6 nov. 1813, 24). [V. *Traitement*, n° 2.] Les loyers de maisons, prix de baux à ferme, intérêts et arrérages divers, en un mot « tous les fruits civils sont réputés s'acquérir jour par jour, et appartiennent à l'usufruitier à proportion de la durée de son usufruit » (C. Nap., 586).

9. « Si l'usufruit comprend des bois taillis, l'usufruitier est tenu d'observer l'ordre et la quotité des coupes, conformément à l'aménagement ou à l'usage constant des propriétaires, sans indemnité toutefois, en faveur de l'usufruitier ou de ses héritiers, pour les coupes ordinaires, soit de taillis, soit de baliveaux, soit de futaies qu'il n'aurait pas faites pendant sa jouissance » (C. Nap., 590). Il profite, sous les mêmes conditions, « des parties de bois de haute futaie qui ont été mises en coupes réglées, soit que ces coupes se fassent périodiquement sur une certaine étendue

de terrain, soit qu'elles se fassent d'une certaine quantité d'arbres pris indistinctement sur toute la surface du domaine » (*id.*, 591). Enfin il peut prendre, « dans les bois, des échalas pour les vignes », et, « sur les arbres, des produits annuels ou périodiques, le tout suivant l'usage du pays ou la coutume des propriétaires » (*id.*, 593). [V. *Forêts.*] Quant au mode de jouissance des mines et carrières, dont, à notre connaissance, aucun ecclésiastique protestant n'est actuellement usufruitier en France, nous nous bornons à renvoyer à l'article 598 du Code Napoléon.

10. « Les arbres fruitiers qui meurent, ceux mêmes qui sont arrachés ou brisés par accident, appartiennent à l'usufruitier, à la charge de les remplacer par d'autres » (*id.*, 594). Il ne peut, en abandonnant ces arbres morts, se dispenser de les remplacer; il ne serait pas non plus quitte de son obligation pour avoir planté, tant bien que mal et pour la forme, un arbre qui souvent ne manque que par défaut de précautions suffisantes lors de la plantation.

11. D'après le Code Napoléon, l'usufruitier a le droit de donner à ferme les objets soumis à usufruit; il peut même vendre ou céder son droit d'usufruit (art. 595). Nous ne pensons pas que ce dernier droit puisse être reconnu aux pasteurs, dont le droit a une nature et une destination toutes spéciales. Quant au droit de donner à ferme, nous avons exposé plus haut que c'est même généralement pour les pasteurs une obligation réglementaire (Arr. Consist. sup. 22 oct. 1855, R. XIII, 73). [V. *Biens curiaux*, n°s 4 à 6.]

§ 3. *Obligations de l'usufruitier.*

12. L'usufruitier, au moment de son entrée en fonctions, doit faire dresser un état exact des biens dont il a la jouissance (C. Nap., 600). [V. *Biens curiaux*, n° 7.]

13. Il est tenu de toutes les réparations des biens dont il jouit, excepté à l'égard de son presbytère, où il n'est tenu qu'aux réparations locatives, les autres étant à la charge de la commune (D. 6 nov. 1813, 13 et 21). [V. *Édifices religieux*, § 3.] S'il s'agit de grosses réparations, on procède, pour réunir les ressources nécessaires, de la manière indiquée au n° 6 pour les frais de procès (*id.*, 13). Rentrent dans la catégorie des grosses réparations: « celles des gros murs et des voûtes, le rétablissement des poutres et des couvertures entières, celui des digues et des murs de soutènement et de clôture, aussi en entier; toutes les autres réparations sont d'entretien » (C. Nap., 606).

14. « L'usufruitier est tenu, pendant sa jouissance, de toutes les charges annuelles de l'héritage, telles que les contributions et autres qui, dans l'usage, sont censées charges des fruits » (C. Nap., 608). Pour la taxe de mainmorte, qui n'est pas, à proprement parler, une charge des fruits, mais une contribution représentative des droits de mutation, le Directoire admet que les caisses d'église la payent à la décharge de l'usufruitier; il accorde même, lorsque les ressources le permettent, une tolérance semblable pour la contribution des portes et fenêtres (R. III, 117 et suiv., VI, 134). [V. *Contributions*, n° 2.] Mais les frais de garde ou d'exploitation rentrent au premier chef parmi ceux qui incombent à l'usufruitier en vertu de l'adage: *Eum sequi debent incommoda quem sequuntur commoda.*

§ 4. *Décomptes entre deux usufruitiers successifs ou leurs ayants cause.*

15. D'après le droit commun, il n'y a pas matière à décompte entre l'usufruitier et le propriétaire au moment où l'usufruit prend fin. L'article 585 du Code Napoléon stipule que les fruits pendant par branches ou par racines au mo-

ment où l'usufruit est ouvert appartiennent à l'usufruitier, et que ceux qui sont dans le même état au moment où finit l'usufruit appartiennent au propriétaire, sans récompense de part ni d'autre des labours et des semences. D'autre part, d'après l'article 599, l'usufruitier ne peut, à la cessation de l'usufruit, réclamer aucune indemnité pour les améliorations qu'il prétendrait avoir faites, encore que la valeur de la chose en fût augmentée. Cette dernière disposition, qui s'explique par cette considération que l'usufruitier a fait bénévolement les améliorations et qu'il a été le premier à en profiter, est parfaitement applicable entre pasteurs : le successeur ne peut être recherché d'aucune façon par les ayants cause de l'usufruitier précédent, à raison des améliorations que ce dernier aurait jugé à propos de faire à ses frais et risques. (V. *Traitement*, n° 10.) Mais il en est autrement, à notre avis, des frais de semences et de labour. Comme, d'après le décret spécial du 6 novembre 1813, *tous* les émoluments de la cure (et non pas seulement les fruits civils) se répartissent entre les deux titulaires successifs en proportion de la durée de leurs services pendant le cours de l'année, et que, par conséquent, la valeur des fruits pendant par branches et racines se répartit entre eux dans ladite proportion, il est juste que les impenses corrélatives se partagent aussi proportionnellement, en vertu de l'adage rappelé à la fin du n° 14. Il est donc de règle, dans l'Église de la Confession d'Augsbourg, que le consistoire où s'est produite une vacance arrête les bases d'un décompte, sous l'approbation du Directoire, si les deux parties intéressées ne se sont pas, au préalable, entendues amiablement.

V

Vacance de cures. — V. *Cures vacantes.*

Venia concionandi. — V. *Autorisation de monter en chaire.*

Ventes d'immeubles. — V. *Aliénation d'immeubles.*

Veuves de pasteurs. — V. *Caisses de prévoyance, Secours du Gouvernement.*

Vicaires. — V. *Ecclésiastiques auxiliaires.*

Vicariat obligatoire. — V. *Pasteurs,* n° 2.

APPENDICE.

PREMIÈRE PARTIE.

LOIS, DÉCRETS, ARRÊTÉS ET CIRCULAIRES MINISTÉRIELS

LES PLUS IMPORTANTS SUR L'ORGANISATION ET L'ADMINISTRATION DES CULTES PROTESTANTS EN FRANCE.

I.

LOI DU 18 GERMINAL AN X.

ARTICLES ORGANIQUES DES CULTES PROTESTANTS.

TITRE PREMIER.

Dispositions générales pour toutes les communions protestantes.

ART. Ier. Nul ne pourra exercer les fonctions du culte, s'il n'est Français.

II. Les églises protestantes ni leurs ministres ne pourront avoir des relations avec aucune puissance ni autorité étrangère.

III. Les pasteurs et les ministres des diverses communions protestantes prieront et feront prier, dans la récitation de leurs offices, pour la prospérité de la République française et pour les Consuls.

IV. Aucune décision doctrinale ou dogmatique, aucun formulaire sous le titre de *confession*, ou sous tout autre titre, ne pourront être publiés ou devenir la matière de l'enseignement, avant que le Gouvernement en ait autorisé la publication ou promulgation.

V. Aucun changement dans la discipline n'aura lieu sans la même autorisation.

VI. Le Conseil d'État connaîtra de toutes les entreprises des ministres du culte et de toutes dissensions qui pourront s'élever entre ces ministres.

VII. Il sera pourvu au traitement des pasteurs des églises consistoriales; bien entendu qu'on imputera sur ce traitement les biens que ces églises possèdent et le produit des oblations établies par l'usage ou par des règlements.

VIII. Les dispositions portées par les articles organiques du culte catholique, sur la liberté des fondations et sur la nature des biens qui peuvent en être l'objet, seront communes aux églises protestantes.

IX. Il y aura deux académies ou séminaires dans l'Est de la France pour l'instruction des ministres de la Confession d'Augsbourg.

X. Il y aura un séminaire à Genève pour l'instruction des ministres des églises réformées.

XI. Les professeurs de toutes les académies ou séminaires seront nommés par le premier Consul.

XII. Nul ne pourra être élu ministre ou pasteur d'une église de la Confession d'Augsbourg, s'il n'a étudié pendant un temps déterminé dans un des séminaires français destinés à l'instruction des ministres de cette confession, et s'il ne rapporte un certificat en bonne forme constatant son temps d'étude, sa capacité et ses bonnes mœurs.

XIII. On ne pourra être élu ministre ou pasteur d'une église réformée, sans avoir étudié dans le séminaire de Genève, et si on ne rapporte un certificat dans la forme énoncée dans l'article précédent.

XIV. Les règlements sur l'administration et la police intérieure des séminaires, sur le nombre et la qualité des professeurs, sur la manière d'enseigner et sur les objets d'enseignement, ainsi que sur la forme des certificats ou attestations d'étude, de bonne conduite et de capacité, seront approuvés par le Gouvernement.

TITRE II.

Des églises réformées.

Section 1re. — *De l'organisation générale de ces églises.*

XV. Les églises réformées de France auront des pasteurs, des consistoires locaux et des synodes.

XVI. Il y aura une église consistoriale par six mille âmes de la même communion.

XVII. Cinq églises consistoriales formeront l'arrondissement d'un synode.

Section 2. — *Des pasteurs et des consistoires locaux.*

XVIII. Le consistoire de chaque église sera composé du pasteur ou des pasteurs desservant cette église, et d'anciens ou notables laïques, choisis parmi les citoyens les plus imposés au rôle des contributions directes. Le nombre de ces notables ne pourra être au-dessous de six, ni au-dessus de douze.

XIX. Le nombre des ministres ou pasteurs dans une même église consistoriale ne pourra être augmenté sans l'autorisation du Gouvernement.

XX. Les consistoires veilleront au maintien de la discipline, à l'administration des biens de l'église et à celle des deniers provenant des aumônes.

XXI. Les assemblées des consistoires seront présidées par le pasteur ou par le plus ancien des pasteurs. Un des anciens ou notables remplira les fonctions de secrétaire.

XXII. Les assemblées ordinaires des consistoires continueront de se tenir aux jours marqués par l'usage.

Les assemblées extraordinaires ne pourront avoir lieu sans la permission du sous-préfet, ou du maire en l'absence du sous-préfet.

XXIII. Tous les deux ans, les anciens du consistoire seront renouvelés par moitié. A cette époque, les anciens en exercice s'adjoindront un nombre égal de citoyens protestants, chefs de famille, et choisis parmi les plus imposés au rôle des contributions directes, de la commune où l'église consistoriale sera située, pour procéder au renouvellement. Les anciens sortants pourront être réélus.

XXIV. Dans les églises où il n'y a point de consistoire actuel, il en sera formé un. Tous les membres seront élus par la réunion des vingt-cinq chefs de famille protestants les plus imposés au rôle des contributions directes; cette réunion n'aura lieu qu'avec l'autorisation et en la présence du préfet ou du sous-préfet.

XXV. Les pasteurs ne pourront être destitués qu'à la charge de présenter les motifs de la destitution au Gouvernement, qui les approuvera ou les rejettera.

XXVI. En cas de décès, ou de démission volontaire, ou de destitution confirmée d'un pasteur, le consistoire, formé de la manière prescrite par l'article XVIII, choisira à la pluralité des voix pour le remplacer.

Le titre d'élection sera présenté au premier Consul par le conseiller d'État chargé de toutes les affaires concernant les cultes, pour avoir son approbation.

L'approbation donnée, il ne pourra exercer qu'après avoir prêté, entre les mains du préfet, le serment exigé des ministres du culte catholique.

XXVII. Tous les pasteurs actuellement en exercice sont provisoirement confirmés.

XXVIII. Aucune église ne pourra s'étendre d'un département dans un autre.

SECTION 3. — *Des synodes.*

XXIX. Chaque synode sera formé du pasteur ou d'un des pasteurs, et d'un ancien ou notable de chaque église.

XXX. Les synodes veilleront sur tout ce qui concerne la célébration du culte, l'enseignement de la doctrine et la conduite des affaires ecclésiastiques. Toutes les décisions qui émaneront d'eux, de quelque nature qu'elles soient, seront soumises à l'approbation du Gouvernement.

XXXI. Les synodes ne pourront s'assembler que lorsqu'on en aura rapporté la permission du Gouvernement.

On donnera connaissance préalable au conseiller d'État chargé de toutes les affaires concernant les cultes, des matières qui devront y être traitées. L'assemblée sera tenue en présence du préfet ou du sous-préfet ; et une expédition du procès-verbal des délibérations sera adressée par le préfet au conseiller d'État chargé de toutes les affaires concernant les cultes, qui, dans le plus court délai, en fera son rapport au Gouvernement.

XXXII. L'assemblée d'un synode ne pourra durer que six jours.

TITRE III.

De l'organisation des églises de la Confession d'Augsbourg.

Section 1re. — *Dispositions générales.*

XXXIII. Les églises de la Confession d'Augsbourg auront des pasteurs, des consistoires locaux, des inspections et des consistoires généraux.

Section 2. — *Des ministres ou pasteurs, et des consistoires locaux de chaque église.*

XXXIV. On suivra, relativement aux pasteurs, à la circonscription et au régime des églises consistoriales, ce qui a été prescrit par la section 2 du titre précédent pour les pasteurs et pour les églises réformées.

Section 3. — *Des inspections.*

XXXV. Les églises de la Confession d'Augsbourg seront subordonnées à des inspections.

XXXVI. Cinq églises consistoriales formeront l'arrondissement d'une inspection.

XXXVII. Chaque inspection sera composée du ministre et d'un ancien ou notable de chaque église de l'arrondissement; elle ne pourra s'assembler que lorsqu'on en aura rapporté la permission du Gouvernement; la première fois qu'il écherra de la convoquer, elle le sera par le plus ancien des ministres desservant les églises de l'arrondissement. Chaque inspection choisira dans son sein deux laïques et un ecclésiastique qui prendra le titre d'inspecteur et qui sera chargé de veiller sur les ministres et sur le maintien du bon ordre dans les églises particulières.

Le choix de l'inspecteur et de deux laïques sera confirmé par le premier Consul.

XXXVIII. L'inspection ne pourra s'assembler qu'avec l'autorisation du Gouvernement, en présence du préfet ou du sous-préfet, et après avoir donné connaissance préalable au conseiller d'État chargé de toutes les affaires concernant les cultes, des matières que l'on se proposera d'y traiter.

XXXIX. L'inspecteur pourra visiter les églises de son arrondissement; il s'adjoindra les deux laïques nommés avec lui, toutes les fois que les circonstances l'exigeront; il sera chargé de la convocation de l'assemblée générale de l'inspection. Aucune décision émanée de l'assemblée générale de l'inspection ne pourra être exécutée sans avoir été soumise à l'approbation du Gouvernement.

Section 4. — *Des consistoires généraux.*

XL. Il y aura trois consistoires généraux, l'un à Strasbourg, pour les protestants de la Confession d'Augsbourg des départements du Haut et Bas-Rhin; l'autre à Mayence pour ceux des départements de la Sarre et du Mont-Tonnerre; et le troisième à Cologne pour ceux des départements de Rhin-et-Moselle, et de la Roër.

XLI. Chaque consistoire sera composé d'un président laïque protestant, de deux ecclésiastiques inspecteurs, et d'un député de chaque inspection.

Le président et les deux ecclésiastiques inspecteurs seront nommés par le premier Consul.

Le président sera tenu de prêter, entre les mains du premier Consul, ou du fonctionnaire public qu'il plaira au premier Consul de déléguer à cet effet, le serment exigé des ministres du culte catholique.

Les deux ecclésiastiques inspecteurs et les membres laïques prêteront le même serment entre les mains du président.

XLII. Le consistoire général ne pourra s'assembler que lorsqu'on en aura rapporté la permission du Gouvernement, et qu'en présence du préfet ou du sous-préfet; on donnera préalablement connaissance au conseiller d'État chargé de toutes les affaires concernant les cultes, des matières qui devront y être traitées. L'assemblée ne pourra durer plus de six jours.

XLIII. Dans le temps intermédiaire d'une assemblée à l'autre, il y aura un Directoire composé du président, du plus âgé des deux ecclésiastiques inspecteurs, et de trois laïques, dont un sera nommé par le premier Consul; les deux autres seront choisis par le consistoire général.

XLIV. Les attributions du consistoire général et du Directoire continueront d'être régies par les règlements et coutumes des églises de la Confession d'Augsbourg, dans toutes les choses auxquelles il n'a point été formellement dérogé par les lois de la République et par les présents articles.

Collationné par nous président et secrétaires du Corps législatif. A Paris, le 18 germinal an X de la République. Signé : Marcorelle, *président;* Champion (du Jura), Metzger, Francq l'aîné, Meynard, *secrétaires.*

Soit la présente loi revêtue du sceau de l'État, insérée au *Bulletin des Lois,* inscrite dans les registres des autorités judiciaires et administratives, et le Ministre de la justice chargé d'en surveiller l'exécution.

A Paris, le 28 germinal an X de la République.

Signé : BONAPARTE, *premier Consul;* contre-signé : *le Secrétaire d'État,* Hugues B. Maret. Et scellé du sceau de l'État.

II.

DÉCRET-LOI DU 26 MARS 1852

PORTANT RÉORGANISATION DES CULTES PROTESTANTS.

LOUIS-NAPOLÉON, Président de la République française,

Sur le rapport du Ministre de l'instruction publique et des cultes;

Vu la loi du 18 germinal an X, ensemble les décrets du 30 floréal an XI, 10 brumaire an XIV, 5 mai et 15 août 1806, 25 mars 1807;

Vu la discipline ecclésiastique des églises réformées et les règlements et coutumes des églises de la Confession d'Augsbourg, mentionnés aux articles V et XLIV de la loi précitée du 18 germinal an X;

Vu les documents qui ont servi à l'organisation des cultes protestants et les observations et travaux qui ont suivi;

Considérant que la législation qui régit ces cultes a toujours été reconnue insuffisante et qu'il importe de la compléter dans l'intérêt de l'ordre à la fois religieux, administratif et politique;

Considérant que le Gouvernement est en mesure de statuer, avec ensemble et en connaissance de cause, sur les propositions des parties intéressées;

Décrète :

CHAPITRE PREMIER.

Dispositions communes aux deux cultes protestants.

Art. 1er. Chaque paroisse ou section d'église consistoriale a un conseil presbytéral composé de quatre membres laïques au moins, de sept au plus, et présidé par le pasteur ou par l'un des pasteurs. Il y a une paroisse partout où l'État rétribue un ou plusieurs pasteurs.

Les conseils presbytéraux administrent les paroisses sous l'autorité des consistoires. Ils sont élus par le suffrage paroissial, et renouvelés par moitié tous les trois ans. Sont électeurs les membres de l'église portés sur le registre paroissial.

Art. 2. Les conseils presbytéraux des chefs-lieux de circonscriptions consistoriales recevront du Gouvernement le titre de consistoire et les pouvoirs qui y sont attachés.

Dans ce cas, le nombre des membres du conseil presbytéral sera doublé.

Tous les pasteurs du ressort consistorial seront membres du consistoire, et chaque conseil presbytéral y nommera un délégué laïque.

Art. 3. Le consistoire est renouvelé, tous les trois ans, comme le conseil presbytéral. Après chaque renouvellement il élit son président parmi les pasteurs qui en sont membres, et l'élection est soumise à l'agrément du Gouvernement.

Le président devra, autant que possible, résider au chef-lieu du ressort.

Lorsqu'il aura atteint l'âge de 70 ans ou qu'il se trouvera empêché par des infirmités, le Gouvernement pourra, après avis du consistoire, lui donner le titre de président honoraire, et le consistoire fera un nouveau choix.

Art. 4. Les protestants des localités où le Gouvernement n'a pas encore institué de pasteur seront rattachés administrativement au consistoire le plus voisin.

CHAPITRE II.

Dispositions spéciales à l'Église réformée.

Art. 5. Les pasteurs de l'Église réformée sont nommés par le consistoire; le conseil presbytéral de la paroisse intéressée pourra présenter une liste de trois candidats classés par ordre alphabétique.

Art. 6. Il est établi, à Paris, un Conseil central des églises réformées de France.

Ce Conseil représente les églises auprès du Gouvernement et du Chef de l'État. Il est appelé à s'occuper des questions d'intérêt général dont il est chargé par l'administration ou par les églises, et notamment à concourir à l'exécution des mesures prescrites par le présent décret.

Il est composé, pour la première fois, de notables protestants nommés par le Gouvernement, et des deux plus anciens pasteurs de Paris.

Art. 7. Lorsqu'une chaire de professeur de la communion réformée vient à vaquer dans les Facultés de théologie, le Conseil central recueille les votes des consistoires, et les transmet, avec son avis, au Ministre.

CHAPITRE III.

Dispositions spéciales à l'Église de la Confession d'Augsbourg.

Art. 8. Les églises et les consistoires de la Confession d'Augsbourg sont placés sous l'autorité du Consistoire supérieur ou général et du Directoire.

Art. 9. Le Consistoire supérieur est composé: 1° de deux députés laïques par inspection, qui peuvent être choisis en dehors de la circonscription inspectorale; 2° de tous les inspecteurs ecclésiastiques; 3° d'un professeur du Séminaire, délégué par ce corps; 4° du président du Directoire, qui est de droit président du Consistoire supérieur, et du membre laïque du Directoire nommé par le Gouvernement.

Art. 10. Le Consistoire supérieur est convoqué par le Gouvernement, soit sur la demande du Directoire, soit d'office. Il se réunit au moins une fois par an. A l'ouverture de la session, le Directoire présente le rapport de sa gestion.

Le Consistoire supérieur veille au maintien de la constitution et de la discipline de l'Église. Il fait ou approuve les règlements concernant le régime intérieur, et juge en dernier ressort les difficultés auxquelles leur application peut donner lieu. Il approuve les livres et formulaires liturgiques qui doivent servir au culte ou à l'enseignement religieux. Il a le droit de surveillance et d'investigation sur les comptes des administrations consistoriales.

Art. 11. Le Directoire est composé du président, d'un membre laïque et d'un inspecteur ecclésiastique, nommés par le Gouvernement; de deux députés nommés par le Consistoire supérieur.

Le Directoire exerce le pouvoir administratif. Il nomme les pasteurs, et soumet leur nomination au Gouvernement. Il nomme les suffragants ou vicaires, et propose aux fonctions d'aumônier pour les établissements civils qui en sont pourvus. Il autorise ou ordonne, avec l'agrément du Gouvernement, le passage d'un pasteur d'une cure à une autre. Il exerce la haute surveillance sur l'enseignement et la discipline du Séminaire et du collége protestant dit *Gymnase*. Il nomme les professeurs du Gymnase, sous l'approbation du Gouvernement, et ceux du Séminaire, sur la proposition de ce dernier corps. Il donne son avis motivé sur les candidats aux chaires de la Faculté de théologie.

Art. 12. Les inspecteurs ecclésiastiques sont nommés par le Gouvernement, sur la présentation du Directoire. Ils reçoivent une indemnité pour frais d'administration et de déplacement et pour se faire assister dans leurs fonctions pastorales.

Art. 13. Le Consistoire supérieur de Strasbourg sera représenté dans la capitale, auprès du Gouvernement et du Chef de l'État, dans les circonstances officielles, par le consistoire de Paris.

Le Directoire pourra désigner spécialement un notable laïque, résidant à Paris, pour le représenter conjointement avec le consistoire.

CHAPITRE IV.

Dispositions générales.

Art. 14. Une instruction du Ministre des cultes et des règlements approuvés par lui détermineront les mesures et les détails d'exécution du présent décret.

Art. 15. Les articles organiques du 18 germinal an X sont confirmés en tout ce qu'ils n'ont pas de contraire aux articles ci-dessus.

Art. 16. Le Ministre Secrétaire d'État au département de l'instruction publique et des cultes est chargé de l'exécution du présent décret.

Fait au palais des Tuileries, le 26 mars 1852.

Signé : LOUIS-NAPOLÉON.

Par le Président,

Le Ministre Secrétaire d'État au département de l'instruction publique et des cultes,

Signé : H. FORTOUL.

III.

ARRÊTÉ DU MINISTRE DE L'INSTRUCTION PUBLIQUE ET DES CULTES, EN DATE DU 10 SEPTEMBRE 1852

PORTANT RÈGLEMENT POUR LA FORMATION DES CONSEILS PRESBYTÉRAUX ET DES CONSISTOIRES DANS LES ÉGLISES RÉFORMÉES ET DANS CELLES DE LA CONFESSION D'AUGSBOURG.

Le Ministre de l'instruction publique et des cultes;

Vu les dispositions du décret du 26 mars 1852, et spécialement l'article 14;

Vu les avis des consistoires et des parties intéressées, ensemble les propositions du Conseil central des églises réformées et du Directoire du Consistoire supérieur de la Confession d'Augsbourg;

Arrête:

CHAPITRE PREMIER.

Des conseils presbytéraux et des consistoires.

Art. 1er. Les conseils presbytéraux institués par l'article 1er du décret du 26 mars 1852 seront composés ainsi qu'il suit :

1° Dans les églises réformées, il y aura cinq membres laïques pour les paroisses n'ayant qu'un pasteur; six pour deux pasteurs; sept pour trois pasteurs et au-dessus. Néanmoins, il n'y aura que quatre membres dans les communes n'ayant que 400 âmes de population totale.

2° Dans les églises de la Confession d'Augsbourg, il y aura quatre membres laïques pour les paroisses au-dessous de 800 âmes; cinq, de 800 à 1,500 âmes; six, de 1,500 à 2,000 âmes; sept pour les paroisses de 2,000 âmes et au-dessus.

Art. 2. Pour que les conseils presbytéraux des chefs-lieux de circonscription consistoriale puissent délibérer comme consistoire, en exécution de l'article 2 du décret du 26 mars, le nombre des membres laïques dont ils se composent devra être porté au double, en observant les proportions indiquées dans l'article 1er du présent règlement.

Art. 3. Les membres ainsi appelés à compléter les consistoires devront être élus dans les diverses paroisses, de manière à ce que chaque section n'envoie pas un nombre total de représentants laïques inférieur à celui des pasteurs qu'elle a le droit d'y faire siéger.

Les membres laïques que chaque paroisse sectionnaire pourra ainsi élire au consistoire, en sus du délégué laïque qui lui est accordé par le § 3 de l'article 2 du décret du 26 mars, seront, autant que possible, choisis au chef-lieu consistorial.

Art. 4. Les ascendants et descendants, les frères et alliés au même degré ne peuvent être membres du même conseil presbytéral. Des dispenses pourront être accordées par le Ministre des cultes, sur l'avis du Conseil central des églises réformées ou du Directoire de la Confession d'Augsbourg, dans les paroisses ayant moins de soixante électeurs.

Art. 5. Les pasteurs auxiliaires et suffragants à divers titres, les aumôniers des lycées ou colléges, des hospices et prisons, peuvent être admis, sur l'autorisation du Ministre, à siéger dans le conseil presbytéral et dans le consistoire desquels ils relèvent, avec voix consultative.

Art. 6. Les conseils presbytéraux sont présidés par le pasteur le plus ancien dans la paroisse, et les consistoires par un président qu'ils élisent, à chaque renouvellement consistorial, parmi les pasteurs de leur circonscription.

Un des membres laïques est chargé des fonctions de secrétaire.

En cas d'empêchement temporaire des pasteurs, le plus âgé des membres laïques ou anciens remplit provisoirement les fonctions de président.

Dans les églises de la Confession d'Augsbourg, le Directoire peut, sur la demande du consistoire ou du conseil presbytéral, nommer le président. Le président du Directoire, ou un membre délégué à cet effet, et l'inspecteur ecclésiastique peuvent présider les séances des conseils presbytéraux et des consistoires.

Art. 7. Les conseils presbytéraux et les consistoires sont convoqués par leurs présidents au chef-lieu de leurs circonscriptions respectives, en séances ordinaires, au moins une fois par trimestre. Ils peuvent être convoqués extraordinairement, suivant les besoins du service et sur la demande motivée de deux membres, pour les conseils presbytéraux; de trois membres ou d'un conseil presbytéral, pour les consistoires.

Tout ancien ou délégué laïque qui, sans motifs agréés, aura manqué à trois séances consécutives, sera réputé démissionnaire.

Art. 8. Les conseils presbytéraux ne peuvent délibérer que lorsque la moitié au moins de leurs membres assistent à la séance.

Pour que les consistoires puissent délibérer, il faut non-seulement que la moitié au moins des membres assistent à la séance, mais encore que la moitié au moins des pasteurs de section et de leurs délégués laïques soient présents.

Les membres présents signent au registre des délibérations, et leurs noms sont rapportés en tête des extraits du procès-verbal, lesquels sont signés par le président et le secrétaire.

CHAPITRE II.

Du registre paroissial et des électeurs.

Art. 9. Conformément aux dispositions de l'article 2 du décret du 26 mars 1852, les conseils presbytéraux sont nommés par les électeurs inscrits au registre paroissial. Pour être membre d'un conseil presbytéral, il faut être électeur.

Art. 10. Sont inscrits sur le registre paroissial, sur leur demande, les protestants français qui, ayant trente ans révolus et deux ans de domicile dans la paroisse, établissent qu'ils appartiennent à l'Église réformée ou à celle de la Confession d'Augsbourg par les justifications que le Conseil central et le Directoire ont déterminées, en conformité avec les vœux de la majorité des consistoires.

Les étrangers, après trois ans de résidence dans la paroisse, sont admis à se faire inscrire au registre paroissial aux mêmes conditions que les nationaux.

Art. 11. Toutes les incapacités édictées par les lois et entraînant la privation du droit électoral politique ou municipal font perdre le droit électoral paroissial.

Art. 12. En cas d'indignité notoire, la radiation ou l'omission du nom est prononcée par le conseil presbytéral au scrutin secret, sans discussion, et seulement à l'unanimité des voix.

En cas d'appel, les consistoires dans les églises réformées, et, dans celles de la Confession d'Augsbourg, le Directoire décident en dernier ressort.

Toute réclamation pour cause d'omission ou de radiation est d'abord adressée au conseil presbytéral. Elle n'est prise en considération que si elle est personnelle, directe et formulée par écrit.

Art. 13. Le registre paroissial est ouvert le 1er janvier et clos le 31 décembre pour servir aux élections de l'année suivante.

Il est révisé tous les ans, au mois de décembre, en conseil presbytéral.

Il est tenu en double, et l'un des exemplaires est déposé aux archives, l'autre chez le pasteur président.

Les pasteurs et les membres de l'église peuvent toujours en prendre communication, sans que jamais le registre puisse être déplacé.

Art. 14. Tout membre de l'église, inscrit au registre paroissial, qui a transféré son domicile dans une autre paroisse, peut requérir l'extrait de son inscription. — Cette pièce, signée du président et du secrétaire, est adressée au conseil presbytéral de la nouvelle résidence, et elle tient lieu des justifications exigées, hormis celle du domicile.

Dans les églises de la *Confession* d'Augsbourg, cette transmission se fera par l'intermédiaire du Directoire.

Art. 15. Les élections ont lieu au scrutin secret et à la majorité absolue des suffrages. Si la majorité absolue n'est pas acquise au premier tour de scrutin, une seconde élection a lieu, et, dans ce cas, la majorité relative suffit.

Art. 16. S'il y a partage égal de voix entre deux candidats, le plus âgé est déclaré élu. En cas de nomination de deux ou plusieurs parents ou alliés aux degrés prohibés, celui qui a réuni le plus de voix est élu.

Art. 17. Le vote a lieu sous la présidence d'un pasteur, ou, à défaut, d'un ancien désigné par le conseil presbytéral. Deux électeurs désignés également par le conseil presbytéral complètent le bureau. L'un d'eux remplit les fonctions de secrétaire.

Art. 18. Les bulletins seront écrits à la main, dans le lieu même du vote, soit par l'électeur, soit par un tiers qu'il en chargera. Ils contiendront autant de noms qu'il y aura d'anciens à élire.

Art. 19. Le consistoire statue sur la validité des élections, informe le Préfet du résultat et adresse au Ministre des cultes une ampliation du procès-verbal général.

Dans les églises de la Confession d'Augsbourg, le consistoire statue sous la réserve de l'approbation du Directoire. Les procès-verbaux sont envoyés à l'inspecteur ecclésiastique, qui les transmet au Directoire. Après chaque renouvellement, le Directoire adresse au Ministre un tableau général.

Art. 20. Les conseils presbytéraux sont renouvelés tous les trois ans, par moitié.

Le renouvellement, dans les paroisses où le nombre des anciens est impair, porte alternativement sur la plus forte et la plus faible moitié, en commençant par la plus forte.

Art. 21. Les membres sortants des conseils presbytéraux et des consistoires peuvent toujours être réélus.

Art. 22. Si une ou plusieurs places d'anciens deviennent vacantes au conseil presbytéral, le consistoire décide s'il y a lieu de faire procéder à une élection partielle. Dans la Confession d'Augsbourg, c'est le Directoire qui décide, sur l'avis du consistoire.

L'élection ne peut être ajournée, si le conseil presbytéral a perdu le tiers de ses membres.

CHAPITRE III.

Dispositions générales et transitoires.

Art. 23. Pour la première fois, le registre paroissial sera dressé :

Dans l'église du chef-lieu, par le consistoire actuel, qui s'adjoindra, à cet effet, un nombre de membres de l'église égal à celui des anciens;

Dans les paroisses sectionnaires, par le pasteur, assisté de quatre membres au moins de l'église, désignés par le consistoire.

On se conformera d'ailleurs en tout aux dispositions du présent règlement.

Art. 24. La première élection des conseils presbytéraux aura lieu le premier dimanche et le premier lundi du mois de décembre prochain.

Les conseils, lorsqu'ils seront constitués, procéderont immédiatement à la nomination des délégués laïques mentionnés au § 3 de l'article 2 du décret du 26 mars.

Art. 25. La première élection des délégués laïques appelés à doubler le nombre des membres des conseils presbytéraux des chefs-lieux, conformément au § 2 de l'article 2 du décret précité, aura lieu un mois après l'élection des conseils presbytéraux.

Jusqu'à cette époque, les consistoires actuels continueront à remplir leurs fonctions, et exerceront les attributions indiquées dans l'article 19 du présent règlement.

Art. 26. Lors du premier renouvellement triennal des conseils presbytéraux, le sort désignera les membres sortants.

Art. 27. En exécution de l'article 2 du décret du 26 mars, les chefs-lieux actuels de consistoriale sont maintenus, sauf délimitations ultérieures des circonscriptions.

Les conseils presbytéraux de ces chefs-lieux seront, sous les conditions ci-dessus établies, reconnus comme consistoires et en auront les pouvoirs.

Paris, le 10 septembre 1852.

Signé : H. Fortoul.

IV.

CIRCULAIRE DU MINISTRE DE L'INSTRUCTION PUBLIQUE ET DES CULTES AUX PASTEURS, EN DATE DU 14 SEPTEMBRE 1852.

INSTRUCTIONS POUR L'APPLICATION DU DÉCRET DU 26 MARS.

Monsieur, j'ai l'honneur de vous transmettre exemplaires du règlement adopté pour l'exécution du décret du 26 mars 1852, en ce qui concerne la formation des conseils presbytéraux et des consistoires institués par les articles 1 et 2 dudit décret.

Les églises protestantes reconnaîtront, je l'espère, que tout ce qui était indispensable pour remplir avec convenance et maturité la mission délicate qui m'était confiée par l'article 14 du décret précité a été accompli, et qu'il a été fait appel à tous les concours utiles. Indépendamment des vœux qui avaient été déjà émis par les corps compétents, et qui devaient être pris en considération, on a pris soin d'interroger l'opinion soit collective, soit individuelle; une libre consultation a été ouverte, les consistoires, les pasteurs, les fidèles ont été invités à exprimer leur avis. Les propositions du Conseil central des églises réformées et du Directoire de la Confession d'Augsbourg ont été attendues et accueillies dans tout ce qu'elles avaient de conforme aux vœux de la majorité des consistoires. Les observations et les travaux consciencieux qui ont été adressés à l'administration, ont servi de base au règlement que j'ai arrêté, en me conformant à l'esprit de la loi et à la grande majorité des opinions exprimées.

En passant en revue les dispositions de ce règlement et en vous communiquant les instructions de détail destinées à les compléter, j'entrerai dans quelques explications qui vous en feront apprécier le véritable caractère.

L'article 1er pose des règles fixes pour la composition des conseils presbytéraux, dans les deux Églises protestantes, suivant les conditions particulières à chacune d'elles. Les annexes ou sections de paroisse où se célèbre le culte devront être représentées aussi équitablement que possible dans le conseil presbytéral.

Les articles 2 et 3 indiquent comment doit être doublé le nombre des membres des conseils presbytéraux des chefs-lieux pour se conformer à l'article 2 du décret. Quoi qu'en aient pu penser quelques personnes qui se sont méprises sur la portée de cette disposition, le décret n'a point voulu établir de différence entre les conseils presbytéraux des paroisses sectionnaires et ceux des chefs-lieux. Ceux-ci n'obtiennent un accroissement que lorsqu'ils doivent délibérer comme consistoires; ils reçoivent alors: 1° un nombre de membres laïques double de celui qui est nécessaire pour les délibérations du conseil presbytéral; 2° les pasteurs et les délégués laïques des paroisses sectionnaires. Comme tous les pasteurs de chaque paroisse ont droit de siéger au consistoire, et que chaque paroisse n'y envoie qu'un seul délégué laïque, il est prescrit que la paroisse qui aura plusieurs pasteurs pourra leur adjoindre un nombre égal de laïques, en élisant, soit dans son propre sein, soit au chef-lieu, une partie des membres destinés à doubler le conseil presbytéral. Ainsi, toute paroisse sectionnaire a nécessairement son délégué laïque; elle a facultativement un ou plusieurs représentants laïques, suivant le nombre de ses pasteurs et le chiffre de sa population. La répartition en sera faite équitablement, à l'avance, sous l'autorité du Ministre, par les consistoires aujourd'hui établis. Il faut, du reste, remarquer que les délégués laïques sont nommés par le conseil presbytéral, tandis que les membres appelés à doubler le conseil presbytéral du chef-lieu sont nommés par le corps électoral lui-même.

Ainsi se trouvent expliqués et développés les articles 1 et 2 du décret. Par ce mode d'application, on répond à la fois à plusieurs objections qui avaient été faites. En principe, point d'inégalité dans la représentation des paroisses; point de prépondérance excessive du chef-lieu consistorial; facilité de trouver dans la circonscription consistoriale le nombre voulu de membres laïques; équilibre de l'élément laïque et de l'élément ecclésiastique.

Les articles 9, 10 et 11 indiquent les conditions civiles de l'électorat paroissial: 1° être Français, sauf l'exception admise pour les étrangers après trois ans de résidence; 2° avoir la jouissance des droits électoraux, politiques et municipaux; 3° être âgé de 30 ans révolus; 4° être domicilié depuis deux ans dans la paroisse.

Ces garanties sont les seules qu'il appartînt au Gouvernement de régler. Mais à côté de celles-là, et en premier ordre, s'en présentaient d'autres qu'une autorité différente pouvait seule fixer; je veux parler des garanties religieuses qui devaient être exigées des électeurs, et dont la détermination restait en dehors des attributions du pouvoir civil. Sur ce point, la pensée de la majorité devait servir de règle, et le Gouvernement ne pouvait que s'en référer à l'opinion émise par le Conseil central des églises réformées, d'un côté, et, de l'autre, par le Directoire de la Confession d'Augsbourg, et qui se trouvait confirmée, non-seulement par les avis des pasteurs et des membres laïques des églises, mais encore par les vœux des assemblées qui avaient été précédemment réunies. Vous souscrirez à ces vœux en demandant à ceux qui voudront jouir du droit électoral, de justifier qu'ils ont été admis dans l'Église, conformément aux règles établies, qu'ils participent aux exercices et aux obligations du culte et, en cas de mariage, qu'ils ont reçu la bénédiction nuptiale protestante.

Il est entendu que les archives des conseils presbytéraux et celles des consistoires dont il est fait mention à l'article 13, ont leur siége au temple du chef-lieu.

Pour l'exécution des articles 14 à 27, il y a lieu de prendre les dispositions suivantes:

1° Le consistoire déterminera les localités de la paroisse dans lesquelles, indépendamment du chef-lieu, un scrutin sera ouvert. Il fixera les heures précises d'ouverture et de clôture, et en donnera avis, quinze jours au moins à l'avance, au maire de la commune où le vote aura lieu. Il prendra les mesures nécessaires pour la conservation des bulletins.

2° Après la clôture, le scrutin sera immédiatement dépouillé par le bureau, et le procès-verbal, dressé séance tenante, sera envoyé au conseil presbytéral, qui le transmettra au consistoire. S'il y a réclamation ou protestation, il en sera fait mention au procès-verbal, et les pièces à l'appui, y compris les bulletins de vote déclarés nuls ou douteux, y seront annexées.

3° Tout bulletin non écrit à la main sera annulé. Si un nom se trouve répété sur le même bulletin, il ne sera compté que pour un seul vote.

4° Les élections générales ou partielles seront annoncées du haut de la chaire, les trois dimanches précédents au moins. Le résultat sera proclamé de même, dans chaque paroisse, aux offices divins du dimanche qui suivra la déclaration de validité.

5° Les conseils presbytéraux des paroisses sectionnaires se réuniront, aussitôt après cette proclamation, pour procéder à la nomination de leurs délégués laïques, et transmettront les extraits des procès-verbaux de ces élections au conseil presbytéral du chef-lieu.

6° En même temps, les corps électoraux des paroisses qui auront des représentants à élire, en sus de leurs délégués, conformément à l'article 3 du règlement, seront appelés à procéder à ces élections.

7° Après les nominations, le consistoire sera convoqué sans délai pour se constituer et choisir son président.

8° L'installation des conseils presbytéraux aura lieu à l'issue de l'office divin, les dimanches suivants, et sera faite par le président du consistoire ou par un pasteur qu'il aura délégué. Dans les églises de la Confession d'Augsbourg, l'inspecteur ecclésiastique pourra, s'il le juge à propos, procéder à l'installation.

9° Dans les églises de la Confession d'Augsbourg, l'autorité directoriale interviendra partout où il sera nécessaire pour l'exécution du règlement.

Telles sont, Monsieur, les mesures de détail qui, d'après l'ensemble des propositions adoptées, m'ont paru suffisantes pour amener une exécution régulière des trois premiers articles du décret du 26 mars. Il s'agit uniquement de la constitution de conseils presbytéraux et des consistoires, ces bases communes aux deux Églises protestantes. Il y aura lieu de régler subséquemment ce qui touche aux attributions respectives de ces deux assemblées, et aux matières spéciales à l'Église de la Confession d'Augsbourg.

Agréez, etc.

Signé : H. Fortoul.

V.

CIRCULAIRE DU MINISTRE DE L'INSTRUCTION PUBLIQUE ET DES CULTES, EN DATE DU 10 NOVEMBRE 1852.

INSTRUCTIONS AUX CONSISTOIRES POUR L'EXÉCUTION DU RÈGLEMENT DU 10 SEPTEMBRE 1852.

Monsieur, je réponds collectivement à diverses questions qui m'ont été adressées par quelques consistoires et pasteurs touchant l'exécution du règlement du 10 septembre dernier. Je suivrai, dans mes réponses, autant qu'il sera possible, l'ordre des articles auxquels elles se réfèrent :

1° Les membres appelés à doubler le conseil presbytéral du chef-lieu (art. 2) sont-ils nommés par les électeurs réunis de toute la circonscription consistoriale? — Cette élection sera faite par les électeurs des paroisses respectives auxquelles le droit de nommer un ou plusieurs des membres du conseil presbytéral aura été reconnu « par les consistoires aujourd'hui établis », ainsi que le prescrit la circulaire du 14 septembre dernier.

2° Les églises consistoriales composées d'une seule paroisse, et qui, par conséquent, n'ont pas de sections, doivent-elles avoir un conseil presbytéral distinct du conseil consistorial? — La raison indique que, dans ces églises, une seule assemblée, ayant un nombre de membres double de celui des conseils presbytéraux, doit faire fonction des deux corps dont elle réunira les attributions.

3° Pour remédier au silence du règlement, en ce qui concerne les paroisses sectionnaires pourvues d'un pasteur auxiliaire rétribué au moyen d'une subvention particulière et d'un secours de l'État, en attendant l'institution d'une paroisse officielle, il doit être entendu que ces communautés, assez importantes pour avoir une représentation, seront assimilées aux autres sections et qu'elles auront un conseil presbytéral et un délégué au consistoire.

4° L'incompatibilité résultant des liens de parenté (art. 4) s'applique-t-elle également aux membres élus pour compléter le consistoire et aux parents des pasteurs? — Cette question doit être résolue affirmativement.

5° Les pasteurs sont-ils, de plein droit, inscrits au registre paroissial? — Leur qualité de pasteurs vaut dispense des conditions désignées par l'article 10. Il en sera de même des divers ecclésiastiques énumérés dans l'article 5, lorsqu'ils auront été admis à siéger dans le conseil presbytéral.

6° La circulaire du 14 septembre a fait connaître quelles étaient les justifications nécessaires pour constater les conditions religieuses de l'électorat; mais quel sens doit-on donner à ces mots: « l'admission dans l'Église, conformément aux RÈGLES ÉTABLIES, la participation aux exercices et aux OBLIGATIONS du culte »?

Le Conseil central n'a entendu parler que de l'admission dans l'Église par la première communion ou par l'acte équivalent, et de la participation aux exercices du culte. Les consistoires comprendront à quel fâcheux désordre donnerait lieu la faculté qui serait laissée à chacun d'eux de modifier à son gré la règle générale. Je maintiens donc l'entière approbation que j'ai donnée à la disposition adoptée par le Conseil central, en conformité avec le vœu de la majorité des consistoires, et conçue en ces termes: « Justifier de la participation à la sainte Cène dans l'Église réformée de France, soit par un certificat d'admission, soit par la déclaration d'un pasteur signée au registre. »

7° Dans quelques localités, on a cru apercevoir une cause d'embarras dans les deuxième et troisième alinéas de l'article 23. — Les consistoires ne peuvent méconnaître l'importance de ces dispositions. Chargés de veiller à leur application, ils sauront aplanir de légers obstacles et assurer la complète observance de la règle.

8° Par quels moyens peut-on mettre tous les membres de l'Église en demeure de se faire inscrire au registre paroissial ? — Les consistoires, complétés ainsi qu'il est dit à l'article 23 du règlement du 10 septembre, apprécieront quels sont les moyens particuliers qu'il convient d'employer outre celui qui est indiqué par le n° 4 de la circulaire du 14 septembre. Les consistoires apprécieront également, suivant les conditions dans lesquelles se trouvent les paroisses, les difficultés dont il conviendrait de tenir compte à l'électeur. Évidemment, un délai devra être fixé pour la clôture du registre; mais rien ne s'opposerait à ce qu'un membre dont le droit serait incontestable, fût inscrit après l'expiration de ce délai, sauf approbation du consistoire.

9° Les diverses localités d'une circonscription paroissiale qui auront obtenu du consistoire, conformément au n° 1 de la circulaire du 14 septembre, d'ouvrir un scrutin particulier, indépendamment de celui du chef-lieu, voteront-elles pour la totalité des membres à élire au conseil presbytéral? — Oui, sans doute; mais la règle pourra souffrir une exception, si l'étendue de la circonscription s'oppose à ce que les électeurs aient une connaissance suffisante des membres de l'Église sur lesquels ils ont à porter leur choix, ou si la population protestante est d'importance telle, qu'il y ait lieu de lui assurer une représentation déterminée à l'avance. Ce point est laissé à l'appréciation des consistoires complétés ainsi qu'il est dit dans l'article 23 du règlement.

10° Je ne devrais pas avoir à faire remarquer: 1° Que le conseil presbytéral du chef-lieu, entrant tout entier dans l'assemblée consistoriale, et pouvant, en outre, attribuer à la paroisse qu'il représente une partie des membres appelés à compléter le consistoire, ne saurait y envoyer un délégué comme devront le faire les conseils presbytéraux sectionnaires auxquels seuls s'applique l'article 3; — 2° Que les paroisses auxquelles un ou plusieurs représentants ont été attribués, en sus de leur délégué laïque, ont seules le droit de concourir à leur nomination, et que deux paroisses ne peuvent se réunir à cet effet; — 3° Que les paroisses sectionnaires peuvent et même doivent choisir autant que possible, au chef-lieu consistorial, les représentants qui leur auront été attribués (art. 3), mais que les conseils presbytéraux ne peuvent prendre hors de leur sein le délégué qui leur est accordé par le § 3 de l'article 2 du décret du 26 mars.

Dans un système qui embrasse des situations aussi variées que le sont celles des églises protestantes, par suite de la dissémination de leurs sections et de leurs membres, il n'était pas possible de tout prévoir avec une exactitude absolue, ni d'adopter un mode qui réalisât également tous les vœux. Mais les dispositions du règlement du 10 septembre peuvent être partout rendues applicables, et le travail relatif aux circonscriptions consistoriales, qui vient d'être terminé, en facilitera encore l'exécution. Si, d'ailleurs, dans quelques cas tout à fait exceptionnels, des obstacles majeurs se rencontraient, l'administration aviserait suivant les besoins.

Agréez, etc.

Signé : H. Fortoul.

VI.

ARRÊTÉ DU MINISTRE DE L'INSTRUCTION PUBLIQUE ET DES CULTES, EN DATE DU 10 NOVEMBRE 1852

PORTANT RÈGLEMENT D'EXÉCUTION DU DÉCRET DU 26 MARS 1852, EN CE QUI CONCERNE LES MATIÈRES SPÉCIALES A L'ADMINISTRATION DE LA CONFESSION D'AUGSBOURG.

Le Ministre de l'instruction publique et des cultes,

Vu les dispositions du décret du 26 mars 1852, et spécialement le chapitre III;

Vu l'article 14 dudit décret;

Vu les propositions du Directoire du Consistoire supérieur de l'Église de la Confession d'Augsbourg;

Arrête :

CHAPITRE PREMIER.

Attributions des conseils presbytéraux.

Art. 1er. Le conseil presbytéral maintient l'ordre et la discipline dans tout le ressort paroissial, nomme les employés subalternes des églises, et veille à l'entretien des édifices religieux, à leur conservation et à celle des biens curiaux.

Art. 2. Il délibère sur l'acceptation des legs et donations faits à l'église, ou aux églises composant la paroisse.

Art. 3. Il administre les aumônes, quêtes, biens et revenus appartenant à l'église, ou aux églises de la circonscription paroissiale, à l'exception, toutefois, des biens et revenus qui seraient indivis entre plusieurs paroisses. Il dresse les budgets, vérifie et arrête les comptes, et propose au consistoire l'emploi ou le placement des capitaux disponibles.

Art. 4. Aucun acte d'administration du conseil presbytéral n'est valable qu'après examen et visa du consistoire, qui en propose au Directoire l'approbation ou le rejet.

CHAPITRE II.

Attributions des consistoires.

Art. 5. Le consistoire veille au maintien du bon ordre et de la discipline dans les églises de sa circonscription; il s'assure de la conservation et de l'entretien de tous les biens et bâtiments confiés à la surveillance et à l'administration des conseils presbytéraux de son ressort.

Art. 6. Il délibère sur l'acceptation des donations et legs faits au consistoire ou confiés à son administration; donne son avis sur les délibérations des conseils presbytéraux qui ont pour objet les donations et legs faits aux diverses églises de sa circonscription, et contrôle l'administration des conseils presbytéraux.

Art. 7. Il administre seul les biens et revenus des églises de son ressort qui possèdent par indivision.

Art. 8. Toutes les délibérations du consistoire, et tous les actes de son administration, ne sont valables qu'autant qu'elles ont reçu l'approbation du Directoire.

Art. 9. La gestion des biens et revenus de toutes les paroisses faisant partie d'un même consistoire est confiée à un seul receveur nommé par le Directoire, sur la proposition du consistoire. Ce receveur est tenu de fournir un cautionnement dont l'importance sera fixée par le Directoire.

Art. 10. Les consistoires correspondent avec le Directoire par l'intermédiaire des inspecteurs ecclésiastiques.

CHAPITRE III.

Nomination des pasteurs.

Art. 11. Toute vacance ou création de cure est annoncée par insertion au Recueil officiel des actes du Directoire, et par tout autre moyen de publication que le Directoire juge nécessaire. Un délai est fixé pendant lequel les pasteurs et les candidats qui veulent se faire inscrire pour la cure vacante s'adressent au président du Directoire, soit par écrit, soit verbalement.

Art. 12. Les aspirants à la cure vacante ne sont pas admis à y prêcher pendant la vacance. D'un autre côté, la paroisse, le conseil presbytéral et le consistoire doivent s'abstenir de chercher, par pétitionnement, délibération ou tout autre acte officiel, à attirer sur un candidat la préférence du Directoire.

Art. 13. Le Directoire prend l'avis de l'inspecteur ecclésiastique sur l'état moral et religieux de la paroisse à pourvoir, et reste appréciateur de tous autres moyens subsidiaires, officiels ou non, de s'éclairer sur le choix à faire.

Il procède à la nomination dans le mois qui suit l'expiration du délai fixé aux aspirants pour se présenter.

Il évite, autant que possible, de réunir, parmi les pasteurs d'un même consistoire, des ascendants, des frères ou des alliés aux mêmes degrés.

Il accompagne l'envoi de son arrêté de nomination au Ministre d'un rapport dans lequel il expose les motifs de la préférence qu'il a donnée au pasteur nommé.

CHAPITRE IV.

Inspecteurs ecclésiastiques et laïques.

Art. 14. L'inspecteur ecclésiastique est nommé sur une liste de trois candidats envoyée au Gouvernement par le Directoire et accompagnée d'un rapport.

Art. 15. Les attributions de l'inspecteur ecclésiastique sont les suivantes :

Il convoque et préside les assemblées d'inspection légalement autorisées.

Il visite chaque paroisse de son ressort, une fois au moins tous les quatre ans, assisté, s'il y a lieu, des inspecteurs laïques, ou de l'un d'eux seulement.

Sur l'autorisation du Directoire, il ordonne les candidats au ministère évangélique, installe les pasteurs et les vicaires, et consacre, soit en personne, soit par délégation, les églises nouvellement construites.

Il prêche, quand il le juge convenable, dans les églises de son inspection.

Il a le droit de présider accidentellement, avec voix consultative, les consistoires de son ressort, à l'exception de celui auquel il appartient comme simple membre.

Il soumet à l'approbation du Consistoire supérieur les livres qui doivent servir à l'enseignement religieux et au culte dans le ressort de l'inspection, et veille à ce qu'il en soit fait usage à l'exclusion de tous autres non autorisés.

Il donne son avis au Directoire sur l'état moral et les besoins religieux d'une paroisse qui est à pourvoir d'un pasteur.

Il adresse au Directoire, dans le premier trimestre de chaque année et pour l'année précédente, un rapport détaillé sur les paroisses de l'inspection, sur leur état moral et religieux, sur l'action qu'y exercent les pasteurs, sur la manière dont ils remplissent leur ministère, sur le soin qu'ils donnent à l'instruction religieuse, sur l'administration des consistoires et des conseils presbytéraux, sur l'état des biens et bâtiments, etc., etc.

Ce rapport général est indépendant des rapports particuliers que les circonstances peuvent rendre nécessaires dans le courant de l'année.

Art. 16. Les inspecteurs laïques sont les auxiliaires de l'inspecteur ecclésiastique et le remplacent, en cas d'absence ou d'empêchement, pour toutes les fonctions qui ne tiennent pas du caractère ecclésiastique.

Art. 17. Les fonctions que les inspecteurs laïques peuvent être appelés à partager avec les inspecteurs ecclésiastiques ont pour objet :

La conduite des pasteurs, des vicaires, des aumôniers, des candidats au ministère évangélique, consacrés ou non, des étudiants en théologie;

La manière dont le culte s'exerce et dont les fonctions pastorales sont remplies;

L'état moral et religieux des paroisses;

En général, tout ce qui touche à l'ordre, à la discipline, à l'administration de l'église, au maintien des formes du culte, à l'état des édifices et des biens confiés à l'administration et à la surveillance des conseils presbytéraux et des consistoires.

Les inspecteurs laïques peuvent être directement consultés et chargés de missions par le Directoire.

Art. 18. Les inspecteurs laïques et les députés laïques au Consistoire supérieur sont membres de droit de l'inspection dont ils ont reçu leur mandat, quand même ils auraient été choisis en dehors de sa circonscription.

CHAPITRE V.

Discipline ecclésiastique.

Art. 19. En matière disciplinaire, le Directoire peut être saisi :

1° Par la notoriété publique;

2° Par la plainte de la partie lésée;

3° Par une délibération du consistoire ou du conseil presbytéral;

4° Par un rapport de l'inspecteur ecclésiastique ou d'un inspecteur laïque;

5° Par une communication du Gouvernement.

Art. 20. Sauf le cas d'urgence, dont il sera parlé ci-après, le Directoire charge l'inspecteur ecclésiastique de recueillir des renseignements et de lui faire un rapport dans le plus bref délai. Sur le vœu de ce rapport, le Directoire décide s'il y a lieu ou non de donner suite à l'action disciplinaire. Dans le premier cas, il commet l'inspecteur ecclésiastique pour procéder à l'enquête, assisté, soit des inspecteurs laïques, soit de l'un d'eux seulement, soit de tel délégué qu'il jugerait à propos d'adjoindre à l'inspecteur. L'enquête sera faite sur les lieux et consignée au procès-verbal ouvert par l'inspecteur, et qui devra être signé par les commissaires et les témoins.

Art. 21. L'inspecteur transmet immédiatement le procès-verbal au Directoire, avec telles observations et conclusions qu'il croit devoir présenter. Le Directoire mande devant lui l'inculpé, l'entend dans ses moyens de défense, lui adresse telles questions qu'il juge convenables, et dresse du tout un procès-verbal qui est signé par l'inculpé, ou qui mentionne son refus de signer.

Art. 22. L'inculpé, indépendamment de ses explications verbales devant le Directoire, est admis à présenter un mémoire justificatif dans la quinzaine qui suivra sa comparution. Ce délai expiré, le Directoire statue.

Art. 23. Dans tous les cas d'urgence, le Directoire est autorisé à mander immédiatement devant lui l'inculpé, et, après l'avoir entendu, à le suspendre provisoirement de ses fonctions pastorales, sauf, s'il y a lieu, à procéder par lui-même ou par les intermédiaires ordinaires à l'enquête mentionnée en l'article 20.

Art. 24. Le Directoire prononce contre les pasteurs les peines suivantes :

1° La réprimande simple;

2° La réprimande avec censure;

3° La suspension temporaire avec ou sans traitement : dans ce dernier cas, la privation de traitement doit être approuvée par le Gouvernement, et le pasteur suspendu est tenu de verser le traitement dont il est privé entre les mains du vicaire que le Directoire lui a donné d'office;

4° L'incapacité d'être jamais appelé aux fonctions de président de consistoire et d'inspecteur ecclésiastique;

5° La destitution.

Toutefois, le Directoire ne peut prendre un arrêté de destitution qu'après y avoir été autorisé par le Gouvernement, sur le vu du dossier.

Le pasteur destitué est rayé de la liste des pasteurs de la Confession d'Augsbourg.

Art. 25. En cas de démission d'un pasteur pendant le cours des poursuites disciplinaires, le Directoire apprécie s'il y a lieu ou non de prononcer sa radiation.

Art. 26. Les mesures disciplinaires qui précèdent sont applicables à tout ecclésiastique en fonctions. Les candidats au ministère évangélique peuvent être frappés de l'une des deux premières peines et rayés de la liste des candidats.

Art. 27. Indépendamment des prescriptions du présent règlement, le Consistoire supérieur et le Directoire prennent, dans la limite de leurs attributions, les dispositions qu'ils jugent nécessaires.

Paris, le 10 novembre 1852.

Signé : H. FORTOUL.

VII.

ARRÊTÉ DU MINISTRE DE L'INSTRUCTION PUBLIQUE ET DES CULTES, EN DATE DU 20 MAI 1853,

PORTANT RÈGLEMENT D'EXÉCUTION DU DÉCRET DU 26 MARS 1852, EN CE QUI CONCERNE LES ATTRIBUTIONS DES CONSEILS PRESBYTÉRAUX ET DES CONSISTOIRES DES ÉGLISES RÉFORMÉES.

Le Ministre secrétaire d'État au département de l'instruction publique et des cultes;

Vu les dispositions du décret du 26 mars 1852, et spécialement les articles 1er et 2;

Vu l'arrêté du 10 septembre 1852;

Vu les propositions du Conseil central des églises réformées;

Considérant que la définition des attributions et des rapports des conseils presbytéraux et des consistoires proposée par le Conseil central est le complément indispensable de l'arrêté du 10 septembre 1852, portant règlement du mode d'élection de ces corps;

Considérant que, si le Conseil central a proposé, en outre, de déterminer d'une manière explicite les attributions des conseils qui pourraient être appelés à le remplacer lui-même, il résulte des observations présentées par les consistoires, et des renseignements recueillis par l'administration, que les églises sont loin d'être d'accord entre elles sur ce point important;

Attendu que le Gouvernement, qui entend respecter l'indécision des églises, alors même que la connaissance qu'il a de leurs véritables intérêts l'empêcherait de la partager, est bien convaincu, en outre, que les attributions du Conseil central sont assez largement définies dans le décret du 26 mars 1852 pour que cette institution produise dès à présent, et sans développements nouveaux, la plupart des fruits qu'on pouvait s'en promettre, à l'avantage réciproque des églises et de l'État;

Arrête :

CHAPITRE PREMIER.

Attributions des conseils presbytéraux.

Art. 1er. Le conseil presbytéral maintient l'ordre et la discipline dans la paroisse.

Il veille à l'entretien des édifices religieux et administre les biens de l'église.

Il administre également les deniers provenant des aumônes.

Il présente des candidats aux places de pasteurs qui viennent à vaquer ou à être créées.

Il nomme, sous réserve de l'approbation du consistoire, les pasteurs auxiliaires, et agrée, sous la même réserve, les suffragants proposés par les pasteurs.

Il accepte, sous l'approbation de l'autorité supérieure, les legs ou donations faites aux églises de son ressort.

Art. 2. Le conseil presbytéral soumet au consistoire les actes d'administration et les demandes qui, par leur nature, exigent l'approbation ou la décision de l'autorité supérieure.

Sont également soumises au consistoire toutes difficultés entre les pasteurs et les conseils presbytéraux.

Art. 3. Le conseil presbytéral est présidé par le plus ancien des pasteurs de la paroisse.

Il nomme, à la majorité absolue, parmi ses membres laïques, un secrétaire et un trésorier.

Art. 4. Le secrétaire rédige les procès-verbaux des séances du conseil. Il est chargé de la tenue des registres, de la garde et de la conservation des archives. Il signe avec le président tous les actes qui émanent du conseil.

Le trésorier est chargé du recouvrement des deniers de l'église et paye toutes les dépenses régulièrement autorisées.

Art. 5. Le conseil presbytéral dresse, au mois de novembre de chaque année, pour l'année suivante, le budget de ses recettes et de ses dépenses.

Il vérifie et arrête les comptes qui sont rendus, à l'expiration de chaque année, par le trésorier.

Ces budgets et ces comptes sont soumis à l'approbation du consistoire.

CHAPITRE II.

Attributions des consistoires.

Art. 6. Le consistoire transmet au Gouvernement, avec son avis, les délibérations des conseils presbytéraux mentionnées en l'article 2 ci-dessus.

Il veille à la célébration régulière du culte, au maintien de la liturgie et de la discipline, et à l'expédition des affaires dans les diverses paroisses de son ressort.

Il surveille l'administration des biens des paroisses et administre les biens consistoriaux.

Il accepte, sous l'approbation de l'autorité supérieure, les legs et donations faits au consistoire ou indivisément aux églises de son ressort.

Il arrête les budgets, vérifie et approuve les comptes de ces conseils.

Art. 7. Le consistoire nomme, conformément aux dispositions de l'article 5 du décret du 26 mars 1852, aux places de pasteurs qui viennent à vaquer dans les églises de son ressort, et propose au Gouvernement la création de places nouvelles.

Art. 8. Le consistoire élit, à chaque renouvellement, son président parmi les pasteurs de la consistoriale, et, parmi ses membres laïques, un secrétaire et un trésorier.

Le secrétaire et le trésorier du consistoire remplissent des fonctions analogues à celles qui ont été déterminées par l'article 4 pour le secrétaire et le trésorier des conseils presbytéraux.

Les fonctions de trésorier du consistoire peuvent être confiées au trésorier du conseil presbytéral du chef-lieu.

Art. 9. Le consistoire dresse, au mois de décembre de chaque année, le budget de ses recettes et de ses dépenses pour l'année suivante.

Il vérifie et arrête les comptes qui sont rendus, à l'expiration de chaque année, par son trésorier.

Dispositions générales.

Art. 10. En cas de partage dans les délibérations des conseils presbytéraux ou des consistoires, le président a voix prépondérante.

Paris, le 20 mai 1853.

Signé : H. Fortoul.

VIII.

INSTRUCTION DU MINISTRE DE L'INSTRUCTION PUBLIQUE ET DES CULTES, EN DATE DU 26 MAI 1853

AUX PRÉSIDENTS DES CONSISTOIRES DE L'ÉGLISE RÉFORMÉE, POUR L'EXÉCUTION DE L'ARRÊTÉ DU 20 DU MÊME MOIS.

Paris, le 26 mai 1853.

Monsieur le Président, j'ai eu l'honneur de vous adresser, le 20 de ce mois, un arrêté qui définit les attributions des conseils presbytéraux et celles des consistoires des églises réformées. J'y joins aujourd'hui les instructions complémentaires dont je vous avais annoncé le prochain envoi.

L'article 14 du décret du 26 mars 1852 a délégué au Ministre des cultes le soin de régler les détails et les mesures d'exécution de la récente organisation des églises protestantes. Pour accomplir la tâche délicate qui m'était échue, j'avais invité le Conseil central à préparer un projet de règlement qui aurait achevé de fixer toutes les situations dans l'Église réformée, comme l'arrêté du 10 novembre l'a fait avec succès pour l'Église de la Confession d'Augsbourg. Une partie du règlement qui m'était proposé a été l'objet de jugements contradictoires; des divisions regrettables se sont produites. Dans la situation des esprits, j'ai ajourné la décision des points contestés, et je me suis borné à régler ceux sur lesquels les églises étaient d'accord. En même temps le Conseil central, dont le Gouvernement est heureux de reconnaître les utiles services, devant continuer à exercer sa mission sous sa forme actuelle, j'ai dû proposer à Sa Majesté Impériale de le compléter par la nomination d'un nouveau membre en remplacement de celui qui n'avait pas accepté la délégation du Gouvernement. Le parti auquel je me suis arrêté est de nature à répondre à toutes les préoccupations. Les démarches de consistoire à consistoire, de conseil presbytéral à conseil presbytéral, qui se sont succédé depuis quelque temps, doivent donc désormais cesser : ces sortes de démonstrations, nées de la lutte, ne servent qu'à la perpétuer; elles sont, d'ailleurs, tout à fait irrégulières.

Vous aurez remarqué, Monsieur le Président, que l'arrêté du 20 mai ne mentionne pas toutes les applications particulières que les conseils presbytéraux et les consistoires peuvent être appelés à faire de leurs pouvoirs. Ainsi il ne règle pas la nomination des employés et le choix des personnes préposées plus spécialement au soin des pauvres. J'ai craint de compliquer les termes très-simples du règlement, en voulant spécifier les attributions secondaires qui sont la conséquence naturelle des principes posés par le décret organique.

Toutefois il est deux points que je dois particulièrement signaler à votre attention et à votre vigilance.

Le rôle des conseils presbytéraux est clairement tracé par les cinq articles dont se compose le premier chapitre du règlement qui a été porté à votre connaissance. Ces conseils ne représentent les paroisses et ne sont leurs organes qu'auprès des consistoires; ils n'ont pas qualité pour correspondre directement avec l'autorité supérieure. Il importe donc que, désormais, ils se renferment dans les limites légales et qu'ils ne cherchent pas à éviter le contrôle éclairé des intermédiaires que le décret du 26 mars 1852 a établis.

Quant aux consistoires, leur fonction, définie par les articles 6 et suivants, est d'exercer sur les intérêts paroissiaux une surveillance tutélaire et paternelle. En appelant les conseils presbytéraux, lors de la vacance des cures, à présenter trois candidats, entre lesquels le Consistoire choisit le pasteur, le décret du 26 mars a entendu offrir une garantie sérieuse aux paroisses intéressées et prévenir les conflits que l'absence de ces garanties avait trop souvent provoqués.

Je crois devoir compléter ces instructions en vous rappelant les principales règles qui doivent être suivies dans l'expédition des affaires. De pareilles indications ne sauraient être sans utilité au moment où les corps constitués par le décret organique vont entrer en relations régulières avec mon département.

Toutes les dépêches doivent être adressées directement au Ministre. L'objet doit en être indiqué à la marge. Jamais deux affaires ne doivent être traitées dans une même lettre. Chaque affaire formant un dossier séparé, toute délibération doit être accompagnée d'une lettre d'envoi spéciale.

Les demandes relatives au service ne doivent pas être formées par simple lettre, mais par délibération régulièrement certifiée.

Vous m'adresserez, par l'entremise du préfet, toutes les affaires qui devront être accompagnées de l'avis de ce magistrat; vous me donnerez en même temps avis de cette transmission, afin que je puisse réclamer le dossier, si l'envoi vient à souffrir du retard.

Je recommande aux consistoires et aux conseils presbytéraux le classement de leurs archives, qui doivent comprendre à l'avenir la collection complète des circulaires et autres documents officiels émanés du Gouvernement. Il arrivera sans doute, dans la pratique, que la garde des archives, attribuée aux secrétaires (art. 4 et 8 de l'arrêté), continuera à être confiée aux pasteurs présidents des conseils et des consistoires. Cette exception est d'autant plus admissible que les archives ne doivent point quitter les chefs-lieux, afin d'être toujours à la disposition des pasteurs. Mais, sous l'autorité des consistoires, les secrétaires et les présidents veilleront conjointement à la tenue et à la conservation de ces documents importants.

Il importe que les demandes d'indemnité et de secours en faveur des pasteurs et de leurs veuves, toujours soumises au renouvellement annuel, me parviennent avant le quatrième ou le neuvième mois de l'année; les demandes de bourses et de demi-bourses avant la fin des mois de mai et de novembre.

Il importe également que vous me donniez avis très-exactement des décès, des démissions et de tous les autres changements survenus dans la position des personnes qui reçoivent des allocations sur les fonds de l'État.

Vous devez enfin vous attacher à ne transmettre à mon administration que des dossiers complets où se trouvent réunis tous les renseignements et toutes les pièces exigés par les règlements.

Bien que plusieurs des recommandations qui précèdent puissent paraître minutieuses, j'ai dû vous les adresser, parce qu'elles répondent aux nécessités du service et que la prompte expédition des affaires dépendra, dans beaucoup de cas, de l'exactitude que vous apporterez à les suivre.

Veuillez, Monsieur le Président, communiquer au Consistoire la présente circulaire, dont vous m'accuserez réception après avoir remis à vos collègues les exemplaires qui leur sont destinés.

Agréez, etc.

Signé : H. FORTOUL.

DEUXIÈME PARTIE.

MODÈLES DES PROCÈS-VERBAUX, CERTIFICATS ET PIÈCES DIVERSES

DONT L'USAGE EST LE PLUS FRÉQUENT DANS L'ADMINISTRATION DES CULTES PROTESTANTS EN FRANCE.

---

§ 1.

PIÈCES RELATIVES AUX ÉLECTIONS.

MODÈLE N° 1.

ÉGLISE
de la
CONFESSION D'AUGSBOURG.

INSPECTION
d

CONSISTOIRE
d

LISTE DES ÉLECTEURS

DE LA PAROISSE d

SECTION d

Nos d'ordre.	NOMS et PRÉNOMS.	ONT VOTÉ.	PROFESSION.	LIEU de NAISSANCE.	DATE de la NAISSANCE.	DOMICILE et date de l'établissement dans la paroisse.	OBSERVATIONS.

La présente liste des électeurs, extraite du Registre paroissial et certifiée conforme audit Registre, a été arrêtée en séance du Conseil presbytéral de la paroisse d , le 18 .

Le Secrétaire, Le Président,

Vérifié en séance du Consistoire d , le 18 .

Le Secrétaire, Le Président

Vérifié et arrêté au nombre de électeurs.

, le 18 .

L'Inspecteur ecclésiastique,

MODÈLE N° [illegible].

CARTE D'ÉLECTEUR, N° .

ÉGLISE (RÉFORMÉE ou DE LA CONFESSION D'AUGSBOURG).

Consistoire d   Paroisse d

Réunion à (indiquer le local) *, de heures du à heures du* .

Le *18* .

Élection de membres du Conseil presbytéral et (s'il y a lieu) *de représentants au Consistoire.*

Cette carte doit être présentée au bureau au moment du vote.

Le Président du Conseil presbytéral,
Signé :

Monsieur , à

NOTA. En cas de besoin, faire mettre au-dessous de chacune des indications qui précèdent, la traduction en allemand.

MODÈLE N° [illegible].

CONSISTOIRE d

PAROISSE d

BULLETIN DE VOTE.

Élection de membres du Conseil presbytéral (*ou bien* de représentants de la paroisse au Consistoire).

NUMÉROS.	NOMS DE FAMILLE.	PRÉNOMS.	PROFESSION.	DOMICILE.
1				
2				
3				

MODÈLE N° 4.

18 . Registre général n° .

Inspection d	**PROCÈS-VERBAL D'ÉLECTION**
Consistoire d	*d* *membres du Conseil presbytéral*
Paroisse d	*d*
Section d	(ou bien *d* *représentants de la* *paroisse d*
Électeurs inscrits :	*au Consistoire d*)
Votants :	

L'an 18 le à heures du

En exécution du décret du 26 mars 1852 et du règlement ministériel du 10 septembre de la même année, et (*pour la Confession d'Augsbourg*) conformément à l'arrêté directorial du

Les électeurs paroissiaux d dûment convoqués par trois publications faites en chaire et par des cartes distribuées à domicile, se sont réunis dans à l'effet de procéder à l'élection, pour la durée de ans, d membres du Conseil presbytéral de la paroisse d
(*ou bien* d représentants de la paroisse d au Consistoire d) en remplacement de MM.[1]

L'élection a été présidée par M. assisté de MM.

désignés comme assesseurs par le Conseil presbytéral.

M. a rempli les fonctions de secrétaire.

Le bureau ainsi constitué, le secrétaire a ouvert le procès-verbal et le président a fait connaître à l'assemblée qu'elle avait à élire membres du Conseil presbytéral (*ou bien* représentants de la paroisse au Consistoire); il lui a rappelé les dispositions du décret et du règlement précités, relatives à cette élection. Ensuite il a déclaré le scrutin ouvert.

1. Indiquer si les membres sont sortants, décédés ou démissionnaires.

En conséquence, il a été fait par le secrétaire un appel des électeurs inscrits sur le registre paroissial au nombre de

Chacun des électeurs présents a remis son bulletin de vote au président, qui l'a déposé dans une boîte fermée, placée sur la table du bureau. Les électeurs qui se sont présentés successivement pendant la durée du scrutin, ont été admis à voter de la même manière.

A heures le président a prononcé la clôture du scrutin [1].

Il a vérifié, au moyen de la feuille d'inscription des votants, le nombre des électeurs qui ont déposé leurs votes. Ce nombre a été trouvé être de

Il a ensuite ouvert la boîte du scrutin et compté les bulletins déposés, qui se sont trouvés également au nombre de

Le bureau a procédé immédiatement au dépouillement du scrutin, qui a présenté le résultat suivant :

1° M.	a obtenu	voix.
2° M.	a obtenu	voix.
3° M.	a obtenu	voix.
4° M.	a obtenu	voix.
5° M.	a obtenu	voix.
6° M.	a obtenu	voix.
7° M.	a obtenu	voix.

En conséquence [2], MM.

ayant réuni la majorité absolue des voix, ont été proclamés membres du Conseil presbytéral d

(*ou* représentants de la paroisse d au Consistoire d) pour une période de ans.

Fait à les jour, mois et an que dessus et ont signé les membres du bureau.

Vérifié par le Consistoire d en sa séance du

Le Secrétaire, *Le Président*,

(*Pour la Confession d'Augsbourg :* Approuvé en séance du Directoire de l'Église de la Confession d'Augsbourg,

Strasbourg, le 18 .

Le Président du Directoire,)

---

1. Dans les localités où le scrutin reste ouvert un second jour, indiquer la continuation des opérations électorales.

2. Dans les paroisses où il n'y a qu'un scrutin et dans celles où chaque section dont elles se composent, élit ses représentants au Conseil presbytéral, on proclamera les noms de ceux qui auront obtenu la majorité voulue des voix.

Dans les paroisses, au contraire, où les élections ont lieu au scrutin de liste et avec le concours de tous les électeurs de la paroisse, chaque section enverra son procès-verbal au chef-lieu de la paroisse qui procédera au recensement des votes et qui proclamera les élus. Ce recensement sera constaté au procès-verbal du chef-lieu de la paroisse.

MODÈLE N° 3.

PROCÈS-VERBAL DE L'ÉLECTION

D'UN DÉPUTÉ DE L'INSPECTION D AU CONSISTOIRE SUPÉRIEUR.

L'an 18 , le , à [1], en exécution de l'arrêté ministériel du 18 août 1859 et conformément à la circulaire directoriale du , l'assemblée de l'Inspection d dûment convoquée à cet effet, s'est réunie en présence de M. [2], et sous la présidence de M. l'Inspecteur ecclésiastique, à l'effet d'élire, pour la durée de ans, un député au Consistoire supérieur, en remplacement de M. [3].

La séance est ouverte par une prière prononcée par M. .

M. le Président désigne le bureau provisoire, composé de MM. , comme scrutateurs, et de M. , comme secrétaire.

Il procède ensuite à l'appel nominal des membres composant l'assemblée d'Inspection.

Membres de droit. Présents :

MM. , députés de l'Inspection au Consistoire supérieur.

MM. , inspecteurs laïques.

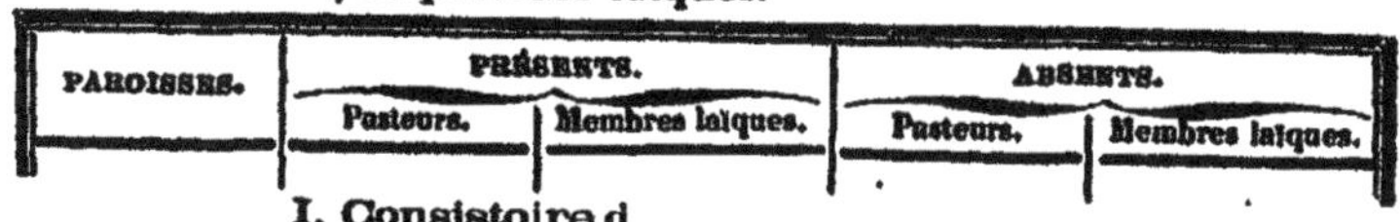

PAROISSES.	PRÉSENTS.		ABSENTS.	
	Pasteurs.	Membres laïques.	Pasteurs.	Membres laïques.
I. Consistoire d				

Le total des membres présents étant de , la majorité absolue des voix est de

M. le Président donne lecture de l'arrêté ministériel et de la circulaire directoriale précités.

Il invite l'assemblée à procéder à la nomination du bureau définitif[4].

Toutes les formalités préalables à l'élection ayant été accomplies, M. le Président invite les membres présents à écrire leurs votes sur les bulletins qui ont été distribués à cet effet. Chacun d'eux, à l'appel de son nom, dépose son bulletin dans l'urne. M. le Président compte les bulletins recueillis et constate qu'ils sont au nombre de égal à celui des votants.

Le dépouillement des votes donne le résultat suivant :

Ont obtenu : MM. voix.

M. , ayant obtenu la majorité absolue des suffrages, est proclamé député de l'Inspection d au Consistoire supérieur pour une période de ans.

La séance est levée à

De tout quoi a été dressé le présent procès-verbal, signé par les membres du bureau et par M. (le Préfet ou son délégué).

A , les lieu, jour, mois et an que dessus.

---

1. Indiquer l'heure, le local et le lieu. — 2. Indiquer si c'est M. le Préfet ou son délégué. — 3. Indiquer si le membre est sortant, démissionnaire ou décédé. — 4. Indiquer si le bureau provisoire est maintenu, ou donner les noms des nouveaux membres.

§ 2.

PIÈCES RELATIVES AUX DÉLIBÉRATIONS DES CORPS ECCLÉSIASTIQUES.

MODÈLE N° 6.

ÉGLISE
(RÉFORMÉE OU DE LA CONFESSION D'AUGSBOURG).

OBJET :

EXTRAIT DU REGISTRE DES DÉLIBÉRATIONS
du Consistoire d

SÉANCE du
N°

Présidence de M.

Présents : (membres sur) MM. les pasteurs
MM. les membres du Conseil presbytéral chef-lieu
MM. les représentants des paroisses
MM. les délégués des Conseils presbytéraux
Absents : MM.

MODÈLE N° 7.

ÉGLISE
(RÉFORMÉE OU DE LA CONFESSION D'AUGSBOURG).

CONSISTOIRE
d

OBJET :

EXTRAIT DU REGISTRE DES DÉLIBÉRATIONS
du Conseil presbytéral d

SÉANCE du
N°

Présidence de M.
Présents : (membres sur) MM.

Absents : MM.

MODÈLE N° 8.

CONSISTOIRE (ou CONSEIL PRESBYTÉRAL) D

Séance du 18 , *à* *heures du*
à (local)

ORDRE DU JOUR :

Le Président,

Monsieur , *membre du* , *à*

§ 3.

PIÈCES CONSTATANT DES ACTES PASTORAUX.

MODÈLE N° 9.

DÉPARTEMENT
d

ÉGLISE CONSISTORIALE
d

PAROISSE
d

REGISTRE DE BAPTÊME.

L'an mil huit cent le à heures, Nous soussigné, Pasteur de la paroisse d , avons baptisé cejourd'hui né à le à heures, fil de et de son épouse, mariés et domiciliés à

Cet enfant a été présenté sur les fonts baptismaux par

Témoins du baptême: 1° 2° 3° 4°

lesquels ont signé le présent acte avec le père de l'enfant et avec nous.

Fait à les jour, mois et an que dessus.

Signatures des Témoins: Signature du Pasteur:

MODÈLE N° 10.

ÉGLISE
(RÉFORMÉE ou DE LA CONFESSION D'AUGSBOURG).

CONSISTOIRE
d

ÉGLISE
d

CERTIFICAT DE BAPTÊME.

Le Pasteur de la paroisse d certifie avoir baptisé le fil de M. et de Mme son épouse, né à le et présenté au saint Baptême, par comme parrain et par comme marraine.

A , le 18 .

(L. S.) Le Pasteur de l'Église d

MODÈLE N° 11.

DÉPARTEMENT
d

ÉGLISE CONSISTORIALE
d

PAROISSE
d

REGISTRE DE MARIAGE.

L'an mil huit cent le
Nous soussigné Pasteur de la paroisse d
après nous être fait présenter le certificat de l'officier de l'état civil de la commune d constatant que l'acte de mariage civil a eu lieu le
avons procédé à la bénédiction religieuse du mariage contracté entre M. né à
le demeurant à
fils de et de
et née à
le fille de
demeurant à et de

Furent témoins au présent acte :
1° M. âgé de ans.
2° M. âgé de ans.
3° M. âgé de ans.
4° M. âgé de ans.

En foi de quoi nous avons dressé le présent acte et l'avons signé avec les témoins et plusieurs parents et amis des époux.

Fait à , les jour, mois et an que ci-dessus.

Signatures des Témoins : Signature du Pasteur :

MODÈLE N° 12.

ÉGLISE
(RÉFORMÉE ou DE LA CONFESSION D'AUGSBOURG).

CONSISTOIRE
d

ÉGLISE
d

CERTIFICAT DE MARIAGE.

Le Pasteur de la paroisse d
certifie avoir donné, le
la bénédiction nuptiale à
et , mariés civilement
le

A , le 18 .

(L. S.) Le Pasteur de l'Église d

MODÈLE N° 13.

DÉPARTEMENT
d

ÉGLISE CONSISTORIALE
d

PAROISSE
d

REGISTRE DE DÉCÈS.

L'an mil huit cent le
Nous soussigné Pasteur de la paroisse d
après nous être fait présenter, au vœu de la loi, le permis d'inhumer délivré par l'officier de l'état civil, avons procédé cejourd'hui à l'enterrement de
né à , le , de
et de , son épouse,
et décédé à le à heures
d ;
(Mentionner ici si le *de cujus* était célibataire, marié ou veuf, et indiquer, s'il y a lieu, les nom et prénoms du conjoint.)

Furent témoins au présent acte :
1° M. âgé de ans.
2° M. âgé de ans.

En foi de quoi nous avons dressé le présent acte et l'avons signé avec les témoins.

Fait à , les jour, mois et an que ci-dessus.

Signatures des Témoins: **Signature du Pasteur:**

MODÈLE N° 14.

ÉGLISE
(RÉFORMÉE ou DE LA CONFESSION D'AUGSBOURG).

CONSISTOIRE
d

ÉGLISE
d

CERTIFICAT DE CONFIRMATION.

Le Pasteur d
certifie avoir reçu, le
à la Confirmation et à la sainte Cène.
né à
le et baptisé à
le

A , le 18 .

(L. S.) Le Pasteur de l'Église d

TROISIÈME PARTIE.

COUP D'ŒIL SUR LA CONSTITUTION DE L'ÉGLISE PROTESTANTE

(ÉGLISE RÉFORMÉE, DE LA CONFESSION D'AUGSBOURG OU PROTESTANTE-UNIE)

DANS QUELQUES-UNS DES PRINCIPAUX ÉTATS DE L'EUROPE.

I.

AUTRICHE.

Patente impériale du 8 avril 1861 ; règlement du ministre d'État du 9 avril 1861 (en 198 articles); arrêté ministériel du 9 août 1867.

L'Église de la Confession d'Augsbourg et l'Église de la Confession helvétique ont reçu, en 1861, dans les pays allemands et slaves de la couronne d'Autriche (*deutsch-slavische Kronländer*), une organisation parallèle provisoire, très-remarquable à raison de l'autonomie presque absolue qu'elle leur laisse. Cette organisation a été soumise, en 1864, à la révision du Synode général de chaque confession, mais n'avait encore subi, du moins en 1867, aucun remaniement dans le sens des observations de ces assemblées.

Voici, d'après les actes législatifs indiqués ci-dessus[1], les linéaments de cette organisation:

La hiérarchie ecclésiastique comprend quatre degrés: la paroisse, le séniorat, la surintendance, l'Église de chacune des deux

1. Dove, *Sammlung der wichtigeren neuen Kirchenordnungen Deutschlands*, Tübingen, 1865; Richter, *Lehrbuch des kathol. und evang. Kirchenrechts*, édit. Dove, 1 vol. de XVIII-1030 p., Leipsick, 1867, etc.

confessions, considérée dans son ensemble. L'Église se divise en surintendances; la surintendance (sauf une seule, celle de Vienne, Confession helvétique), en séniorats[1]; le séniorat, en paroisses. Chacune de ces circonscriptions possède une autorité administrative et une représentation particulières, dont le tableau suivant fera saisir d'un coup d'œil la relation :

CIRCONSCRIPTIONS.	AUTORITÉS ADMINISTRATIVES.	CORPS REPRÉSENTATIFS.
I. Paroisse :	le Conseil presbytéral,	l'Assemblée paroissiale;
II. Séniorat :	le Sénior,	l'Assemblée de séniorat;
III. Surintendance :	le Surintendant,	l'Assemblée de surintendance;
IV. Église tout entière :	le Conseil supérieur,	le Synode général.

§ 1. *Paroisse.*

La paroisse (*Pfarre, Pfarrgemeinde*) se compose de tous les protestants de la même communion domiciliés depuis six semaines sur son territoire (église-mère ou annexes). Sont membres actifs de la paroisse tous les hommes qui, y ayant leur domicile, ont atteint leur 24e année et supporté, depuis un an au moins, leur part des charges paroissiales. Sont éligibles les membres actifs, âgés de 30 ans, qui concourent, depuis deux ans au moins, aux charges paroissiales.

A. Tous les membres actifs, dans les paroisses de moins de 500 âmes, des députés élus par eux, dans les paroisses de plus de 500 âmes, constituent l'Assemblée paroissiale (*Gemeindeversammlung, grössere Gemeindevertretung*) : les conseillers presbytéraux en sont membres de droit. Les députés de la paroisse sont élus pour six ans et se renouvellent par tiers tous les deux ans; leur nombre est déterminé, suivant la population, par la paroisse elle-même, mais sans pouvoir dépasser 200.

1. L'Église de la Confession d'Augsbourg comprend 4 surintendances : 1° Vienne (5 séniorats); 2° Brünn (3 séniorats); 3° Prague (2 séniorats); 4° Lemberg (4 séniorats). L'Église helvétique comprend 3 surintendances : 1° Vienne, qui n'est pas subdivisée; 2° Ingrowitz (2 séniorats); 3° Prague (3 séniorats).

L'Assemblée paroissiale nomme les pasteurs, vicaires et instituteurs, sous réserve de la confirmation du Conseil ecclésiastique supérieur; élit les membres du conseil presbytéral et, parmi ces membres, les députés de la paroisse à l'Assemblée de séniorat; fixe, mais sans pouvoir en diminuer le taux, les traitements des pasteurs, vicaires et instituteurs; vote, au profit des mêmes personnes, des cotisations volontaires ou des suppléments de traitement; détermine le mode de placement des capitaux et les moyens ordinaires ou extraordinaires de pourvoir aux dépenses de la paroisse, vérifie chaque année la comptabilité.

B. Le Conseil presbytéral (*Presbyterium*) se compose: 1° des pasteurs; 2° de 4 à 24 membres laïques, suivant la population, élus pour quatre ans et rééligibles; 3° de tous ceux qui concourent au service de l'église (*Kirchenbeamte*), membres de droit. Il a pour mission: d'assister le pasteur dans le développement de la vie spirituelle chez ses ouailles et dans la surveillance des écoles, spécialement au point de vue religieux; de veiller au maintien de l'ordre et de la discipline dans la paroisse; de préparer et d'exécuter les décisions de l'Assemblée paroissiale; de s'occuper des pauvres, des malades et des abandonnés; de tenir le registre électoral; de nommer les serviteurs d'église (sacristains, chantres, organistes, etc.); de veiller au payement des traitements auxquels la paroisse s'est engagée à pourvoir; d'administrer le patrimoine de l'église et d'entretenir les temples, presbytères et maisons d'écoles; de faire au pasteur, s'il y a lieu, des observations sur la manière dont il exerce son ministère, et, au besoin, de porter ses doléances devant le sénior.

En cas de manquement réitéré à leurs devoirs, le Conseil presbytéral et l'Assemblée paroissiale peuvent être dissous par le surintendant, sauf recours au Conseil supérieur.

C. Les pasteurs ont, comme ministres de l'Église, des devoirs analogues à ceux qui leur incombent à ce titre dans tous les États de l'Europe; mais, en Autriche, ils sont de plus les supérieurs hiérarchiques des instituteurs et exercent une surveillance assidue, non-seulement sur l'instruction religieuse, lorsqu'ils ne la donnent pas eux-mêmes dans les écoles, mais encore sur toutes les autres matières, sur les méthodes d'enseignement, sur le zèle et la conduite des maîtres, etc.

Les pasteurs sont élus par l'Assemblée paroissiale, parmi les ecclésiastiques dûment qualifiés, qui ont atteint leur 24e année, et qui se sont déclarés prêts à accepter la place à pourvoir. En cas de vacance, le Conseil presbytéral, après avoir informé le sénior, se met à la recherche de candidats. S'il n'en trouve qu'un seul, il le présente directement aux suffrages de l'Assemblée paroissiale; s'il en trouve plusieurs, il commence par décider s'ils seront soumis, ou non, à des prédications d'essai. Le moment du vote étant arrivé, l'Assemblée paroissiale procède au suffrage, sans être limitée par aucune liste ni aucune désignation impérative. Il faut, pour être élu, réunir la majorité absolue des suffrages, et l'on procède à de nouveaux tours de scrutin jusqu'à ce que l'un des candidats ait obtenu la moitié des voix plus une; seulement, à chaque tour, le candidat qui a obtenu le moins de voix est éliminé de plein droit, de sorte qu'en dernière analyse il ne peut jamais rester plus de deux candidats en présence; s'ils se partagent également les suffrages, le sort décide entre eux. Le procès-verbal d'élection est soumis par l'entremise du sénior à la confirmation du Conseil ecclésiastique supérieur.

D. Dans chaque paroisse il peut être adjoint au pasteur, en sa qualité de conducteur spirituel, un premier préposé laïque (*erster weltlicher Vorsteher*), qui prend le titre de *curateur.*

Le Conseil presbytéral est présidé par le pasteur ou le premier des pasteurs; l'Assemblée paroissiale, par le pasteur ou le curateur.

§ 2. *Séniorat.*

Le séniorat (*Seniorat, Bezirksgemeinde*) comprend toutes les paroisses de sa circonscription. Il est représenté par l'*Assemblée de séniorat* et administré par le *sénior*, avec l'assistance d'une *Commission séniorale.*

A. L'Assemblée de séniorat (*Senioratsversammlung, Senioratsconvent*) se tient une fois par an, dans l'une des localités de la circonscription; elle se compose, sous la présidence du sénior: 1° de tous les pasteurs du ressort; 2° d'un nombre égal de députés laïques tirés pour chaque session des conseils presbytéraux; 3° d'un professeur de chacun des gymnases, écoles normales d'instituteurs (*Schullehrerseminar*) ou écoles supérieures (*Haupt- und Realschulen*) de la circonscription.

Elle entend un rapport du sénior sur la situation morale et religieuse des églises et des écoles; délibère sur les difficultés que peut soulever l'application des règlements de l'autorité supérieure et sur les questions que cette autorité juge à propos de lui soumettre; veille au maintien des droits de l'Église; porte plainte, le cas échéant, contre le sénior et la Commission séniorale; vient en aide aux paroisses pauvres de son ressort, aux pasteurs et instituteurs devenus incapables de remplir leurs fonctions, etc. Sont admis aux séances les candidats au saint ministère et les conseillers presbytéraux.

B. Le sénior (*Senior*) est élu pour quatre ans, par tous les conseils presbytéraux du séniorat, parmi les pasteurs de cette circonscription, sous réserve de la confirmation du Conseil ecclésiastique supérieur. Il a trois sortes d'attributions: inspecteur ecclésiastique, il visite les paroisses de son arrondissement, veille au maintien de l'ordre et de la discipline, préside les conférences pastorales, etc. Inspecteur de l'enseignement, il visite les écoles pour contrôler tant la conduite des maîtres que les progrès des élèves, et fait son rapport à la surintendance. Enfin, représentant ecclésiastique du séniorat aux Assemblées de surintendance, il défend les droits de l'Église en général et les intérêts des diverses communautés de son arrondissement, en particulier.

C. La Commission séniorale (*Senioratsausschuss*) comprend, sous la présidence du sénior, un membre ecclésiastique, le *consénior*, et un membre laïque, le *curateur du séniorat*, élus, pour quatre ans, par l'Assemblée de séniorat parmi ses membres.

La commission prépare les sessions de l'assemblée; donne aux décisions prises la suite qu'elles comportent; surveille les élections paroissiales et l'administration des conseils presbytéraux; révise la comptabilité des églises et des écoles; gère les biens indivis du séniorat; intervient, en cas de dissension entre des pasteurs, des instituteurs ou des anciens; juge les atteintes portées à l'ordre ou à la discipline ecclésiastique; fait l'instruction préalable à la révocation des membres du corps pastoral ou enseignant, etc.

§ 3. *Surintendance.*

La surintendance (*Superintendenz, Superintendentialgemeinde*), dont la circonscription prend aussi le nom de *diocèse*, est représentée par une *Assemblée de surintendance*, et administrée par un *surintendant* assisté d'une *Commission* spéciale.

A. L'Assemblée de surintendance (*Superintendentialversammlung, Superintendentialconvent*) se réunit, une fois tous les trois ans, au lieu et à l'époque qu'elle a fixés dans sa session précédente. Elle est présidée par le surintendant et se compose: 1° du curateur de la surintendance ou d'un autre laïque, à son défaut; 2° des séniors et curateurs de séniorat du diocèse; 3° de deux députés ecclésiastiques et de deux députés laïques de chaque assemblée de séniorat; 4° d'un professeur des établissements d'instruction de la confession intéressée, existant dans la ville où se tient la session; 5° à Vienne, d'un professeur de la Faculté de théologie. Les pasteurs, professeurs et anciens sont admis à assister aux séances, sauf le droit de l'assemblée de se constituer en comité secret sur la demande écrite de cinq membres.

Ses attributions correspondent exactement, pour l'ensemble du diocèse, à celles qu'a chaque assemblée de séniorat, dans sa circonscription restreinte.

B. Le surintendant est élu à vie par les divers conseils presbytéraux du diocèse, parmi les pasteurs, séniors ou professeurs en théologie: l'Empereur doit confirmer le choix.

Ses attributions ont la plus grande analogie avec celles des inspecteurs ecclésiastiques de France: il surveille, tant pour le personnel que pour le matériel, l'ensemble de l'administration des paroisses et des séniorats de son arrondissement; visite, à cet effet, toutes les paroisses une fois au moins tous les trois ans et adresse un rapport au Conseil supérieur; consacre les églises, installe les pasteurs, accorde la *venia concionandi*, examine et ordonne les candidats au saint ministère; accorde les congés, etc. Comme toutes les autres autorités préposées à l'Église évangélique d'Autriche, il exerce sur les établissements d'instruction le même contrôle que sur les institutions ecclésiastiques.

C. La Commission (*Superintendentialausschuss*) est élue pour quatre ans par l'Assemblée de surintendance. Elle se compose, sous la présidence du surintendant, d'un *vice-surintendant* ecclésiastique, d'un membre laïque intitulé *curateur de la surintendance*, et de deux suppléants. Elle est l'autorité intermédiaire entre les séniorats et le Conseil supérieur, et exerce des attributions correspondantes à celles de la Commission séniorale.

§ 4. *Autorités centrales.*

L'Église luthérienne et l'Église helvétique (*Gesammtgemeinde*) sont représentées chacune par un *Synode général* et placées sous l'autorité du *Conseil ecclésiastique supérieur*.

A. Les deux Synodes généraux s'assemblent, tous les six ans, à Vienne, tantôt séparément, tantôt, lorsqu'il s'agit d'affaires d'intérêt commun, en séance générale, avec la réserve, dans ce dernier cas, que les décisions prises ne lient chaque synode qu'autant qu'elles ont obtenu la majorité des suffrages des membres respectifs de chacun d'eux.

Siégent dans le synode : 1° tous les surintendants et curateurs de surintendance; 2° le sénior et un député laïque de chaque séniorat; 3° un délégué de la Faculté de théologie protestante de Vienne; 4°, mais avec voix consultative seulement, un délégué du Conseil supérieur. Nul commissaire du Gouvernement n'assiste aux séances.

Les synodes choisissent leur président, leur vice-président et leur secrétaire. Le président peut admettre aux séances un certain nombre d'auditeurs.

Les synodes délibèrent sur les projets de lois ou de règlements préparés par le Conseil supérieur sur les affaires concernant les rapports de leur Église, soit avec l'État, soit avec les autres confessions, etc.; ils prononcent sur les questions de doctrine, de culte et de liturgie, ainsi que sur les réclamations que soulèverait l'administration du Conseil supérieur.

Les lois et règlements qu'ils ont votés ne valent qu'après approbation du Gouvernement; leurs décisions en matière de doctrine, de culte et de liturgie entrent, au contraire, en vigueur de plein droit si le Conseil ecclésiastique supérieur y donne son assentiment; il ne peut le refuser que s'il considère les décisions comme contraires aux doctrines fondamentales de l'Église intéressée. Le Conseil est tenu, dans ce cas, de communiquer aussitôt aux surintendances les motifs de son refus avec le procès-verbal de la délibération du synode; si ces motifs ne sont pas fondés en droit, le synode est admis dans sa session suivante à reprendre la question, et sa décision fait loi; mais, pour être valables, toutes les décisions du synode en matière de doctrine doivent réunir la majorité des deux tiers des voix, et la loi organique déclare expressément que la confession de foi de chaque Église et la liberté de conscience des fidèles sont au-dessus de toute discussion.

Chaque synode nomme pour l'intervalle de ses sessions ordinaires: 1° une Commission synodale (*Synodalausschuss*) de deux membres qui, dans toutes les affaires graves, donne au Conseil supérieur son avis par écrit; 2° une commission de trois personnes de la paroisse de Vienne, chargée d'assister le Conseil supérieur dans la révision générale de la comptabilité ecclésiastique.

B. Le Conseil supérieur ecclésiastique (*evangelischer Oberkirchenrath*), commun aux deux confessions, se compose: 1° d'un président laïque, protestant, nommé par l'Empereur sur la présentation du Ministre, sans avis préalable de l'autorité ecclésiastique; 2° d'un membre ecclésiastique et d'un membre laïque, pour chaque confession, nommés, tous quatre, par l'Empereur, sur l'avis du Conseil; 3° de deux membres extraordinaires, un pour chaque confession, nommés en la même forme parmi les pasteurs ou professeurs, mais sans voix délibérative. (Arr. min. 9 août 1867.)

La vice-présidence appartient à un laïque réformé, si le président est luthérien, et *vice versâ*.

Tous les membres sont à vie et payés par l'État.

Fort analogue au Directoire de l'Église luthérienne de France, le Conseil supérieur exerce une haute surveillance sur l'administration temporelle et spirituelle de l'Église et sur le personnel ecclésiastique; veille à l'observation des lois tant civiles qu'ecclésiastiques; s'occupe de l'évangélisation des protestants disséminés, de la construction de nouveaux édifices religieux ou scolaires, de l'amélioration du traitement des pasteurs et instituteurs, de la création de caisses de secours pour leurs veuves ou leurs orphelins; sert d'intermédiaire entre l'Église évangélique d'Autriche et celles des autres pays; prépare les sessions du Synode général et pourvoit à l'exécution des décisions prises, etc.

C. L'Empereur exerce ses *jura circa sacra*, sauf les cas réservés, par l'entremise du Ministère de l'instruction publique et des cultes, qui comprend, à cet effet, une section composée de membres protestants. (Patente de 1861, art. 16 et 25.)

II.

BADE.

La constitution ecclésiastique, actuellement en vigueur dans le grand-duché, a été promulguée le 5 septembre 1861[1]. Elle est, comme celle de l'Autriche, l'une des premières qui aient augmenté dans d'aussi fortes proportions la part d'intervention des communautés dans l'administration de l'église et elle mérite également, à ce titre, une attention particulière.

La hiérarchie ecclésiastique a trois échelons :

1. Dove, *Sammlung der wichtigeren neuen Kirchenordnungen*, Tübingen, 1865.

CIRCONSCRIPTIONS.	CORPS REPRÉSENTATIFS.	AUTORITÉS ECCLÉSIASTIQUES.
I. Paroisse (*Kirchengemeinde*) :	Assemblée paroissiale et Conseil presbytéral,	Pasteur ;
II. Diocèse (*Diœcesangemeinde*) :	Synode diocésain et Comission diocésaine,	Doyen ;
III. Église dans son ensemble (*Landesgemeinde*) :	Synode général et Commission synodale,	Conseil ecclésiastique supérieur.

§ 1. *Représentation de l'Église.*

A. La *paroisse*, c'est-à-dire l'ensemble des personnes appartenant à l'Église évangélique qui ont leur domicile dans une circonscription déterminée, est représentée par deux corps : l'Assemblée paroissiale (*Kirchengemeindeversammlung*) et le Conseil presbytéral (*Kirchengemeinderath*).

L'*Assemblée paroissiale* comprend, à part le Conseil presbytéral, qui y siége de droit, un certain nombre de membres laïques, élus pour six ans par la paroisse et soumis à un renouvellement triennal par moitié. Ce nombre est fixé à 20 pour les paroisses qui comptent moins de 100 électeurs, et de 24 à 80 pour celles qui en comptent plus de 100, en ajoutant 2 membres par 50 électeurs.

Sont électeurs tous les paroissiens âgés de 25 ans, de position indépendante et que la loi ne prive pas expressément du droit de suffrage (en sont privés les interdits, les pauvres habituellement assistés, les domestiques, diverses catégories de condamnés, etc.). Tout électeur est éligible.

L'assemblée paroissiale nomme les anciens et le receveur d'église, émet un vote pour le choix du pasteur, connaît de toutes les propositions formulées par le conseil presbytéral en matière de culte ou de doctrine, autorise seule valablement, sous réserve de l'approbation du Conseil ecclésiastique supérieur, les actes qui modifient ou grèvent le patrimoine de l'église, les aliénations, les emprunts, les contributions extraordinaires à réclamer de la communauté, et statue chaque année sur le budget paroissial. Elle se réunit une fois par an, et plus souvent, si le conseil presbytéral juge nécessaire de la convoquer extraordinairement.

Si elle n'adopte pas une proposition de ce conseil, elle peut renvoyer la décision définitive à une assemblée générale du corps électoral.

Le *Conseil presbytéral* se compose du ou des pasteurs de la paroisse et d'un nombre de laïques qui varie, suivant la population, de 4 à 16. Les laïques sont élus pour six ans par l'assemblée paroissiale. Sont éligibles tous les électeurs âgés de 30 ans. Les membres élus ne peuvent décliner leur mandat que pour certains motifs graves, prévus par la loi. En cas d'incapacité ou de négligence dans l'accomplissement soit de leurs fonctions, soit de leurs devoirs religieux, ils sont passibles de révocation.

Les attributions du conseil sont tout à fait analogues à celles que la législation française confère aux mêmes corps. Seulement elles comprennent, en plus, des devoirs spéciaux à l'égard des pauvres de la paroisse et la mission de pourvoir à l'exécution des décisions prises par l'assemblée paroissiale.

Le conseil s'assemble au moins une fois par mois sous la présidence du pasteur.

B. Un certain nombre de paroisses forment un *diocèse*, auquel est préposé un *Synode diocésain*, composé de tous les pasteurs du ressort et d'un nombre égal de laïques élus, pour deux ans, par les membres laïques des conseils presbytéraux, soit dans leur propre sein, soit parmi les anciens membres de ces corps.

Les ecclésiastiques du ressort non préposés à une paroisse et les membres du Conseil ecclésiastique supérieur sont admis à siéger dans le Synode avec voix consultative. Sont, en outre, autorisés à assister aux séances: les anciens membres du Synode général, les membres titulaires ou émérites des conseils presbytéraux, les candidats au saint ministère, les employés des églises et les instituteurs protestants.

La présidence appartient à un *doyen*, élu pour six ans par le synode parmi ses membres ecclésiastiques et confirmé par le Conseil supérieur.

Le synode diocésain délibère sur les améliorations à introduire dans sa circonscription en matière de culte, d'enseignement primaire ou de bienfaisance, sur les propositions, vœux ou réclamations adressés par un corps ou une personne de son ressort au Conseil supérieur, enfin sur les questions qui lui sont renvoyées par le Synode général.

Il se réunit une fois par an. Dans l'intervalle des sessions, les affaires sont gérées par une Commission diocésaine (*Diöcesanausschuss*), composée, sous la présidence du doyen, de 2 ecclésiastiques et de 2 laïques élus pour deux ans par le synode et se renouvelant par moitié chaque année. La commission prépare les sessions du synode, exécute les décisions de l'assemblée, sert d'intermédiaire entre elle et les autorités supérieures ou inférieures, tranche les différends entre les paroisses et les fonctionnaires ou employés de l'Église, prononce sur les recours dont il peut être saisi, exerce sa surveillance sur l'ensemble du personnel ecclésiastique et laïque, ainsi que sur l'administration des biens paroissiaux, enfin assiste par deux de ses membres, un laïque et un ecclésiastique, le doyen dans son inspection périodique des églises.

C. A la tête de l'ensemble de l'Église évangélique badoise se trouve un *Synode général*, comprenant : 1° le prélat du pays; 2° 7 membres à la nomination du grand-duc, parmi lesquels un membre de la Faculté de théologie et un membre du séminaire de prédication de Heidelberg; 3° 24 députés ecclésiastiques élus suivant une proportion déterminée par les ecclésiastiques des divers synodes diocésains; 4° 24 députés laïques élus par autant de collèges électoraux composés eux-mêmes de délégués des anciens d'église.

Sont éligibles les ecclésiastiques en fonctions, après deux ans de ministère, et tous les laïques aptes à être élus membres d'un conseil presbytéral.

A chaque député est adjoint un suppléant qui le remplace de plein droit en cas d'absence, quelle qu'en soit la cause.

Le Synode s'assemble tous les cinq ans en session ordinaire; le mandat de ses membres expire au bout du même laps de temps. Il choisit son président, son vice-président et ses secrétaires.

Les membres du Conseil supérieur ont le droit d'assister à toutes les séances et de prendre la parole quand ils le jugent à propos. Tous les membres actifs de l'Église ont accès dans la salle des séances, hormis le cas où l'assemblée se forme en comité secret.

Le Synode délibère sur toutes les questions législatives ou réglementaires qui intéressent l'Église dans son ensemble (doctrine, liturgie, organisation ecclésiastique, discipline), qu'elles lui soient soumises par le Gouvernement ou par les synodes diocésains; sur les actes administratifs du Conseil supérieur qui lui sont déférés par voie d'appel; sur les dépenses d'un intérêt général proposées par le même corps. Nul changement dans la doctrine, la liturgie ou l'organisation ecclésiastique ne peut avoir lieu sans son assentiment. C'est lui qui, après avoir provoqué l'avis des conseils presbytéraux et des synodes diocésains, autorise, s'il y a lieu, l'introduction de nouveaux catéchismes, histoires saintes, recueils de cantiques ou agendes.

Avant de se séparer, il nomme une Commission synodale (*Synodalausschuss*) de quatre membres, qui prennent part, à titre de membres extraordinaires du Conseil supérieur, à toutes ses délibérations relatives soit au personnel, soit à des mesures qui seraient légalement du ressort du Synode lui-même, mais qu'on ne peut ajourner jusqu'à sa plus prochaine session.

§ 2. *Administration de l'Église.*

A. L'administration des églises appartient tout d'abord aux pasteurs. Il nous paraît superflu d'entrer dans le détail des fonctions diverses que leur attribue la constitution badoise et qui, tenant presque toutes à la nature des choses, leur incombent dans tous les pays protestants.

Nous nous bornerons à dire que quand il y a lieu de pourvoir à une place de pasteur, les candidats se font connaître au Conseil supérieur. Ce corps arrête une liste de trois noms et l'envoie à l'assemblée paroissiale intéressée. L'assemblée a le droit, si elle le juge à propos, de se renseigner sur les aptitudes des trois ecclésiastiques proposés, en envoyant des délégués dans leurs paroisses, puis elle procède au vote. Le candidat qui a obtenu la majorité absolue est proposé au grand-duc et reçoit de lui son titre de nomination.

Les paroisses sont divisées en cinq classes suivant leurs revenus. Un pasteur ne jouit de l'intégralité des émoluments attachés à sa cure qu'autant qu'il a le nombre d'années de services déterminé pour chaque classe. Sinon, il est tenu de verser l'excédant de ce à quoi il a droit dans une *Caisse pastorale centrale*, qui est administrée par le Conseil supérieur et sert à fournir des suppléments de traitement aux pasteurs que leurs services, leur âge ou leurs besoins spéciaux recommandent à cet effet.

B. Au-dessus des pasteurs se trouvent les *doyens*, nommés par les synodes diocésains, et dont les attributions se rapprochent beaucoup de celles des inspecteurs ecclésiastiques de l'Église de la Confession d'Augsbourg de France.

C. Enfin, l'autorité supérieure de l'Église, celle par laquelle le souverain exerce ses droits épiscopaux, est le Conseil ecclésiastique supérieur (*Oberkirchenrath*), composé d'un président et d'un certain nombre de membres laïques et ecclésiastiques à la nomination du grand-duc. Ses fonctions, analogues à celles du Directoire de la Confession d'Augsbourg en France, consistent surtout en un droit de contrôle sur l'administration des paroisses et des établissements ecclésiastiques et en un droit de surveillance et d'appréciation disciplinaire sur l'ensemble du personnel. C'est lui qui autorise les consécrations au saint ministère, les collectes extraordinaires, les changements de circonscriptions, qui examine les projets de construction d'édifices religieux, etc. C'est lui aussi qui a à présenter au Synode général, dans chacune de ses sessions, un rapport détaillé sur l'ensemble de l'administration ecclésiastique depuis sa précédente réunion. Il lui soumet en même temps les comptes de la Caisse pastorale générale, les projets de loi, etc.

Assisté de la Commission synodale, il peut, en cas d'urgence, prendre les mesures réservées au Synode, sauf, à peine de nullité, à en obtenir de ce corps l'homologation dans sa plus prochaine session.

III.

BAVIÈRE.

(BAVIÈRE PROPREMENT DITE ET PALATINAT.)

D'après l'Acte d'union du 10 octobre 1818, l'Église protestante de Bavière avait à sa tête, sous l'autorité du ministère de l'intérieur pour les affaires du culte et de l'instruction, un Consistoire supérieur dont le ressort comprenait tout à la fois la Bavière proprement dite et le Palatinat. Au-dessous de ce Consistoire supérieur s'en trouvaient trois locaux, ayant pour chefs-lieux Anspach, Bayreuth et Spire. Chacun des trois consistoires se divisait en arrondissements décanaux, composés eux-mêmes d'un certain nombre de paroisses.

Cette organisation a subi une première modification considérable en 1848 et 1849 : le consistoire de Spire, auquel ressortit toute la Bavière rhénane, a été distrait du ressort du Consistoire supérieur de Munich et autorisé à correspondre directement avec le ministère des cultes.

Peu d'années après, des règlements spéciaux, tout en conservant l'organisation consistoriale antérieure dans ses linéaments principaux, ont accordé aux communautés une plus large part d'intervention dans leurs affaires et institué à côté des autorités existantes tout un système synodal dont l'Acte d'union contenait déjà le germe, mais qui, en pratique, ne s'était jusqu'alors que très-imparfaitement développé. En même temps, dans la Vieille Bavière, les communautés réformées ont obtenu une représentation synodale indépendante de celle des communautés luthériennes et ne sont plus subordonnées, de concert avec celles-ci, qu'aux consistoires et au Consistoire supérieur. Dans le Palatinat, l'union entre les deux communions a été maintenue[1].

1. Voir DOVE, ouvrage cité; ULBRICHT, *Die merkwürdigsten Verfassungen evang. Landeskirchen Europa's*, Dresde, 1845; RICHTER, ouvrage cité.

§ 1. *Organisation de l'Église luthérienne dans la Bavière proprement dite.*

Acte d'union du 10 octobre 1818; ordonnances royales des 7 octobre 1850, 30 août 1851, 31 juillet et 31 août 1853; 7 février 1861; 10 mai 1862.

A. Chaque paroisse (*Kirchengemeinde*, *Pfarrgemeinde*) a un Conseil presbytéral (*Kirchenvorstand*) composé, sous la présidence du pasteur, de tous les ecclésiastiques attachés à la circonscription et, suivant la population, de 4 à 12 assesseurs laïques, élus pour six ans et se renouvelant par moitié tous les trois ans.

Sont électeurs tous les membres de l'Église luthérienne, sujets bavarois, de position indépendante, domiciliés dans la paroisse et âgés de 21 ans, sauf, bien entendu, les motifs habituels d'exclusion pour cause d'incapacité, de dépendance personnelle ou d'indignité.

Sont éligibles tous les électeurs, âgés de 25 ans, qui témoignent de leur foi aux doctrines de l'Église par la fréquentation du culte et la participation à la sainte Cène.

Le Conseil presbytéral a les attributions ordinaires de ces corps en matière d'administration intérieure et comme organes légaux des églises; il lui est spécialement recommandé d'encourager toutes les manifestations de la bienfaisance et de la charité chrétienne, et de travailler au développement de la vie religieuse dans la paroisse. C'est, en outre, lui qui nomme les membres laïques du Synode diocésain.

Les paroisses sont, dans quelques localités, en possession du droit de patronage, c'est-à-dire du droit de nommer leur pasteur. Dans toutes les autres, elles n'ont qu'un *votum negativum*, et les pasteurs sont nommés directement par le roi en vertu de ses pouvoirs épiscopaux, sur la proposition du Consistoire supérieur.

B. Un certain nombre de paroisses forment la circonscription d'un arrondissement décanal (*Decanatsbezirk*). A chaque décanat est préposé un doyen (*Decan*), nommé par le Consistoire supérieur et confirmé par le roi. Ce doyen, qui est un véritable inspecteur ecclésiastique, sert d'intermédiaire entre l'autorité supérieure et les paroisses, visite tous les deux ans chacune des églises de son ressort et adresse ensuite un rapport au consistoire, exerce sa surveillance sur la manière dont les pasteurs s'acquittent de leur ministère, etc.

Il est président de droit du Synode diocésain (*Diöcesansynode*), qui se réunit une fois par an dans chaque décanat. Le Synode se compose de tous les pasteurs ou vicaires administrateurs de la circonscription et d'un nombre égal d'assesseurs laïques élus, pour trois ans, par les conseils presbytéraux. Les ecclésiastiques non préposés à une paroisse y ont voix consultative.

Le Synode diocésain a des attributions assez restreintes : au vu d'un rapport du doyen sur l'ensemble de son administration et de rapports spéciaux des diverses autorités compétentes, il délibère sur les besoins des églises ou établissements ecclésiastiques du décanat; il émet des vœux sur les affaires ecclésiastiques d'intérêt général, etc.; enfin il est appelé à élire les députés ecclésiastiques et laïques au Synode général.

Les procès-verbaux, rédigés par un secrétaire élu par lui, sont transmis par l'entremise du consistoire au Consistoire supérieur, auquel appartient la décision suprême.

C. Au-dessus des décanats fonctionnent, dans l'ordre administratif, deux consistoires (*Consistorien*), l'un à Anspach, l'autre à Bayreuth. Ils se composent, sous la présidence d'un fonctionnaire de la régence, protestant, de deux conseillers ecclésiastiques et d'un conseiller laïque protestant. Les consistoires publient les vacances de cure et transmettent au Consistoire supérieur les noms des candidats, accordent aux ecclésiastiques les congés ou dispenses, contrôlent l'administration du patrimoine des églises, traitent, en général, toutes les affaires de personnel, et servent d'intermédiaires entre les doyens, dont ils surveillent la gestion, et le Consistoire supérieur.

D. Une ordonnance du 31 juillet 1853 a créé, pour le ressort des deux consistoires réunis, un Synode général (*Generalsynode*), comprenant : 1° un délégué de la Faculté de théologie d'Erlangen;

2° un délégué ecclésiastique et un délégué laïque de chacun des 65 décanats; à chacun de ces délégués est adjoint un suppléant élu en la même forme. Les membres du consistoire de la ville où siége le synode sont tenus d'assister aux séances; ceux de l'autre consistoire envoient deux délégués. Le synode se réunit chaque année sous la présidence d'un membre du Consistoire supérieur délégué à cet effet; il élit dans son sein deux secrétaires.

Corps essentiellement consultatif, il n'a d'autre droit que d'émettre son avis sur les affaires d'un intérêt général pour l'Église de Bavière et de formuler des vœux ou des observations; ses conclusions sont transmises au ministère par l'entremise du Consistoire supérieur, qui y joint son propre avis.

Les sessions durent trois semaines; sous certaines réserves, elles sont publiques (Décis. du Synode général, nov. 1865).

E. Le *Consistoire supérieur*, autorité ecclésiastique la plus élevée, se compose d'un président protestant, de quatre conseillers, dont un de la communion réformée, et d'un conseiller laïque, secrétaire et trésorier. Le président est nommé directement par le roi, les conseillers sont nommés par le roi sur la proposition du Ministre de l'intérieur.

Les attributions de ce corps comprennent : la haute surveillance sur la constitution ecclésiastique, sur la doctrine, sur la conduite des pasteurs; l'examen, l'ordination et le placement des candidats au saint ministère; la mise à la retraite des pasteurs émérites, la fixation des pensions à accorder à ces pasteurs ou à leurs veuves; la rédaction du programme de l'enseignement religieux dans les écoles, la coopération au choix des professeurs en théologie d'Erlangen, le contrôle sur l'administration paroissiale, etc.

§ 2. *Organisation de l'Église réformée.*

Par une ordonnance royale du 26 février 1853, les paroisses réformées ont été autorisées, au lieu de concourir à la formation des synodes diocésains et du Synode général dont il a été question au paragraphe précédent, à former un synode spécial de leur communion. Le synode réformé a des attributions correspondantes à celles des synodes luthériens; il est représenté dans l'intervalle de ses sessions annuelles par une commission (*Moderamen*) composée de deux de ses membres ecclésiastiques, un président et un assesseur.

Au surplus, les paroisses réformées sont subordonnées, comme les luthériennes, aux consistoires et au Consistoire supérieur.

§ 8. *Organisation de l'Église protestante-unie du Palatinat.*

Acte d'union du 10 octobre 1818; loi du 4 juin 1848; ordonnance royale du 11 mai 1849; règlement électoral de 1863.

A. Chaque paroisse a un *Conseil presbytéral* dont la composition, le mode de renouvellement et les attributions sont les mêmes que dans les provinces de la rive droite du Rhin. Le mode d'élection, à deux degrés, mérite seul d'être relevé. Les électeurs paroissiaux, c'est-à-dire les sujets bavarois âgés de 25 ans et présentant les conditions habituelles de domicile et d'honorabilité, élisent un collège électoral qui, en y comprenant tous les membres ecclésiastiques et laïques du conseil presbytéral (membres de droit), doit compter cinq fois autant de membres qu'il y a d'assesseurs laïques dans le conseil. Le collège choisit les conseillers parmi les électeurs âgés de 30 ans au moins et témoignant, par leur participation au culte et à la sainte Cène, de l'intérêt qu'ils portent aux choses religieuses. Il élit ensuite, pour la même période, un nombre égal de suppléants.

B. Plusieurs paroisses forment le ressort d'un *décanat*, représenté, comme en Bavière, par un *Synode diocésain*. Les membres laïques sont respectivement élus pour quatre ans, par chaque conseil presbytéral, parmi tous les éligibles de la paroisse.

C. Les représentants des décanats constituent un *Synode général*, qui se réunit tous les quatre ans, en présence d'un commissaire royal, sous la présidence d'un membre du consistoire de Spire. Le Synode se compose : 1° des doyens, membres de droit; 2° d'un député ecclésiastique par synode diocésain; 3° de deux députés laïques par synode diocésain. Sont éligibles, d'une part, tous les pasteurs du Palatinat, de l'autre, tous les laïques jouissant de l'éligibilité en matière paroissiale, excepté les membres du consistoire. Il y a autant de suppléants que de titulaires.

Ses attributions sont un peu plus étendues que celles du Synode de la Bavière; ainsi, il est admis à émettre un vœu en matière de nomination de membres du Consistoire, et son assentiment préalable est nécessaire pour valider des modifications à l'acte d'union de 1818 en matière de constitution, de doctrine, de liturgie, etc.

D. Le *Consistoire* de Spire exerce, dans le Palatinat, les fonctions qui, en Bavière, se partagent entre les deux consistoires et le Consistoire supérieur.

IV.

DANEMARK.

A. Le chef suprême, le *summus episcopus*, de l'Église luthérienne du Danemark est le roi, représenté jusqu'à ces dernières années par sa chancellerie et, aujourd'hui, par le ministère des cultes et de l'instruction publique. Le ministère exerce, au nom du roi, une haute surveillance sur l'ensemble du système ecclésiastique, scolaire et universitaire, sur la liturgie et le culte, sur les livres religieux, etc., et il pourvoit à toutes les places dans l'Église.

B. L'autorité ecclésiastique la plus élevée du pays sont les huit *évêques*, entre lesquels se répartissent tous les territoires européens de la monarchie danoise, ainsi que le Groënland. Le premier de ces évêques, *primus inter pares*, est celui de Sélande (Copenhague), c'est lui qui ordonne ses collègues et sacre le roi; il est lui-même ordonné par l'évêque de Fionie. Les évêques sont nommés par le roi et ne relèvent que de lui dans l'exercice de leurs fonctions. Chacun d'eux est assisté par un bailli, qui soigne les affaires temporelles du diocèse et veille au respect des prérogatives royales en matière ecclésiastique.

Les évêques sont chargés d'assurer le maintien de la pure doctrine, de surveiller les églises et les écoles de leur diocèse et d'en réviser la comptabilité, d'examiner et de consacrer les ecclésiastiques, d'exercer la discipline à l'égard du corps pastoral, de publier et de faire exécuter les ordonnances du roi, de tenir les synodes, de donner leur avis sur les matières que le Gouvernement juge à propos de leur renvoyer.

C. Les *synodes* se composent de tous les prévôts du diocèse, réunis sous la présidence de l'évêque et en présence du bailli, commissaire du roi. Ils se réunissent, suivant les diocèses, deux ou trois fois par an et délibèrent sur les affaires ecclésiastiques ou religieuses intéressant le ressort, sur les questions concernant l'administration des caisses de secours ou autres institutions ecclésiastiques, ainsi que sur celles qui leur sont soumises par voie d'appel.

D. Les *prévôts* ont dans leur *herred* les mêmes attributions que l'évêque, leur supérieur hiérarchique, dans l'ensemble de son diocèse; ils sont de véritables inspecteurs ecclésiastiques; seulement, ils n'ont pas le droit de conférer l'ordination. Ils sont choisis par les pasteurs de la circonscription, sous réserve de la confirmation de l'évêque.

E. Les *pasteurs*, jusqu'en 1848, étaient nommés par le patron, présentés à la commune et, si celle-ci ne formulait point d'objections, confirmés par l'évêque et installés par le prévôt. En 1848, on enleva aux patrons leur droit de nomination pour l'attribuer au Gouvernement. Tout récemment, enfin, le Landsthing a voté une loi qui remet l'élection aux communautés elles-mêmes.

Les pasteurs sont assistés pour les affaires intérieures de la paroisse, notamment en vue du maintien de la discipline, par des anciens élus par les fidèles.

Les frais de construction des édifices religieux s'acquittent sur les biens de la paroisse intéressée et, à défaut, sur ceux des paroisses voisines, par voie d'emprunt, ou à l'aide de contributions en argent ou en nature fournies par les paroissiens[1].

1. F. Ulbricht, *Die merkwürdigsten Verfassungen evangel. Landeskirchen Europa's*, Dresde, 1845; Walter, *Manuel du droit ecclésiastique*, trad. Roquemont, Paris, 1840, §§ 164, 235 et 267; *Témoignage* du 13 juin 1868, etc.

V.

PAYS-BAS.

La constitution de l'Église réformée des Pays-Bas est presbytérienne, et elle a avec celle de l'Église réformée de France cette analogie particulière, que l'édifice n'y a pas non plus son couronnement normal, le Synode général. On avait admis, en principe, que ce Synode se réunirait tous les trois ans, mais celui de Dortrecht de 1618 a été le premier et le dernier. Au surplus, la constitution primitive a subi deux autres modifications capitales : la participation des anciens, c'est-à-dire des communautés à l'administration de l'Église, est à peu près nulle, et c'est au roi qu'a été accordée l'influence prédominante.

Le roi, en sa qualité de souverain protestant, exerce un contrôle sur toutes les mesures et décisions prises par les corps ecclésiastiques : ces décisions ne valent que confirmées par lui; de plus, il intervient très-activement dans la composition de ces corps. Il est la seule et suprême autorité centrale du pays en matière ecclésiastique.

Voici, d'après le règlement de 1816, la constitution actuelle[1] :

A. Chaque paroisse a un *conseil presbytéral*, composé du ou des pasteurs et d'un certain nombre de membres laïques élus par elle. Ce conseil, qui, en cas de besoin, se complète par cooptation, exerce la surveillance tant sur le culte que sur la discipline. La tutelle des pauvres est commise à des diacres.

B. Un certain nombre de paroisses forment un *cercle*, dont les divers ecclésiastiques se réunissent sous la présidence d'un *préteur* de leur choix, pour conférer sur des questions ecclésiastiques ou religieuses.

C. Plusieurs cercles forment une *classe*. La classe est administrée par un comité de *modérateurs* comprenant, outre le prési-

1. Voir les auteurs cités à la note précédente.

dent, son assesseur et un secrétaire, de deux à quatre membres ecclésiastiques et un ancien, qu'on renouvelle annuellement. Les membres, soumis à un renouvellement annuel par moitié, sont nommés par le roi sur une liste de six candidats, réduite préalablement à trois par la régence provinciale. Le représentant ecclésiastique de chaque classe dans la commission de régence est le président des modérateurs de sa classe.

Ce comité se réunit régulièrement six fois par an, veille sur la classe, notamment sur le choix et le renvoi des pasteurs, exerce une censure sur tout le personnel ecclésiastique du ressort et prononce, en première instance, sur les contestations entre conseils presbytéraux, en dernière, sur les appels des décisions de ces mêmes corps. Indépendamment de ce comité permanent, il se tient, particulièrement pour la révision de certains comptes, des *assemblées de classe*, où chaque paroisse députe ses pasteurs et un nombre égal d'anciens.

D. Plusieurs classes forment le ressort d'une *régence provinciale*, à laquelle est préposé un corps comprenant, outre un unique député laïque soumis à renouvellement annuel et pris chaque fois dans une classe différente, autant de députés ecclésiastiques qu'il y a de classes. La commission se renouvelle par tiers tous les ans, d'après un roulement déterminé; pour le remplacement des membres sortants, les modérateurs de chaque classe proposent six candidats que la commission elle-même réduit à trois, et sur ces trois, le roi nomme un membre. On procède de même pour la désignation, en nombre égal, de membres suppléants. Le président est choisi par le roi parmi les ecclésiastiques de la régence provinciale.

Les membres de la régence se réunissent, en séance, trois fois par an. Ils veillent à l'exécution des lois et règlements ecclésiastiques dans leur ressort, prononcent, en dernière instance, sur les appels dont ils sont saisis, exercent le pouvoir disciplinaire sur les pasteurs et anciens, et peuvent prononcer leur destitution, enfin chargent des délégués de l'inspection des paroisses.

E. Enfin, au-dessus des régences, se trouvent des *synodes*, composés : 1° d'un député par régence; 2° d'un membre laïque envoyé à tour de rôle par chaque régence; 3° d'un représentant des trois Facultés de théologie. Le secrétaire perpétuel est nommé par le roi.

Les synodes se réunissent une fois par an, en présence d'un commissaire royal, et leurs décisions ne valent qu'après approbation du roi.

Ils constituent, en matière ecclésiastique, le pouvoir législatif en même temps que le tribunal d'appel suprême.

VI.

PRUSSE.

L'Église protestante a, en Prusse, une double hiérarchie, administrative et représentative : une organisation consistoriale et une organisation presbytéro-synodale beaucoup plus récente, qui a pris son complet développement surtout dans les provinces de Westphalie et de Prusse rhénane. Cette double organisation se complique encore d'une foule d'institutions particulières, propres aux pays que la monarchie a successivement englobés tout en respectant leurs traditions ecclésiastiques. Nous nous bornerons à donner un aperçu sommaire des institutions générales, sans entrer dans le détail des exceptions qu'elles comportent. Nous esquisserons successivement l'organisation administrative de l'Église évangélique de Prusse et son organisation synodale tant dans les provinces orientales que dans la Westphalie et la Prusse rhénane[1].

§ 1. *Administration de l'Église.*

Loi organique du 31 janvier 1850.

Cette organisation comporte quatre degrés : 1° le souverain protestant du pays; 2° le Conseil supérieur ecclésiastique et le ministère des affaires ecclésiastiques; 3° les consistoires et les régences; 4° les surintendants.

A. Le *roi* exerce dans l'Église les droits épiscopaux. Moyennant

1. Jacobson, *Das evangel. Kirchenrecht Preussen's*, Halle, 1866, un volume de 750 pages; Dove, ouvrage cité; Richter, ouvrage cité.

le concours légal des corps qui la représentent, il est son législateur suprême et l'arbitre des contestations en matière de religion et de foi. Il nomme les membres des consistoires, les surintendants, en un mot, tous les dignitaires de l'Église; il tranche les conflits qui peuvent surgir entre le Conseil supérieur et le ministère des cultes, etc.

B. Au roi ressortissent, immédiatement et parallèlement, le Conseil supérieur ecclésiastique (*evangelischer Oberkirchenrath*) et le ministère des affaires ecclésiastiques.

Le *Conseil supérieur ecclésiastique* administre et représente l'Église évangélique dans son ensemble et dans ses diverses communions; aussi compte-t-il dans son sein des luthériens, des réformés, aussi bien que des protestants-unis. Il a spécialement pour mission : de surveiller le culte au point de vue liturgique et dogmatique, ainsi que l'enseignement religieux; de prescrire les fêtes ecclésiastiques; de contrôler les établissements qui préparent au saint ministère et les examens des candidats; de connaître des réclamations en matière de nomination de pasteurs ou d'employés des églises, des appels comme d'abus et des questions disciplinaires, etc. Ses membres sont nommés par le roi sur la présentation du président et l'avis du Ministre.

Le *Ministère des affaires ecclésiastiques* a dans ses attributions tout ce qui touche à l'administration temporelle des paroisses, à la comptabilité ecclésiastique, à la tenue des registres paroissiaux, à l'entretien des cimetières, etc.

Les deux autorités ont, en outre, des attributions collectives, notamment, les nominations de surintendants et de professeurs dans les Facultés de théologie, dans les séminaires de prédication ou dans les écoles normales d'instituteurs, l'approbation des livres religieux à l'usage des écoles, etc.

C. A l'échelon immédiatement inférieur de la hiérarchie se trouvent, également sur une même ligne, deux autorités provinciales : le *Consistoire* et la *Régence*, dont les attributions se partagent dans le même esprit qu'à l'échelon supérieur, le consistoire pourvoyant aux affaires intérieures, la régence aux affaires extérieures de l'Église, dans leur ressort.

Les consistoires exercent leur surveillance sur les synodes et les décisions prises par ces corps; sur le culte, au point de vue du maintien de la doctrine et de la liturgie; sur les établissements qui préparent au saint ministère et les candidats qui les fréquentent. Ce sont eux qui font passer les examens *pro facultate concionandi* et *pro ministerio*, qui placent comme vicaires les jeunes ecclésiastiques disponibles, qui nomment, d'accord avec la régence, les pasteurs des paroisses dont le roi est le patron, et confirment les nominations aux places que d'autres patrons ou les paroisses elles-mêmes ont le droit de pourvoir; qui veillent à ce que les pasteurs soient ordonnés et installés, qui exercent sur eux le pouvoir disciplinaire, leur accordent des congés ou des secours et jugent les réclamations auxquelles leur ministère a pu donner lieu, etc. Les membres des consistoires sont nommés par le roi sur le rapport du Conseil supérieur et l'avis du Ministre.

Aux régences appartient la police extérieure du culte, le contrôle de la gestion du patrimoine ecclésiastique, la nomination des receveurs, etc.

Les deux autorités statuent en commun, par exemple, en matière de changement de circonscriptions paroissiales.

D. Sous l'autorité des consistoires et des régences, les *Surintendants* remplissent des fonctions analogues à celles des inspecteurs ecclésiastiques français. Il y a, de plus, dans chaque province un ou deux *Surintendants généraux*, qui siégent au consistoire comme vice-présidents, surveillent en particulier les surintendants spéciaux, assistent aux séances des synodes et aux examens des candidats au saint ministère, etc. Ce sont de véritables évêques protestants, et ils portent l'insigne habituel de l'épiscopat, une croix d'or en sautoir.

§ 2. *Représentation de l'Église.*

1, PROVINCES ORIENTALES.

Ordonnances royales des 29 juin 1850, 27 février 1860, 5 juin 1861, 5 avril 1862, 21 juin 1862, 13 juin 1864.

A. La paroisse se compose de tous les chrétiens évangéliques domiciliés dans sa circonscription. Sont électeurs paroissiaux, sous les réserves habituelles de capacité et d'honorabilité, tous les chefs de famille âgés de 24 ans.

A chaque paroisse est préposé un Conseil presbytéral (*Presbyterium*, *Gemeinde-Kirchenrath*), comprenant, sous la présidence du pasteur ou du plus âgé des pasteurs, les divers ecclésiastiques de la paroisse (les auxiliaires avec voix consultative seulement) et un certain nombre de laïques (2 à 12), élus parmi les électeurs âgés de 30 ans et jouissant d'une bonne réputation comme citoyens et comme chrétiens; à cet effet, le conseil soumet au corps électoral une liste de candidats portant deux fois plus de noms qu'il n'y a de places à pourvoir. Les membres sont élus pour six ans et se renouvellent par moitié.

Le conseil est chargé de veiller au maintien de l'ordre et de la discipline dans la paroisse, de nommer, en principe, tous les employés subalternes de l'église, de représenter la paroisse au synode, etc. Jusqu'à présent, il n'est pas encore en possession de toutes les attributions habituelles des Conseils presbytéraux; ainsi la gestion du patrimoine de la paroisse a été provisoirement laissée entre les mains des *Kirchenvorsteher*, à qui elle était confiée avant l'introduction du système synodal; au contraire, les *Kirchenvorsteher* ont été admis à siéger dans le nouveau corps, au même titre que les laïques élus comme il vient d'être dit.

B. Un certain nombre de paroisses forment le ressort d'un Synode d'arrondissement (*Kreissynode*).

Le *synode* se compose, sous la présidence du surintendant, de tous les pasteurs en titre ou administrateurs de paroisse du ressort (les autres ecclésiastiques consacrés n'ont que voix consultative, et les ecclésiastiques non consacrés, un simple droit de présence); d'un ancien d'église délégué pour une période de trois ans par chaque conseil presbytéral; enfin, de membres honoraires, dont le synode a le droit de s'adjoindre jusqu'à trois et qu'il choisit parmi les patrons de paroisses du ressort.

Le synode s'assemble une fois par an; ses sessions ordinaires durent deux jours.

Il exerce sa surveillance sur les paroisses, les établissements ecclésiastiques et les pasteurs du ressort, et reçoit, à cet effet, des rapports du surintendant ou d'autres membres; statue disciplinairement à l'égard des pasteurs ou anciens; se prononce sur les questions organiques ou réglementaires que lui soumet l'autorité supérieure, émet son avis sur les communications adressées au synode provincial par les conseils presbytéraux ou les fidèles, statue sur les difficultés qui peuvent se présenter en matière électorale, enfin élit ou, pour parler plus exactement, aura ultérieurement à élire les membres du synode provincial.

Ses séances sont publiques pour les candidats non consacrés, les anciens, les patrons évangéliques et les fonctionnaires civils protestants du ressort, pour les membres des administrations ecclésiastiques supérieures et pour les personnes que le président juge à propos d'inviter.

Tout synode d'arrondissement a à sa tête un directoire (*Kreissynodal-Vorstand*) composé, sous la présidence du surintendant, de deux membres titulaires et de deux suppléants, moitié ecclésiastiques, moitié laïques, élus par lui pour trois ans et chargés : 1° d'assister le surintendant dans toutes les affaires de la présidence; 2° de suppléer le synode, en matière disciplinaire, dans l'intervalle des sessions, sauf recours à l'assemblée plénière; 3° de donner d'urgence, au nom du même corps, les avis réclamés par l'autorité supérieure; 4° d'administrer la Caisse synodale (*Kreissynodal-Casse*).

C. Jusqu'à présent, du moins d'après les documents que nous avons sous les yeux et qui s'arrêtent à l'année 1867, l'organisation synodale de l'Église prussienne n'a pas reçu son complément normal et annoncé. Les *synodes provinciaux*, qui devront être formés des députés ecclésiastiques et laïques des synodes d'arrondissement, et le *Synode général*, émanant des synodes provinciaux, n'existent pas encore dans les provinces orientales. Mais il est à prévoir que cette lacune, déjà comblée pour l'Église westphalo-rhénane, ne tardera pas à l'être dans les mêmes termes pour le reste de la monarchie.

II. PROVINCES DE WESTPHALIE ET DE PRUSSE RHÉNANE.

Constitution ecclésiastique du 5 mars 1835, modifiée par l'ordonnance royale du 13 juin 1853.

A. La paroisse (*Orts-Gemeinde*) se compose des personnes qui, domiciliées dans sa circonscription, en sont devenues membres, soit par le fait de leur confirmation, soit par la présentation d'un certificat délivré par l'autorité d'une autre paroisse.

Sauf le droit de patrons spéciaux, la paroisse choisit elle-même ses pasteurs, en la forme qui sera indiquée plus bas.

Elle est représentée, pour l'expédition des affaires, par un Conseil presbytéral (*Presbyterium*), comprenant, outre le ou les pasteurs : 1° des anciens (*Aelteste*), spécialement préposés avec le pasteur aux intérêts spirituels de la paroisse; 2° des *Kirchmeister*, chargés de la comptabilité et de l'entretien du matériel; 3° de diacres (*Diaconen*), commis à la visite des malades et à la gestion des aumônes. Chaque conseil compte, au minimum, deux anciens, un *Kirchmeister* et un diacre, tous laïques. Ils sont élus par la paroisse et soumis à renouvellement tous les deux ou tous les quatre ans, suivant le chiffre de la population. A une première élection, ils ne peuvent décliner leur mandat que pour des motifs graves : âge de plus de 60 ans, tutelle, voyages fréquents et indispensables. Les anciens et Kirchmeister doivent avoir 30 ans au moins; les diacres, la majorité (24 ans).

Le conseil veille au maintien de l'ordre et de la discipline dans la paroisse, prend les mesures préalables à l'élection des pasteurs, nomme les employés subalternes de l'église, envoie des délégués au synode d'arrondissement, administre les biens d'église et d'aumônes, les biens curiaux et scolaires, etc.

Toute paroisse a, en outre, une plus grande Représentation (*grössere Gemeinde-Repräsentation*), qui concourt, avec le conseil presbytéral, à l'élection du pasteur, à tous les actes qui engagent le patrimoine de l'église, à la fixation du traitement des employés de l'église, au vote de taxes extraordinaires à répartir entre les membres de la communauté, quand il y a lieu de pourvoir à des besoins imprévus, etc.

Cette représentation comprend, pour les paroisses de moins de 200 âmes, tous les membres ayant droit de suffrage; pour celles de plus de 200 âmes, de 16 à 60 membres, suivant la population.

Elle est élue au scrutin de liste par tous les paroissiens qui, ayant 24 ans révolus, concourent aux charges de la communauté, sont revêtus d'une fonction publique, dirigent personnellement un commerce ou une industrie, ou sont chefs de famille.

Tous les électeurs sont éligibles, pourvu qu'ils jouissent d'une réputation intacte et qu'ils participent assidûment aux exercices du culte et à la sainte Cène.

B. Un certain nombre de paroisses forment un arrondissement ecclésiastique (*Kreis-Gemeinde*), auquel est préposé un Synode d'arrondissement (*Kreis-Synode*).

Ce *synode* comprend, pour chaque paroisse du ressort, le ou les pasteurs, ou l'administrateur, et un nombre égal de laïques. Les vicaires, aumôniers, etc., n'ont que voix consultative. Il a à sa tête un directoire (*Directorium*), dont il nomme tous les membres pour six ans, et qui se compose de trois ecclésiastiques : le *surintendant*, président; l'*assesseur*, vice-président, et le *scribe*, secrétaire; les deux premiers soumis à la confirmation ministérielle, les deux derniers assistés de suppléants élus en la même forme qu'eux. Le synode, s'il le juge convenable, peut leur adjoindre, avec l'approbation du consistoire, deux laïques, dont le mandat est annuel.

Le synode délibère sur les affaires dont la solution définitive appartient au synode provincial, surveille tout le personnel ecclésiastique et scolaire de la circonscription, exerce la discipline ecclésiastique, contrôle l'administration des biens des paroisses, administre lui-même les caisses de veuves de pasteurs et la caisse synodale; pourvoit à l'ordination et à l'installation des pasteurs, élit son directoire et ses députés au synode provincial, etc. Les procès-verbaux de ses séances doivent être soumis au consistoire.

Le *surintendant*, personnellement, exerce dans la circonscription des fonctions analogues à celles des inspecteurs ecclésiastiques de France. Seulement sa juridiction s'étend sur les écoles et les instituteurs, aussi bien que sur les églises et les pasteurs.

C. Un certain nombre d'arrondissements ecclésiastiques forment une province ecclésiastique (*Provinzial-Gemeinde*), dirigée par un Synode provincial (*Provinzial-Synode*).

Ce corps comprend : 1° tous les surintendants de la province; 2° un député ecclésiastique et un député laïque de chaque arrondissement du ressort; 3° un *président*, un *assesseur* et un *scribe*, plus un assesseur suppléant et un scribe suppléant, ecclésiastiques tous les cinq et nommés par le synode, les deux premiers pour six ans, sauf approbation du ministère des cultes, le scribe pour la durée de chaque session; 4° un délégué de la Faculté de théologie.

Il se réunit en session ordinaire tous les trois ans dans une des villes du ressort déterminée par lui, et généralement en présence du surintendant général de la province, comme représentant du Gouvernement. En cas d'urgence, il peut être convoqué en session extraordinaire; ou bien, avec l'autorisation de l'autorité supérieure, les membres émettent leurs votes par écrit.

Le synode a pour mission de veiller au maintien de la pure doctrine évangélique dans les églises et les écoles de la province. Il transmet ses doléances au Gouvernement, en cas de désordres dans les églises ou les écoles ou en matière disciplinaire; il délibère sur les questions que lui soumettent soit les synodes d'arrondissement, soit le Gouvernement; ses décisions ne valent qu'après approbation du Gouvernement. Il surveille la gestion des caisses de veuves de pasteurs. Enfin il délègue, dans les jurys d'examen *pro licentia* et *pro ministerio*, un nombre de membres égal à celui des représentants du consistoire de la province.

Les membres du consistoire ont voix consultative dans les synodes d'arrondissement et de province.

D. L'ensemble de l'Église westphalo-rhénane et ses différents organes sont placés sous le contrôle du ministère des affaires ecclésiastiques, du consistoire provincial et des régences; les diverses surintendances de chaque province sont, en outre, sous la surveillance spéciale du surintendant général.

Nomination des pasteurs. Quand une paroisse devient vacante, le surintendant invite les candidats que lui désigne la représentation paroissiale ou qu'il juge devoir recommander lui-même, à aller faire dans la paroisse un sermon d'essai et une catéchisation. Les pasteurs titulaires n'ont pas à se déplacer dans ce cas, c'est une députation de la paroisse vacante qui se rend dans leur résidence pour les entendre et pour se renseigner. Au jour fixé pour le vote, les électeurs, c'est-à-dire les membres du conseil presbytéral et de la représentation paroissiale, procèdent au scrutin en présence du surintendant et du secrétaire. En cas d'empêchement grave constaté, un électeur peut être admis à voter par lettre. Si l'élection donne lieu à des réclamations, le surintendant instruit l'affaire de concert avec le conseil presbytéral et envoie son rapport à la régence compétente, laquelle statue. L'élu reçoit un titre signé par le conseil presbytéral, certifié par le surintendant et confirmé par le Gouvernement.

VII.

RUSSIE.

Il existe en Russie, — sans parler d'une trentaine de mille réformés et anglicans, subordonnés pour la plupart au synode de Lithuanie, — 3,800,000 luthériens, dont 1,900,000 dans l'empire, 1,620,000 dans la grande-principauté de Finlande et 280,000 en Pologne; plus 15 ou 20,000 herrnhutes et mennonites.

A. Les luthériens de l'empire, d'après le statut du 28 décembre 1832, relèvent du ministère de l'intérieur. Ils ont, à Saint-Pétersbourg, un *Consistoire général*, composé de membres ecclésiastiques et de membres laïques : le président et le procureur impérial sont laïques et nommés par l'empereur; la vice-présidence appartient à l'évêque luthérien de Saint-Pétersbourg. Les autres membres sont élus pour trois ans. Le consistoire général tient deux courtes sessions par an; il forme l'instance la plus élevée en matière de mariages, de doctrine, de culte et de discipline ecclésiastique.

Au-dessous de ce corps se trouvent huit *consistoires* formés, moitié de laïques, moitié d'ecclésiastiques, élus en partie par les consistoires eux-mêmes, en partie par la noblesse et les ecclésiastiques du ressort, sauf l'avis du Consistoire supérieur et la confirmation ministérielle. Le président, comme au Consistoire supérieur, est laïque, le vice-président, ecclésiastique avec le titre de surintendant, de surintendant général ou d'évêque. A chaque consistoire sont adjoints un secrétaire, un notaire et un traducteur.

Les *surintendants* sont nommés par l'empereur sur une liste de deux candidats dressée suivant les provinces par la noblesse, le magistrat ou le Consistoire supérieur. Ils sont chargés de tenir les *synodes provinciaux* (auxquels la moitié des ecclésiastiques du ressort est obligée de paraître), d'examiner les candidats au saint ministère, de consacrer les pasteurs, d'inspecter les prévôts, etc.

Les *prévôts*, qui leur sont subordonnés, sont nommés par le ministère sur la présentation des pasteurs et l'avis du Consistoire. Ils tiennent les synodes de cercle, inspectent les paroisses et exercent leur surveillance sur le personnel ecclésiastique de leur ressort.

Les pasteurs sont nommés tantôt par des patrons, tantôt par les paroisses, tantôt par les consistoires.

B. Les luthériens de Finlande ont pour loi un statut rendu en 1686 par le roi de Suède Charles XI, auquel, de nos jours, on a dû apporter quelques modifications. L'organisation est encore à peu près celle de l'Église de Suède (V. *ci-après*): l'empereur grand-prince est le chef de l'Église; au-dessous de lui, il y a des diocèses dirigés par un archevêque et deux évêques. Les diocèses se divisent en prévôtés ou décanats, les prévôtés en pastorats. Les écoles et le personnel enseignant ressortissent à l'autorité ecclésiastique.

C. Les luthériens du royaume de Pologne, répartis entre une cinquantaine de paroisses, ont à Varsovie un surintendant général et un consistoire, qui relève, comme ceux de Russie, de la direction des cultes étrangers au ministère de l'intérieur[1].

1. J.-H. Schnitzler, *l'Empire des Tsars*, t. III, p. 566; Herzog, *Real-Encyclopädie*, t. XIII, v° Russland.

VIII.

SUÈDE.

L'Église luthérienne de Suède est encore régie, dans ses principaux éléments, par le statut du roi Charles XI de 1686[1].

§ 1. *Gouvernement de l'Église.*

Le roi est le *summus episcopus* de l'Église, l'évêque et le juge suprême. Il exerce son pouvoir par l'entremise du département du culte et de l'instruction publique et par celle de consistoires.

A. Le *département du culte et de l'instruction publique*, qui constitue en réalité l'autorité supérieure de l'Église, est préposé à l'ensemble des institutions ecclésiastiques et scolaires. Il connaît : des appels des autorités inférieures, des requêtes adressées au roi en matière ecclésiastique, des réclamations contre les décisions des consistoires, spécialement quant à la gestion du patrimoine des églises. Il veille au maintien des droits et prérogatives de l'Église et de ses ministres, nomme aux fonctions et dignités pour lesquelles le roi a à intervenir, surveille les universités, gymnases et autres établissements d'instruction, etc.

B. Les *consistoires* se composent de l'évêque, président; dans les villes d'université, des professeurs en théologie consacrés; dans les autres, de quatre professeurs de gymnase consacrés, plus d'un secrétaire. L'élément laïque y fait complétement défaut.

Ils sont chargés d'autoriser les poursuites dirigées pour cause d'abus ou pour crimes contre un ecclésiastique et d'exécuter éventuellement l'arrêt rendu par les tribunaux compétents; de nommer des commissaires en cas de contestation sur la propriété des églises, maisons d'école ou hospices; d'examiner les candi-

1. ULBRICHT, ouvrage cité; WALTER, *idem*, § 165.

dats au saint ministère; d'installer les pasteurs adjoints; de nommer les maîtres d'école et professeurs des gymnases; de concourir au choix des évêques, pasteurs et chapelains; de surveiller la conduite du personnel ecclésiastique et enseignant; d'administrer les bourses, etc.

§ 2. *Ministres de l'Église.*

A. Les dignitaires les plus élevés de l'Église suédoise sont les *évêques*, qui, à part les attributions qu'ils partagent, en leur qualité de présidents, avec les consistoires, sont chargés de conférer la *venia concionandi* et l'ordination; d'installer les prévôts de cathédrale; de consacrer les églises et les cimetières; de tenir les *synodes*, c'est-à-dire les assemblées connues en France sous le nom de conférences pastorales; de faire des tournées d'inspection; de nommer les prévôts; d'exercer leur surveillance sur les hospices, sur l'administration du bien des églises, sur la prédication de la pure doctrine, etc. Le premier des évêques de Suède, *primus inter pares*, est l'archevêque d'Upsal. Son titre ne lui confère d'autre prérogative que de couronner le roi, d'installer ses collègues, d'accomplir les actes pastoraux dans la famille royale, etc.

L'archevêque d'Upsal est nommé par le roi sur une liste de trois candidats dressée à la majorité absolue par tous les consistoires du royaume. Pour les évêques, tous les ecclésiastiques du diocèse sont appelés à dresser une liste de présentation; le consistoire choisit trois noms parmi ceux qui ont réuni le plus de suffrages et les soumet au roi, qui nomme le titulaire.

B. Les diocèses se divisent en *contrats* auxquels sont préposés des *prévôts* (prévôts de cathédrale, prévôts de contrat, prévôts titulaires); ces prévôts sont dans leurs ressorts de vrais surintendants ou inspecteurs ecclésiastiques. Ils sont nommés par l'évêque sur la présentation des pasteurs de la circonscription.

C. Les contrats se divisent en *pastorats* dirigés par un *pasteur* et renfermant généralement plusieurs églises. Le pasteur, sauf pour les paroisses qui ont un patron, est élu par les électeurs paroissiaux parmi trois candidats que leur a désignés le consistoire et qui ont fait devant eux, préalablement, un sermon d'essai. L'élu est confirmé, suivant les cas, par le roi, s'il est le patron de la paroisse, ou par le consistoire. Si la paroisse a un autre patron, c'est lui qui nomme le pasteur, sauf confirmation du consistoire.

Ce n'est qu'à ce degré inférieur de la hiérarchie qu'apparaît l'élément laïque : chaque pastorat a un *Conseil presbytéral* comprenant, sous la présidence du pasteur, des diacres et anciens (de 4 à 8), choisis parmi les habitants les plus considérés de la circonscription. Ce conseil a, sous le nom de *sexmän*, des agents spéciaux chargés de rechercher les infractions et d'exécuter ses décisions. Il veille au maintien de l'ordre et de la discipline dans les églises et écoles, s'occupe des institutions charitables, provoque la création de nouvelles écoles, révise la comptabilité paroissiale. On peut se pourvoir contre ses décisions devant les autorités supérieures.

A côté du conseil presbytéral se trouve une sorte de représentation paroissiale (*Kirchspielstand*) composée de tous les propriétaires fonciers qui ont droit de suffrage en matière d'élection de pasteurs. Cette représentation nomme les *sexmän* et les employés subalternes de l'Église, veille à l'entretien des édifices religieux, administre le patrimoine de la paroisse, concourt au maintien de l'ordre et de la discipline et peut prononcer des peines contre les délinquants.

IX.

WURTEMBERG.

L'Église évangélique du Wurtemberg, unie depuis 1823, a, comme l'Église de Prusse, son ancienne constitution épiscopo-consistoriale à côté de laquelle se développe peu à peu, depuis une quinzaine d'années, un système d'institutions synodales destinées à donner aux paroisses une plus grande part dans l'administration ecclésiastique que ne le comportait la constitution antérieure[1].

§ 1. *Autorités ecclésiastiques.*

Le roi, s'il est protestant; le Conseil privé, si le roi appartient à une autre communion, tel est le *summus episcopus*, le législateur et le juge suprême de l'Église wurtembergeoise. Le roi exerce ses pouvoirs épiscopaux par l'entremise des autorités suivantes: le Ministère du culte et de l'instruction publique, le Consistoire, le Synode, les surintendants généraux, les doyens et les pasteurs.

A. Le *Ministère du culte et de l'instruction publique* est moins une autorité ecclésiastique proprement dite qu'un des pouvoirs de l'État; chargé de défendre les droits de l'État vis-à-vis de l'Église, il n'a d'autre point de contact avec l'administration ecclésiastique que d'être l'intermédiaire légal entre elle et le roi et de présenter à la sanction du souverain les décisions de l'autorité ecclésiastique.

B. L'autorité ecclésiastique la plus élevée, celle à laquelle incombe réellement, d'après la Constitution, l'administration de l'Église, soit seule, soit de concert avec le Synode, c'est le *Consistoire*, corps composé d'un président laïque et de sept conseillers: quatre ecclésiastiques et trois laïques, nommés par le roi sur la présentation du corps et l'avis du Ministre.

Le Consistoire veille au maintien de la pure doctrine évangélique dans l'enseignement et le culte, de l'ordre et des usages reçus dans l'Église; examine les candidats au saint ministère; propose à toutes les places et dignités ecclésiastiques dont la collation directe appartient au roi et soumet à la confirmation du roi les nominations faites par d'autres patrons; place les vicaires; exerce sur le personnel ecclésiastique un droit de surveillance

1. Von Mohl, *Wurtembergisches Staatsrecht*, t. II, Tübingen, 1831; Kapff, *Verfassungsurkunde für das Königreich Würtemberg*, t. II, Rottweil, 1832; Ulbricht, ouvrage cité; Dove, ouvrage cité; Richter, ouvrage cité, p. 442 et *passim*; Herzog, *Real-Encyclopädie*, t. XVIII, v° Würtemberg; *Témoignage* du 8 février 1868, p. 46.

et, au besoin, de répression; prend les mesures nécessaires pour assurer l'entretien des édifices religieux et la conservation du patrimoine des églises; a sous son autorité toutes les institutions relatives à l'instruction primaire (écoles, écoles normales d'instituteurs, etc.); nomme les instituteurs, etc.

Pour les affaires qui soulèvent des questions de droit ou qui touchent aux rapports de l'Église et de l'État, le consistoire est tenu de se concerter avec les autorités civiles supérieures compétentes. Toutefois, il a le droit de s'adresser directement au roi en cas d'atteinte aux prérogatives accordées par les lois et règlements à l'Église et à ses organes légaux.

C. Le Synode (*Synode*) se compose des membres du consistoire et des six surintendants généraux du royaume. Il se réunit une fois par an pour prendre connaissance, au vu des rapports des surintendants, de la situation et des besoins soit de l'Église, soit des écoles, de l'état des caisses de veuves de pasteur et, en général, des questions dont le consistoire juge à propos de le saisir. Celles de ses décisions qui concernent l'ensemble de l'Église (*General-Recesse*) ne valent qu'après approbation du roi; celles qui n'ont qu'un objet restreint (*Special-Recesse*) sont dispensées de toute homologation ultérieure.

D. Les *surintendants généraux* ou *prélats* ne forment pas, à proprement parler, un échelon particulier de la hiérarchie. Ils sont plutôt les délégués par l'entremise desquels le consistoire exerce son droit de contrôle sur les administrations ecclésiastiques inférieures. Ils exercent leur surveillance, directement, sur les doyens de leur circonscription, et indirectement, par les doyens, sur tout le personnel ecclésiastique et enseignant; font sur le résultat de leurs inspections périodiques des rapports au Consistoire ou au Synode; représentent l'Église, comme membres de droit, dans la chambre des députés, etc.

E. Les *doyens* veillent, sous la direction du Consistoire, à l'exécution des lois et règlements, installent les pasteurs de leur ressort, font dans les paroisses et les écoles des tournées d'inspection dont ils rendent compte à leur surintendant général, tiennent tous les trois ans une conférence pastorale (*Diöcesan-Disputation*), etc.

De plus, ils constituent avec le grand-bailli l'autorité (*Gemeinschaftliches Oberamt*) chargée des enquêtes disciplinaires, de l'administration du patrimoine ecclésiastique, de la police ecclésiastique, etc., et avec le juge supérieur du bailliage (*Oberamtsrichter*), le tribunal (*Gemeinschaftliches Oberamtsgericht*), qui statue en deuxième instance sur les difficultés et dispenses en matière matrimoniale.

F. Les *pasteurs*, indépendamment de l'exercice du saint ministère, ont, en Wurtemberg, une foule d'autres attributions, soit en propre, soit de concert avec les fonctionnaires civils de leur circonscription, en matière d'hygiène, de police médicale, de statistique, etc. Ils forment, avec le maire de leur commune (*Ortsvorsteher*) un tribunal (*Gemeinschaftliches Amt*), qui prononce en première instance sur les questions matrimoniales. En second lieu, ils président un corps composé du conseil communal (*Gemeinderath*) et du receveur d'église (*Stiftungspfleger*), le *Stiftungsrath*, qui administre les fondations ecclésiastiques et charitables, veille à l'entretien des édifices religieux et des cimetières, nomme les bedeaux et fossoyeurs et jouit d'un droit d'inspection sur les écoles primaires et secondaires de la localité. L'emploi que le *Stiftungsrath* fait des fonds ecclésiastiques est soumis au contrôle du *Bürgerausschuss*. Une délégation permanente du *Stiftungsrath*, le *Kirchenconvent*, est chargé, toujours sous la présidence du pasteur, de l'expédition des affaires courantes, de la police de l'église, du soulagement des pauvres, des censures pour cause de manquement à l'école, etc. C'est une sorte de tribunal de police simple, qui existe dans chaque commune du Wurtemberg et qui connaît de toutes les menues infractions aux bonnes mœurs, à la discipline ou à l'ordre public. Ce tribunal paternel prononce contre les délinquants des réprimandes ou de légères amendes, voire même quelques jours d'emprisonnement. Pour toutes les affaires plus graves, il doit saisir l'autorité judiciaire proprement dite.

Tous les fonctionnaires que nous venons de mentionner (hormis, pour les pasteurs, le droit de certains patrons spéciaux) sont nommés par le roi, en sa qualité de chef de l'Église, sur la proposition du Consistoire. Les paroisses n'ont qu'un droit de *veto;* encore, depuis 1810, est-il complétement tombé en désuétude et a-t-il été implicitement supprimé en 1851 par la législation qui, sans le rappeler d'aucune façon, charge seulement les conseils presbytéraux d'exposer, en cas de vacance, la situation et les besoins de la paroisse.

§ 2. *Corps représentatifs ecclésiastiques.*

Ordonnances royales des 25 janvier 1851, 19 novembre 1854 et 18 décembre 1867.

A. Indépendamment du *Stiftungsrath* et du *Kirchenconvent*, dont la juridiction s'étend surtout sur l'administration temporelle de la paroisse, il existe aujourd'hui dans chaque église un Conseil presbytéral (*Pfarrgemeinderath*), composé des ecclésiastiques de la paroisse et de quatre à quinze membres laïques, élus pour six ans et se renouvelant par moitié tous les trois ans.

Sont électeurs, sous les conditions habituelles de capacité et d'honorabilité, les membres de l'Église ayant 30 ans d'âge et trois ans de domicile dans la paroisse. Sont éligibles les électeurs, âgés de 40 ans, qui témoignent de leur esprit chrétien par une participation assidue au culte et à la sainte Cène.

Le conseil presbytéral est surtout préposé aux intérêts spirituels de la communauté; il assiste le pasteur dans la cure d'âmes, est invité à se préoccuper de tout ce qui peut contribuer au développement de la vie religieuse parmi les fidèles, veille au maintien de la discipline, à l'observation du dimanche, s'occupe des pauvres et des malades, etc. En cas de vacance de la cure, il présente à l'autorité supérieure un rapport sur l'état moral et les besoins religieux de la paroisse.

Jusqu'à présent, il n'a pas été admis à participer directement à l'administration temporelle, notamment à la gestion du patrimoine de la paroisse; il a seulement un avis à émettre sur les personnes que le *Stiftungsrath* se propose d'investir d'emplois subalternes dans l'église.

B. Dans chaque diocèse se tient une fois par an, sur la convocation du doyen, un Synode diocésain (*Diöcesan-Synode*), autant que possible (du moins l'année où le diocèse est inspecté par lui) en présence du surintendant général du ressort.

Le synode se compose de tous les pasteurs du diocèse et d'un nombre égal de laïques élus pour trois ans, par les conseils presbytéraux, parmi leurs membres actuels ou émérites. Il est présidé par le doyen, assisté de deux assesseurs (un ecclésiastique et un laïque) et d'un secrétaire, choisis tous trois, pour trois ans, par le synode, dans son propre sein.

Le doyen et ses assesseurs forment une Commission diocésaine (*Diöcesan-Ausschuss*), qui prépare les sessions du synode, exécute les décisions prises, mène les affaires diocésaines dans l'intervalle des sessions et représente le synode dans ses relations avec les diverses autorités. En cas de vacance de cure, la Commission veille à ce que le conseil presbytéral fournisse son rapport, et le transmet avec son avis à l'autorité supérieure; elle assiste le doyen, sur sa demande, dans la surveillance qu'il a à exercer sur la conduite des pasteurs et anciens; accorde les dispenses d'âge pour la confirmation, juge les réclamations en matière d'élections presbytérales, etc.

Le synode lui-même, dans sa session annuelle, qui ne dure qu'un jour, prend connaissance, par les rapports de la Commission synodale, des faits saillants de l'année et de la situation religieuse de la circonscription, fait, au besoin, des remontrances aux pasteurs ou anciens que lui signalerait la Commission, s'occupe de toutes les questions relatives au soulagement des pauvres et délibère sur les communications que lui adressent soit les autorités paroissiales de son ressort, soit l'autorité supérieure.

Jusqu'à présent, du moins d'après les documents antérieurs à 1867, il n'a encore aucun droit de contrôle sur la gestion du patrimoine des églises.

C. Pendant treize ans, les Synodes diocésains ont formé, pour l'Église évangélique du Wurtemberg, le degré le plus élevé du système synodal. Il y a quelques mois à peine qu'une ordonnance royale, rendue après une instruction aussi sérieuse qu'approfondie, est venue compléter l'œuvre inaugurée en 1851 et 1854, et instituer au-dessus des Synodes diocésains, un *Synode général* pour toute la monarchie.

Cette assemblée se réunit tous les quatre ans en session ordinaire. Elle comprend: 1° 1 délégué de la Faculté de théologie; 2° 6 membres à la nomination du roi (3 ecclésiastiques et 3 laïques); 3° 50 membres (25 ecclésiastiques et 25 laïques), députés par les synodes diocésains.

Le Synode général est, auprès du Gouvernement, le représentant de l'Église nationale. Il statue sur toutes les questions de liturgie, de discipline, d'administration ecclésiastiques (la confession de foi est déclarée au-dessus de toute discussion); peut être appelé à émettre son avis sur les lois et règlements ecclésiastiques préparés par le Gouvernement, présenter à l'administration supérieure des vœux ou des observations dans l'intérêt de l'Église, et réclamer, s'il y a lieu, des sessions extraordinaires; enfin, il exerce un contrôle sur la gestion des biens d'église. Les questions ordinaires sont résolues à la majorité absolue; les questions plus graves, à la majorité des deux tiers.

Dans l'intervalle des sessions, les affaires sont expédiées par une commission de 5 membres : le président du Synode, 2 membres ecclésiastiques et 2 membres laïques, ces quatre derniers élus par l'assemblée à la majorité absolue des suffrages.

FIN

TABLE DES MATIÈRES.

INTRODUCTION.

DICTIONNAIRE D'ADMINISTRATION ECCLÉSIASTIQUE.

A

C

F

G

H

I

J

L

M

S

T

U

V

APPENDICE.

PREMIÈRE PARTIE.

Lois, décrets, arrêtés et circulaires ministériels les plus importants sur l'organisation et l'administration des cultes protestants en France.

DEUXIÈME PARTIE.

Modèles des procès-verbaux, certificats et pièces dont l'usage est le plus fréquent dans l'administration des cultes protestants en France.

TROISIÈME PARTIE.

Coup d'œil sur la constitution de l'Église protestante (Église réformée, de la Confession d'Augsbourg, ou protestante-unie) dans quelques-uns des principaux États de l'Europe.

FIN DE LA TABLE DES MATIÈRES.

www.ingramcontent.com/pod-product-compliance
Ingram Content Group UK Ltd.
Pitfield, Milton Keynes, MK11 3LW, UK
UKHW012008240726
13965UKWH00001B/237

9 782013 600446